# Georges Bataille

## Die Aufhebung der Ökonomie

Der Begriff der Verausgabung
Der verfemte Teil
Kommunismus und Stalinismus
Die Ökonomie
im Rahmen des Universums

2. erweiterte Auflage

Matthes & Seitz

Aus dem Französischen von Traugott König,
Heinz Abosch und Gerd Bergfleth

© 1985 Matthes & Seitz Verlag GmbH, Mauerkircher Straße 10, 8000 München 80. Alle Rechte vorbehalten. © 1967 Les Editions de Minuit, Paris. Herstellung und Umschlaggestaltung: Bettina Best, München, unter Verwendung des Gemäldes »Jeux d'enfants« von Dorothea Tanning. Druck und Bindung: Graphische Kunstanstalt Jos. C. Huber KG. ISBN 3-88221-225-X

# Inhaltsübersicht

Der Begriff der Verausgabung
(Deutsch von Traugott König)

7

Der verfemte Teil
(Deutsch von Traugott König)

33

Kommunismus und Stalinismus
(Deutsch von Heinz Abosch)

237

Die Ökonomie
im Rahmen des Universums
(Deutsch von Gerd Bergfleth)

289

Bibliographischer Hinweis

299

Inhaltsverzeichnis

300

# Der Begriff der Verausgabung

## 1. DIE UNZULÄNGLICHKEIT DES KLASSISCHEN NÜTZLICHKEITSPRINZIPS

Jedesmal, wenn der Sinn einer Diskussion von dem grundlegenden Wert des Begriffs *nützlich* abhängt, das heißt jedesmal, wenn wichtige Probleme der menschlichen Gesellschaft behandelt werden, kann man sagen, daß eine solche Diskussion grundsätzlich verfehlt ist und die entscheidende Frage umgangen wird, ganz gleich, wer sich dazu zu Wort meldet und welche Meinungen dabei vertreten werden. Angesichts der mehr oder weniger divergierenden Auffassungen darüber ist es nämlich unmöglich, exakt zu definieren, was für den Menschen nützlich ist. Diese Verlegenheit äußert sich darin, daß man ständig in unzulässiger Weise auf Grundsätze zurückgreifen muß, die jenseits von Nutzen und Lust liegen: bei pekuniären Interessenkombinationen werden heuchlerisch *Ehre* und *Pflicht* angerufen, und, ganz zu schweigen von Gott, muß der *Geist* dazu herhalten, die intellektuelle Verwirrung derjenigen zu kaschieren, die sich weigern, ein geschlossenes System anzunehmen.

Im alltäglichen Verhalten stört man sich jedoch nicht an solchen elementaren Schwierigkeiten, und im allgemeinen Bewußtsein scheint man dem klassischen Nützlichkeitsprinzip, das heißt dem Prinzip angeblich materiellen Nutzens, zunächst nur mit rein verbalen Vorbehalten begegnen zu können. Dieser materielle Nutzen hat theoretisch die Lust zum Ziel – allerdings nur in gemäßigter Form, da heftige Lust als *pathologisch* gilt –, und er läßt sich reduzieren einerseits auf die Erwerbung (d. h. Produktion) und Erhaltung von Gütern, andrerseits auf die Fortpflanzung und Erhaltung von Menschenleben (dazu kommt allerdings noch der Kampf gegen den Schmerz, dessen Bedeutung allein schon den negativen Charakter des theoretisch zugrunde gelegten Lustprinzips markiert). Unter den rein quantitativen Vorstellungen, die mit einer so platten und unhaltbaren

Auffassung der Existenz verbunden sind, bietet nur die Frage der Fortpflanzung zu einer ernsten Kontroverse Anlaß, weil eine übertriebene Vermehrung der Lebewesen den individuellen Anteil zu schmälern droht. Aber im allgemeinen geht jedes Urteil über eine soziale Tätigkeit stillschweigend davon aus, daß der Einsatz nur dann einen Wert hat, wenn er auf die grundlegenden Erfordernisse von Produktion und Erhaltung zurückführbar ist. Die Lust, ob es sich nun um Kunst, zugelassene Ausschweifung oder Spiel handelt, wird in den *geläufigen* Vorstellungen als bloßes Zugeständnis betrachtet, das heißt als Entspannung, die unterstützend hinzutritt. Der kostbarste Teil des Lebens gilt lediglich als Vorbedingung – manchmal sogar als bedauerliche Vorbedingung – der produktiven sozialen Tätigkeit.

Zwar widerlegt die persönliche Erfahrung, etwa die eines Jugendlichen, der grundlos vergeudet und zerstört, jedesmal diese erbärmliche Auffassung. Aber auch der Bewußteste, wenn er sich rücksichtslos verschwendet und zerstört, weiß nicht, warum er das tut, und hält sich womöglich für krank. Er ist unfähig, sein Verhalten als *nützlich* zu rechtfertigen, und kommt gar nicht auf die Idee, daß die menschliche Gesellschaft ebenso wie er selbst ein *Interesse* an erheblichen Verlusten und Katastrophen haben könnte, die, *bestimmten Bedürfnissen gemäß*, leidenschaftliche Depressionen, Angstkrisen und letztlich einen gewissen orgiastischen Zustand hervorrufen.

In bedrückendster Weise erinnert der Widerspruch zwischen den geläufigen Auffassungen und den wirklichen Bedürfnissen der Gesellschaft an die Engstirnigkeit, mit der ein Vater sich der Befriedigung der Bedürfnisse seines Sohnes widersetzt. Diese Engstirnigkeit macht es dem Sohn unmöglich, seinen Willen zu bekunden. Die halb mißgünstige Sorge, die der Vater für ihn trägt, beschränkt sich auf Unterbringung, Kleidung, Nahrung und allenfalls auf einige harmlose Vergnügungen. Aber er darf nicht einmal von dem sprechen, was ihm das Fieber

## 1. Die Unzulänglichkeit des Nützlichkeitsprinzips

in den Kopf treibt: er ist gezwungen, so zu tun, als wenn nichts *Schreckenerregendes* für ihn in Betracht käme. Es ist traurig, festzustellen, daß in dieser Hinsicht *die bewußte Menschheit minderjährig geblieben ist:* sie erkennt sich das Recht zu, rational etwas zu erwerben, zu erhalten oder zu konsumieren, aber was sie prinzipiell ausschließt, ist die *unproduktive Verausgabung.*

Dieser Ausschluß bleibt allerdings oberflächlich und berührt die Praxis ebensowenig wie die Verbote den Sohn berühren, der sich, sobald der Vater abwesend ist, uneingestandenen Vergnügungen hingibt. Die Menschheit kann noch so viele Auffassungen über sie selbst zulassen, die von der platten Selbstgefälligkeit und Verblendung eines Vaters geprägt sind, im wirklichen Leben ist sie dennoch immer darauf aus, Bedürfnisse von entwaffnender Roheit zu befriedigen, ja, sie scheint überhaupt nicht anders existieren zu können als am Rande des Schreckens. Sofern ein Mensch auch nur im geringsten unfähig ist, sich offiziellen oder ähnlichen Erwägungen zu fügen, sofern er auch nur im geringsten geneigt ist, die Anziehungskraft eines Menschen zu empfinden, der sein Leben der Zerstörung der etablierten Autorität widmet, dürfte die Vorstellung von einer friedlichen und seinen Erwartungen entsprechenden Welt für ihn schließlich kaum etwas anderes sein als eine bequeme Illusion.

Die Schwierigkeiten, auf die eine Auffassung stößt, die nicht dem servilen Vater-Sohn-Verhältnis entspricht, sind also nicht unüberwindlich. Man kann die historische Notwendigkeit von verschwommenen und enttäuschenden Vorstellungen zum Nutzen der Mehrheit annehmen, die nicht ohne ein Minimum an Irrtum handelt (dessen sie sich wie einer Droge bedient) und die sich im übrigen unter allen Umständen weigert, sich im Labyrinth der menschlichen Inkonsequenzen wiederzuerkennen. Extreme Vereinfachung ist für die ungebildeten oder wenig gebildeten Teile der Bevölkerung die einzige Möglichkeit, eine Verminderung der aggressiven Kräfte zu vermeiden. Aber es wäre schändlich, armselige und elende Verhältnisse, unter denen solche vereinfachten Vorstellungen entstehen, als Grenze der Erkenntnis hinzunehmen. Und wenn eine weniger willkürliche Auffassung dazu verurteilt ist, esoterisch zu bleiben, wenn sie als solche unter den gegenwärtigen Umständen auf eine krankhafte Ablehnung stößt, dann bezeichnet das genaugenommen nur die *Schmach* einer Generation, in der die Revoltierenden Angst vor dem Lärm ihrer eigenen Worte haben. Darauf ist also keine Rücksicht zu nehmen.

## 2. DAS PRINZIP DES VERLUSTS

Die menschliche Tätigkeit ist nicht vollständig zu reduzieren auf Prozesse der Produktion und Reproduktion, und die Konsumtion muß in zwei verschiedene Bereiche aufgeteilt werden. Der erste, der reduzierbar ist, umfaßt den für die Individuen einer Gesellschaft notwendigen Minimalverbrauch zur Erhaltung des Lebens und zur Fortsetzung der produktiven Tätigkeit: es handelt sich also einfach um die Grundvoraussetzung dieser letzteren. Der zweite Bereich umfaßt die sogenannten unproduktiven Ausgaben: Luxus, Trauerzeremonien, Kriege, Kulte, die Errichtung von Prachtbauten, Spiele, Theater, Künste, die perverse (d. h. von der Genitalität losgelöste) Sexualität stellen ebenso viele Tätigkeiten dar, die, zumindest ursprünglich, ihren Zweck in sich selbst haben. Also ist es notwendig, den Namen der *Verausgabung* diesen unproduktiven Formen vorzubehalten, unter Ausschluß aller Arten der Konsumtion, die der Produktion als Mittel dienen. Obwohl es immer möglich ist, die diversen aufgezählten Formen einander entgegenzusetzen, so bilden sie doch eine Einheit durch die Tatsache, daß in jedem Fall der Akzent auf dem *Verlust* liegt, der so groß wie möglich sein muß, wenn die Tätigkeit ihren wahren Sinn erhalten soll.

## 2. Das Prinzip des Verlusts

Dieses Prinzip des Verlusts, d. h. der bedingungslosen Verausgabung, widerspricht zwar dem ökonomischen Prinzip der ausgeglichenen Zahlungsbilanz (bei dem jede Ausgabe durch eine Einnahme kompensiert wird), dem einzig *rationalen* Prinzip im engen Sinn des Wortes, aber seine Bedeutung kann anhand einiger weniger Beispiele aus der täglichen Erfahrung einsichtig gemacht werden.

1) Juwelen müssen nicht nur schön und glänzend sein – dann könnte man sie durch falsche ersetzen –, sondern erst das Opfer eines Vermögens, dem man ein Diamantenkollier vorzieht, macht das Faszinierende dieses Kolliers aus. Das muß in Zusammenhang gebracht werden mit dem der Psychoanalyse geläufigen symbolischen Wert von Juwelen. Wenn ein Diamant in einem Traum eine exkrementelle Bedeutung hat, so handelt es sich hierbei nicht nur um eine Kontrastassoziation: im Unbewußten sind Juwelen ebenso wie Exkremente verfluchte Stoffe, die aus einer Wunde fließen, Teile von einem selbst, die zu einem ostentativen Opfer bestimmt sind (sie dienen ja luxuriösen Geschenken, die mit geschlechtlicher Liebe besetzt sind). Der funktionale Charakter der Juwelen verlangt, daß sie einen enormen materiellen Wert haben, und das erklärt zugleich den geringen Wert der schönsten Imitationen, die deshalb so gut wie unbrauchbar sind.

2) Die Kulte verlangen eine blutige Vergeudung von Menschen und Tieren *als Opfer*. Das »Sakrifizium« ist jedoch etymologisch nichts anderes als die *Erzeugung heiliger Dinge*.

Damit ist klar, daß heilige Dinge durch eine Verlusthandlung entstehen. Besonders der Erfolg des Christentums muß durch den Wert der schimpflichen Kreuzigung des Gottessohns erklärt werden, die die menschliche Angst zu einer Vorstellung grenzenloser Verlorenheit und Erniedrigung erweitert.

3) In recht komplizierter Weise vollzieht sich der Verlust zumeist bei den verschiedenen Wettspielen. Zur

Unterhaltung von Lokalitäten, Tieren, Maschinen oder Menschen werden beträchtliche Summen ausgegeben. Es wird möglichst viel Energie aufgewendet, so daß ein Gefühl der Verblüffung entsteht, und das geschieht in jedem Fall mit einer Intensität, die unendlich viel größer ist als bei produktiven Unternehmen. Die Todesgefahr wird nicht vermieden, sondern ist vielmehr Gegenstand einer starken unbewußten Anziehung. Außerdem sind Wettkämpfe manchmal Anlaß für ostentativ verteilte Prämien. Ungeheure Menschenmengen schauen zu: ihre Leidenschaften toben sich meist ohne jede Hemmung aus, und in Form von Wetten werden irrsinnige Summen *eingesetzt*. Diese Geldzirkulation kommt zwar nur einer kleinen Zahl von professionellen Wettern zugute, aber sie kann dennoch als tatsächlicher *Einsatz* für die vom Wettkampf entfesselten Leidenschaften angesehen werden, und bei vielen Wettern hat sie, gemessen an ihren Mitteln, unverhältnismäßig große Verluste zur Folge; diese Verluste sind oft so wahnwitzig, daß sie die Spieler ins Gefängnis bringen oder in den Tod treiben. Außerdem können große öffentliche Wettkämpfe je nach den Umständen mit weiteren Arten unproduktiver Verausgabung verbunden werden, so wie Teile einer Eigenbewegung von einem noch größeren Wirbel angezogen werden können. So sind mit Pferderennen kostspielige Manifestationen des sozialen Rangs verbunden (man denke nur an die *Jockey Clubs*), sowie die ostentative Produktion luxuriöser Modeneuheiten. Übrigens ist der Ausgabenkomplex heutiger Pferderennen unbedeutend im Vergleich mit den Extravaganzen der Byzantiner, bei denen die gesamte öffentliche Tätigkeit bei den Pferdewettkämpfen mit im Spiel war.

4) Unter dem Aspekt der Verausgabung muß die Kunstproduktion in zwei große Kategorien eingeteilt werden, deren erste Architektur, Musik und Tanz umfaßt. Diese Kategorie erfordert *tatsächliche* Ausgaben. Dennoch führen Bildhauerei und Malerei, abgesehen von

## 2. Das Prinzip des Verlusts 15

der Verwendung der Örtlichkeiten für Zeremonien oder Schauspiele, auch in die Architektur selbst das Prinzip der zweiten Kategorie ein, das der *symbolischen* Verausgabung. Musik und Tanz ihrerseits können leicht mit zusätzlichen Bedeutungen versehen werden.

In ihrer höheren Form rufen Literatur und Theater, die die zweite Kategorie bilden, durch symbolische Darstellungen tragischen Ruins (Erniedrigung oder Tod) Angst und Schrecken hervor; in ihrer niedrigeren Form erregen sie durch analoge Darstellungen, die jedoch einige Verführungselemente ausschließen, Gelächter. Der Begriff Poesie, der die am wenigsten verdorbenen, am wenigsten intellektualisierten Ausdrucksformen eines Verlorenseins bezeichnet, kann als Synonym von Verschwendung angesehen werden; Poesie heißt nämlich nichts anderes als Schöpfung durch Verlust. Ihr Sinn ist also nicht weit entfernt von dem des *Opfers*. Poesie kann zwar im strengen Sinne nur ein äußerst seltener Restbestand dessen genannt werden, was gemeinhin so bezeichnet wird, und mangels einer vorherigen Reduktion kommt es zu den ärgsten Verwirrungen; es ist jedoch unmöglich, in einem ersten Exposé von den unendlich variablen Grenzen zwischen Ersatzformen und dem eigentlichen Element der Poesie zu sprechen. Leichter ist es, darauf zu verweisen, daß für die wenigen Menschen, die über dieses Element verfügen, die poetische Verschwendung in ihren Folgen aufhört, symbolisch zu sein: die Aufgabe der Darstellung bedeutet für den, der sie übernimmt, sozusagen den Einsatz seines Lebens. Sie verurteilt ihn zu den trügerischsten Aktivitäten, zu Elend, Verzweiflung, zur Jagd nach flüchtigen Schatten, die nur Taumel oder Wut hervorrufen können. Oft verfügt man über Worte nur zu seinem eigenen Verderben, und man ist gezwungen, zwischen einem Los zu wählen, das einen zum Ausgestoßenen macht, der von der Gesellschaft abgesondert ist–wie die Exkremente vom sichtbaren Leben, und einem Verzicht um den Preis einer mittelmäßigen

Tätigkeit, die vulgären und oberflächlichen Bedürfnissen gehorcht.

### 3. PRODUKTION, TAUSCH UND UNPRODUKTIVE VERAUSGABUNG

Nachdem die soziale Funktion der Verausgabung erkannt ist, ist ihr Verhältnis zu Produktion und Erwerb zu untersuchen, die ihr entgegenstehen. Es leuchtet sofort ein, daß dieses Verhältnis das der *Nützlichkeit* und ihres *Zwecks* ist. Wenn Produktion und Erwerb auch durch ihre Umwandlung im Laufe ihrer Entwicklung eine Variable ins Spiel bringen, die für das Verständnis der historischen Prozesse grundlegend ist, so sind sie doch immer nur Mittel, die der Verausgabung untergeordnet sind. So erschreckend das menschliche Elend auch ist, niemals hat es die Gesellschaft soweit beherrschen können, daß das Streben nach Selbsterhaltung, das der Produktion den Anschein eines Zwecks gibt, das Streben nach unproduktiver Verausgabung überwogen hätte. Da die Macht von den verschwendenden Klassen ausgeübt wird, ist, damit diese Vorrangigkeit erhalten bleibt, das Elend von jeder gesellschaftlichen Tätigkeit ausgeschlossen worden, und die Elenden haben keine andere Möglichkeit, in den Kreis der Macht zurückzukehren, als die revolutionäre Vernichtung der Klassen, die sie besitzen, das heißt eine blutige und grenzenlose soziale Verausgabung.

Daß Produktion und Erwerb sekundär sind gegenüber der Verausgabung, tritt am klarsten bei den ökonomischen Einrichtungen der Primitiven zutage, weil der Tausch hier noch als kostspieliger Verlust der abgetretenen Gegenstände empfunden wird: er hat seine *Grundlage* in einem Verschwendungsprozeß, aus dem sich dann ein Erwerbsprozeß entwickelt hat. Die klassische Nationalökonomie hat sich den primitiven Tausch immer

## 3. Produktion, Tausch und Verausgabung

nur als Tauschhandel vorstellen können, denn sie hatte keinen Grund zu der Annahme, ein Erwerbsmittel wie der Tausch hätte seinen Ursprung nicht im Erwerbsbedürfnis haben können, das er heute befriedigt, sondern in dem entgegengesetzten Bedürfnis nach Zerstörung und Verlust. Die herkömmliche Auffassung von den Ursprüngen der Ökonomie wurde erst unlängst widerlegt, und zwar vor so kurzer Zeit, daß viele Wirtschaftswissenschaftler den Tauschhandel ungerechtfertigterweise weiter als Vorläufer des Handels hinstellen.

Im Gegensatz zu der künstlichen Tauschhandelstheorie sieht Marcel Mauss[1] die archaische Form des Tausches in dem bei den Indianern des amerikanischen Nordwestens beobachteten *Potlatsch*. Auf ähnliche Einrichtungen oder Spuren davon stieß man seitdem überall auf der Welt.

Der *Potlatsch* der Tlingit, Haida, Tsimshian und Kwakiutl von der amerikanischen Nordwestküste ist schon Ende des 19. Jahrhunderts eingehend untersucht worden, aber er wurde damals nicht mit den archaischen Tauschformen der anderen Länder verglichen. Die rückständigsten dieser nordamerikanischen Stämme praktizieren den *Potlatsch* bei Gelegenheit einer Veränderung in der persönlichen Situation – Initiation, Heirat, Bestattung –, und selbst in entwickelterer Form ist er niemals von einem Fest abzulösen, dessen Anlaß er entweder ist oder aus dessen Anlaß er stattfindet. Er schließt jedes Feilschen aus und besteht im allgemeinen in einem beträchtlichen Geschenk von Reichtümern, das ostentativ gemacht wird mit dem Ziel, einen Rivalen zu demütigen, herauszufordern und zu *verpflichten*. Der Tauschwert des Geschenks ergibt sich daraus, daß der Beschenkte, um die Demütigung aufzuheben und die Herausforderung zu erwidern, der mit der Annahme des Geschenks

---

[1] Marcel Mauss, *Essai sur le Don*, in: *Anneé Sociologique I* (1923/24); deutsch: *Die Gabe*, Frankfurt 1968.

eingegangenen Verpflichtung nachkommen muß, sich durch ein noch größeres Geschenk zu revanchieren, das heißt, es mit Zinsen zurückzahlen.

Aber das Geschenk ist nicht die einzige Form des *Potlatsch*. Man kann Rivalen auch durch aufsehenerregende Zerstörung von Reichtümern herausfordern. In dieser Form ähnelt der *Potlatsch* dem religiösen Opfer, da die zerstörten Güter theoretisch den mythischen Ahnen der Beschenkten dargebracht werden. Vor relativ kurzer Zeit kam es noch vor, daß ein Häuptling der Tlingit seinem Rivalen gegenübertrat, um vor seinen Augen einige seiner Sklaven zu töten. Diese Vernichtung wurde zu gegebener Zeit durch die Tötung einer größeren Anzahl von Sklaven erwidert. Die Tschuktschen vom äußersten Nordosten Sibiriens, die dem *Potlatsch* verwandte Einrichtungen kennen, töten ganze Hundemeuten von beträchtlichem Wert, um eine andere Gruppe einzuschüchtern und zu demütigen. Im Nordwesten Amerikas geht die Zerstörung bis zum Niederbrennen von Dörfern und bis zum Zertrümmern von Bootsflottillen. Bemalte Kupferbarren – eine Art von Münzen, denen man manchmal einen fiktiven Wert beimißt, so daß sie ein riesiges Vermögen bilden – werden zerbrochen oder ins Meer geworfen. Der einem Fest eigentümliche Rausch verbindet sich ebenso mit den Hekatomben von Eigentum wie mit den Geschenken, die angehäuft werden in der Absicht, Staunen zu erregen und einzuschüchtern.

Der Wucher, der sich in der Form des obligatorischen Überbietens regelmäßig bei den Operationen des Revanche-*Potlatsch* einstellt, hat zu der Annahme geführt, zu Beginn des Tauschhandels sei das Leihen auf Zinsen an die Stelle des einfachen Tausches getreten. Tatsächlich vermehrt sich der Reichtum in den *Potlatsch*-Gesellschaften in einer Weise, die an die Kreditinflation der Bankzivilisation erinnert: so nämlich, daß es unmöglich wäre, auf Grund der von der Gesamtheit der Be-

## 3. Produktion, Tausch und Verausgabung

schenkten eingegangenen Verpflichtungen gleichzeitig alle von der Gesamtheit der Schenker besessenen Reichtümer zu realisieren. Aber diese Ähnlichkeit betrifft nur ein sekundäres Merkmal des *Potlatsch*.

Es ist die Konstitution eines positiven Vermögens zum Verlust – von der Adel, Ehre und Rang in der Hierarchie herrühren –, die dieser Einrichtung ihren bezeichnenden Wert verleiht. Das Geschenk muß als Verlust, und damit als partielle Zerstörung angesehen werden, wobei die Zerstörungslust zum Teil auf den Beschenkten übertragen wird. In den unbewußten Formen, wie die Psychoanalyse sie beschreibt, symbolisiert es das Ausscheiden der Exkremente, das seinerseits wieder an den Tod gebunden ist gemäß der grundlegenden Entsprechung von Analerotik und Sadismus. Der exkrementelle Symbolismus der bemalten Kupferbarren, die an der Nordwestküste Amerikas die bevorzugten Geschenkobjekte bilden, fußt auf einer reichen Mythologie. In Melanesien bezeichnet der Schenker die prächtigen Geschenke, die er dem rivalisierenden Häuptling zu Füßen legt, als seinen Abfall.

Die Folgen für den Erwerb sind – zumindest da, wo die Motive der Handlung primitiv geblieben sind – nur das ungewollte Ergebnis eines Vorgangs, der in der entgegengesetzten Richtung verläuft. Das Ideal wäre nach Marcel Mauss ein *Potlatsch*, der nicht erwidert wird. Dieses Ideal wird mit bestimmten Zerstörungen erreicht, für die die Bräuche keine mögliche Erwiderung kennen. Da aber die Früchte des *Potlatsch* sozusagen schon im voraus für einen neuen *Potlatsch* vorgesehen sind, ist das archaische Prinzip des Reichtums frei von jenen Abschwächungen, die von der später entstandenen Habgier herrühren: Reichtum ist ein Erwerb, insofern der Reiche Macht erwirbt, aber er ist vollständig für den Verlust bestimmt, insofern diese Macht eine Macht des Verlustes ist. Nur durch den Verlust sind Ruhm und Ehre mit ihm verbunden.

In seiner Eigenschaft als Spiel ist der *Potlatsch* das Gegenteil eines Prinzips der Bewahrung: er setzt der Stabilität der Vermögen, wie sie innerhalb der Totemwirtschaft herrschte, wo der Besitz erblich war, ein Ende. An die Stelle der Erbschaft ist durch eine exzessive Tauschtätigkeit eine Art rituellen Pokerns mit rauschhaften Zügen als Quelle des Besitzes getreten. Aber die Spieler können sich nie zurückziehen, wenn sie ein Vermögen gewonnen haben: sie bleiben der Herausforderung ausgeliefert. Das Vermögen hat also in gar keinem Fall die Funktion, den, der es besitzt, *frei von Bedürfnissen* zu machen. Es bleibt vielmehr als solches, ebenso wie sein Besitzer, *dem Bedürfnis nach einem maßlosen Verlust ausgesetzt*, das in endemischem Zustand die soziale Gruppe beherrscht.

Die Produktion und die nicht kostspielige Konsumtion, die den Reichtum bedingen, treten so in ihrer relativen Nützlichkeit hervor.

### 4. DIE FUNKTIONELLE VERAUSGABUNG DER REICHEN KLASSEN

Der Begriff des eigentlichen *Potlatsch* muß den Verausgabungsformen vorbehalten bleiben, die Wettkampfcharakter haben, die auf eine Herausforderung hin gemacht werden und Gegenleistungen hervorrufen, und genauer noch: den Formen, die sich nicht vom *Tausch* der archaischen Gesellschaften unterscheiden.

Wichtig ist, daß der Tausch anfangs *unmittelbar* einem menschlichen *Zweck* untergeordnet war. Aber es ist klar, daß seine mit dem Fortschritt der Produktionsweisen verbundene Entfaltung erst in einem Stadium einsetzt, wo diese Unterordnung keine unmittelbare mehr ist. Die Funktion der Produktion verlangt schon ihrem Prinzip nach, daß die Produkte, zumindest vorübergehend, dem Verlust entzogen werden.

## 4. Die funktionelle Verausgabung der Klassen

In der merkantilen Ökonomie haben die Tauschprozesse Erwerbscharakter. Die Vermögen sind nicht mehr auf einem Spieltisch ausgebreitet, und sie haben sich relativ stabilisiert. Dem Prinzip der unproduktiven Verausgabung werden sie nur noch soweit unterworfen, wie die Stabilität gesichert ist und selbst durch erhebliche Verluste nicht mehr gefährdet werden kann. Die Grundkomponenten des *Potlatsch* finden sich unter diesen veränderten Umständen in Formen wieder, die nicht mehr direkt agonal[2] sind: die Verausgabung ist zwar immer noch dazu bestimmt, einen Rang zu erwerben und zu erhalten, aber sie hat nicht mehr grundsätzlich zum Ziel, einem anderen seinen Rang zu nehmen.

Trotz dieser Abschwächungen bleibt der ostentative Verlust überall mit dem Reichtum verbunden als seine eigentliche Funktion.

Mehr oder weniger stark hängt auch der soziale Rang vom Besitz eines Vermögens ab, aber wiederum unter der Bedingung, daß das Vermögen teilweise für unproduktive soziale Ausgaben geopfert wird wie Feste, Schauspiele und Spiele. In den primitiven Gesellschaften, wo die Ausbeutung des Menschen durch den Menschen noch schwach ist, fließen die Produkte der menschlichen Tätigkeit den Reichen nicht nur für die ihnen zugeschriebenen sozialen Schutz- und Führungsfunktionen zu, sondern auch für die spektakulären Ausgaben der Gemeinschaft, deren Kosten sie tragen müssen. In den sogenannten zivilisierten Gesellschaften ist die funktionelle *Verpflichtung* des Reichtums erst vor relativ kurzer Zeit verschwunden. Der Niedergang des Heidentums hat den der Spiele und Kulte nach sich gezogen, für die die reichen Römer obligatorisch die Kosten übernahmen; daher hat man sagen können, daß das Christentum den Besitz individualisiert hat, indem es dem Besitzenden das ganze Verfügungsrecht darüber einräumte und seine soziale

[2] Im Sinn von Rivalität oder Kampf.

Funktion abschaffte. Zumindest hat es das Verpflichtende dieser Funktion abgeschafft, denn an die Stelle der vom Brauch her vorgeschriebenen heidnischen Verausgabung setzt das Christentum das freiwillige Almosen, entweder in Form einer Austeilung durch die Reichen an die Armen oder in Form ungeheurer Schenkungen an Kirchen und später an Klöster; und Kirchen und Klöster haben im Mittelalter den größten Teil der spektakulären Funktion übernommen.

Heute sind die großen freiwilligen sozialen Formen der unproduktiven Verausgabung verschwunden. Daraus darf man jedoch nicht schließen, daß das Prinzip der Verausgabung selbst aufgehört hat, Ziel der ökonomischen Tätigkeit zu sein.

Eine bestimmte Entwicklung des Reichtums, deren Symptome Krankheit und Erschöpfung sind, führt zur Scham vor sich selbst und gleichzeitig zu bösartiger Heuchelei. Alles Generöse, Orgiastische, Maßlose ist verschwunden: Rivalitäten, die weiterhin das individuelle Handeln bestimmen, finden nur noch im verborgenen statt und gleichen einem schamhaften Aufstoßen. Die Vertreter der Bourgeoisie befleißigen sich eines unscheinbaren Auftretens: das Zurschaustellen von Reichtümern geschieht jetzt hinter den Wänden nach langweiligen und bedrückenden Konventionen. Die Angestellten und kleinen Kaufleute des Mittelstands, die es zu einem bescheidenen oder winzigen Vermögen brachten, haben schließlich die ostentative Verausgabung, die eine Art Parzellierung erfährt, erst recht verkommen lassen, so daß von ihr nur noch eine Menge eitler, mit lähmender Unlust verbundener Bemühungen übriggeblieben sind.

Bis auf wenige Ausnahmen sind indessen solche Ersatzhandlungen für alle zum wichtigsten Daseinszweck und Lohn für Arbeit und Leid geworden, die nicht den Mut haben, ihre muffige Gesellschaft einer revolutionären Zerstörung zu überantworten. In der Umgebung der modernen Banken herrscht ebenso wie vor den Totem-

## 4. Die funktionelle Verausgabung der Klassen

pfählen der Kwakiutl bei den Individuen der Wunsch, Eindruck zu machen, was sie nach einem System kleiner Paraden auftreten läßt, mit denen sie einander blenden wie mit einem Licht, das zu grell ist. Wenige Schritte von der Bank entfernt warten Juwelen, Kleider und Autos hinter den Schaufenstern auf den Tag, wo sie dazu dienen werden, den wachsenden Glanz eines sinistren Industriellen und seiner noch sinistreren alten Gattin darzustellen. Eine Stufe tiefer erfüllen vergoldete Wanduhren, Vertikos und künstliche Blumen die gleichen uneingestehbaren Zwecke für Spießerpaare. Der Neid zwischen den Menschen macht sich mit der gleichen Brutalität Luft wie bei den Wilden: nur Generosität und Noblesse sind verschwunden und mit ihnen die spektakuläre Gegenleistung, die die Reichen den Armen boten.

Als Klasse, die den Reichtum besitzt, die mit dem Reichtum die Verpflichtung zur funktionellen Verausgabung erhalten hat, zeichnet sich die moderne Bourgeoisie durch die prinzipielle Weigerung aus, die sie dieser Verpflichtung entgegenstellt. Sie hat sich von der Aristokratie dadurch abgesetzt, daß sie beschlossen hat, *nur für sich zu verschwenden*, innerhalb der eigenen Klasse, d. h. indem sie ihre eigenen Ausgaben vor den Augen der anderen Klassen soweit wie möglich verbirgt. Diese besondere Form hat ihren Ursprung darin, daß sie ihren Reichtum im Schatten einer Adelsklasse entwickelte, die mächtiger war als sie. Diesen kleinlichen Auffassungen einer beschränkten Verausgabung haben rationalistische Konzepte entsprochen, die sie seit dem 17. Jahrhundert formulierte und die nichts anderes sind als eine Darstellung der strikt *ökonomischen* Welt, im vulgären, im bürgerlichen Sinn des Wortes. Der Haß auf die Verschwendung ist der Daseinsgrund und die Rechtfertigung der Bourgeoisie; er ist zugleich der Grund für ihre abscheuliche Heuchelei. Die Bürger haben die Verschwendungssucht der Feudalgesellschaft als Hauptanklagepunkt benutzt, und nachdem sie selbst an die Macht gekommen sind, haben sie geglaubt, weil sie gewohnt waren, ihre Reichtümer zu verbergen, könnten sie ein für die armen Klassen akzeptables Regiment führen. Und man muß gerechterweise zugeben, daß das Volk sie nicht ebenso hassen kann wie seine früheren Herren, genauso, wie es sie auch nicht lieben kann, denn sie sind zumindest unfähig, ein Gesicht zu verbergen, das so schäbig, so habgierig, so ohne jede Noblesse, so abstoßend kleinlich aussieht, daß bei ihrem Anblick alles menschliche Leben verkommen zu sein scheint.

Gegen sie kann das Bewußtsein des Volkes das Prinzip der Verausgabung nur dadurch aufrechterhalten, daß es die bürgerliche Existenz als Schande und finstere Annulierung des Menschen darstellt.

## 5. DER KLASSENKAMPF

Indem sich die bürgerliche Gesellschaft in bezug auf die Verausgabung zur Sterilität zwang, ihrer *buchführenden* Vernunft gemäß, ist es ihr schließlich gelungen, nichts als die universelle Schäbigkeit zu entwickeln. Das menschliche Leben findet seine Erregung nach dem Maß unreduzierbarer Bedürfnisse nur in dem Bemühen jener wieder, die die Konsequenzen der geläufigen rationalistischen Auffassungen auf die Spitze treiben. Was von den traditionellen Verausgabungsformen übriggeblieben ist, ist verkümmert, und der prächtige lebendige Tumult hat sich in die beispiellose Entfesselung des *Klassenkampfs* aufgelöst.

Die Komponenten des *Klassenkampfs* sind im Prozeß der Verausgabung von der archaischen Periode an gegeben. Im *Potlatsch* verteilt der Reiche Produkte, die ihm die Armen liefern. Er versucht, sich über einen ebenso reichen Rivalen zu erheben, aber der letzte Grad der angestrebten Erhebung hat nichts weiter zum Ziel, als ihn noch mehr von der Natur der im Elend Lebenden wegzurücken. So läuft die Verausgabung, obwohl sie eine soziale Funktion ist, unmittelbar auf einen agonalen Akt der Trennung hinaus, der offenkundig antisozial ist. Der Reiche konsumiert, was der Arme verliert, indem er für ihn die Kategorie einer Erniedrigung und Schändlichkeit schafft, die den Weg zur Sklaverei öffnet. Es ist offensichtlich, daß von dem undeutlich überlieferten Erbe der luxuriösen Welt der Vergangenheit die moderne Welt eben jene, gegenwärtig den Proletariern vorbehaltene Kategorie übernommen hat. Die bürgerliche Gesellschaft, die sich nach rationalen Grundsätzen zu regieren vorgibt, und übrigens durch ihre eigene Entwicklung danach strebt, eine gewisse menschliche Homogenität zu verwirklichen, nimmt zwar nicht ohne Protest eine Teilung hin, die den Menschen selbst zu vernichten scheint, aber sie ist unfähig, in ihrem Widerstand weiter als bis zur theoretischen Ablehnung zu gehen. Sie gewährt den Arbeitern gleiche Rechte wie den Herren, und sie verkündet diese *Gleichheit*, indem sie dieses Wort sichtbar an die Mauern schreibt. Dennoch liegt den Herren, die so tun, als wären sie der Ausdruck der Gesellschaft schlechthin, sehr daran – und mehr als an allem anderen –, zu demonstrieren, daß sie ganz und gar nichts mit der Schändlichkeit der von ihnen Beschäftigten zu tun haben. *Es ist das Ziel der Arbeiter, zu produzieren, um zu leben, das der Unternehmer aber, zu produzieren, um die arbeitenden Produzenten einer abscheulichen Erniedrigung auszuliefern;* denn es besteht eine unauflösliche Beziehung zwischen der Qualifizierung der Verausgabungsformen, die dem Unternehmer eigen sind und dazu tendieren, ihn weit über die menschliche Niedrigkeit zu erheben, und der Niedrigkeit selbst, die diese Qualifizierung bedingt.

Wer dieser Auffassung der agonalen sozialen Verschwendung die zahlreichen bürgerlichen Bemühungen zur Verbesserung des Arbeiterschicksals entgegenhält, bringt damit nur die Feigheit der modernen Oberklassen zum Ausdruck, die nicht mehr die Kraft haben, ihre Zerstörungen zuzugeben. Die Ausgaben der Kapitalisten, die den Arbeitern helfen und ihnen die Möglichkeit geben sollen, sich auf eine menschliche Ebene zu erheben, beweisen nur die Ohnmacht – aus Erschöpfung –, einen luxuriösen Prozeß bis zum Ende zu treiben. Ist erst einmal das Verderben der Armen besiegelt, wird das Vergnügen der Reichen allmählich seines Sinnes entleert und neutralisiert: es macht einer Art apathischer Gleichgültigkeit Platz. Damit in dieser Situation, trotz der Tendenzen, die diese Gleichgültigkeit stören (Sadismus, Mitleid), ein neutraler Zustand aufrechterhalten werden kann, den die Apathie sogar relativ angenehm macht, kann es nützlich sein, einen Teil der Verausgabung, die die Schändlichkeit hervorbringt, durch eine neue Verausgabung zu kompensieren, die die Ergebnisse der ersten abschwächen soll. Der politische Sinn der Unternehmer hat im Verein mit der partiellen Entwicklung eines gewissen Wohlstands dieser Kompensation manchmal einen beträchtlichen Umfang geben können. So vollzieht sich in den angelsächsischen Ländern und besonders in den USA der erste Prozeß nur noch auf Kosten eines relativ kleinen Teils der Bevölkerung, und in einem gewissen Maße hat auch die Arbeiterklasse schließlich daran teil (vor allem, wenn das dadurch erleichtert wird, daß schon eine andere, allgemein als niedrig angesehene Klasse vorhanden ist wie die der Neger). Aber solche Ausflüchte, deren Bedeutung im übrigen strikt begrenzt ist, ändern nichts an der grundlegenden Klassenspaltung in edle und unedle Menschen. Das grausame Spiel des sozialen Lebens ist in den verschiedenen zivilisierten Ländern gleich, wo der beleidigende Glanz der Reichen die Menschennatur der Unterklasse ruiniert und verkommen läßt.

Dazu kommt noch, daß die Abschwächung in der Brutalität der Herren – die sich übrigens nicht so sehr auf die Zerstörung selbst wie auf die psychologischen

Zerstörungstendenzen bezieht – der allgemeinen Atrophie der früheren Luxusprozesse entspricht, die die moderne Epoche kennzeichnet.

Dagegen wird der Klassenkampf vielmehr zur grandiosesten Form sozialer Verausgabung, wenn er, und zwar diesmal von den Arbeitern, mit einer Radikalität weitergeführt und entfaltet wird, die die Existenz der Herren selbst bedroht.

## 6. CHRISTENTUM UND REVOLUTION

Außer der Revolte gab es für die aufgereizten Armen noch die Möglichkeit, jede moralische Beteiligung an einem System der Unterdrückung des Menschen durch den Menschen zu verweigern. In bestimmten historischen Situationen gelang es ihnen, besonders mit Hilfe von Symbolen, die noch eindrucksvoller waren als die Realität, die »menschliche Natur« auf die Stufe einer so abstoßenden Schändlichkeit niederzudrücken, daß das Vergnügen der Reichen am Ermessen des Elends der anderen plötzlich zu ungeheuerlich wurde, als daß sie es ohne Schwindelgefühl hätten ertragen können. Unabhängig von rituellen Formen kam es so zu einem Austausch äußerster Herausforderungen, vor allem seitens der Armen, zu einem *Potlatsch*, bei dem der tatsächliche Abschaum und die unverhüllte moralische Verworfenheit in schrecklicher Größe mit all dem rivalisiert haben, was die Welt an Reichtum, Reinheit oder Glanz enthält; und dieser Art spasmischer Krämpfe wurde ein außergewöhnlicher Ausweg geboten in der religiösen Verzweiflung, die deren hemmungslose Ausbeutung war.

Im Christentum konnte der Wechsel von Überschwang und Angst, von Martern und Orgien, der religiöses Leben ausmacht, sich mit einem noch tragischeren Thema, mit einer krankhaften Sozialstruktur verbinden, die mit der widerlichsten Grausamkeit sich selbst zerfleischte.

Der Triumphgesang der Christen preist Gott, weil er in das blutige Spiel des sozialen Krieges eingetreten ist, denn »er stößt die Gewaltigen vom Stuhl und erhebt die Niedrigen«. Ihre Mythen verbinden soziale Schmach und die Verwesung des zu Tode Gemarterten mit göttlichem Glanz. So übernimmt der Kult die gesamte Funktion einer Konfrontation der einander entgegengesetzten Kräfte, die bisher zwischen Reichen und Armen aufgeteilt waren, wobei jene diese dem Verderben überlieferten. Er verbündet und verknüpft sich mit dem irdischen Jammer, und ist doch selbst nur eine Nebenerscheinung des maßlosen Hasses, der die Menschen trennt, aber eine Nebenerscheinung, die nach und nach alle divergierenden Prozesse verdrängt und einschließt. Entsprechend dem Wort Christi, er sei nicht gekommen, den Frieden zu bringen, sondern das Schwert, ist die Religion keineswegs bestrebt, aus der Welt zu schaffen, was andere als die Wunde der Menschheit ansehen: in ihrer unmittelbaren Form, d. h. insoweit ihre Bewegung frei geblieben ist, wälzt sie sich vielmehr in einem Unrat, der für ihre ekstatischen Martern unentbehrlich ist.

Die Bedeutung des Christentums liegt in der Entwicklung der rauschhaften Folgen der Verausgabung von Klassen, im orgiastischen Charakter eines geistigen Wettkampfs, der auf Kosten des wirklichen Kampfs betrieben wird.

Welchen Wert die christliche *Demütigung* indes in der menschlichen Tätigkeit immer erhalten haben mag, so ist sie doch nur eine Episode im historischen Kampf der Unedlen gegen die Edlen, der Unreinen gegen die Reinen. Als wenn die sich ihrer unerträglichen Zerrissenheit bewußte Gesellschaft eine Zeitlang todestrunken geworden wäre, um sie sadistisch zu genießen: die schwerste Trunkenheit hat jedoch die Folgen des menschlichen Elends nicht beseitigt, und da die ausgebeuteten Klassen sich den herrschenden Klassen mit wachsender Erkenntnis ihrer Lage entgegenstellen, kann für den Haß keine

## 6. Christentum und Revolution

Grenze abgesehen werden. In der Ruhelosigkeit der Geschichte beherrscht nur das Wort Revolution die gewohnte Verwirrung und trägt Verheißungen, die den grenzenlosen Forderungen der Massen entsprechen: Herren und Ausbeuter, deren Funktion es ist, in verächtlicher Weise die menschliche Natur auszuschließen, so daß diese Natur an den Grenzen der Erde, d. h. des Schmutzes existiert – ein einfaches Gesetz der Umkehrung fordert, daß man sie dem Schrecken überliefert, an dem *langen Abend,* an dem ihre schönen Phrasen von den Todesschreien der Aufstände übertönt werden. Das ist die blutige Hoffnung, die sich täglich mit dem Dasein des Volkes verbindet und den widersetzlichen Charakter des Klassenkampfs resümiert.

Der Klassenkampf hat nur ein mögliches Ziel: das Verderben jener, die daran gearbeitet haben, die »menschliche Natur« zu verderben.

Welche Form die entsprechende Entwicklung aber auch annehmen mag, eine revolutionäre oder servile, die allgemeinen Konvulsionen, die vor achtzehn Jahrhunderten durch die religiöse Ekstase der Christen geprägt wurden und heute durch die Arbeiterbewegung, müssen gleichermaßen als ein entscheidender Impuls angesehen werden, der die Gesellschaft *zwingen* wird, mit Hilfe der gegenseitigen Ausschließung der Klassen eine Form der Verausgabung zu schaffen, die so tragisch und frei wie möglich ist, und zugleich Formen des Heiligen einzuführen, die so menschlich sind, daß die traditionellen Formen daneben vergleichsweise verächtlich erscheinen. Der Tropismus solcher Bewegungen gibt Aufschluß über den totalen menschlichen Wert der Arbeiterrevolution, die eine ebenso zwingende Anziehungskraft haben kann wie die, die einfache Organismen sich nach der Sonne wenden läßt.

## 7. DIE INSUBORDINATION DER MATERIELLEN TATSACHEN

Das menschliche Leben, nicht der juridischen Existenz nach, sondern so, wie es sich tatsächlich auf einem im Weltraum isolierten Erdball Tag und Nacht und von einem Landstrich zum anderen abspielt, das menschliche Leben kann in keinem Fall auf die geschlossenen Systeme reduziert werden, auf die es nach rationalen Auffassungen gebracht wird. Die ungeheuren Anstrengungen der Selbstaufgabe, des Sichverströmens und Rasens, die es ausmachen, legen vielmehr nahe, daß es erst mit dem Bankrott dieser Systeme beginnt. Jedenfalls hat das, was es an Ordnung und Zügelung zuläßt, nur von dem Moment an einen Sinn, wo die geordneten und gezügelten Kräfte sich befreien und für Zwecke verlieren, die keiner Rechenschaft mehr unterworfen sind. Nur durch eine solche Insubordination, und sei sie noch so elend, kann die Menschheit ihre Isolierung im unverfügbaren Glanz der materiellen Dinge durchbrechen.

Ganz allgemein sind die Menschen, einzeln oder gruppenweise, ständig in Verausgabungsprozesse verwickelt. Der Wechsel in den Formen bedingt keinerlei Änderung in den Grundmerkmalen dieser Prozesse, deren Prinzip der Verlust ist. Eine gewisse Erregung, deren Grad bei allen Unterschieden auf einem spürbar gleichen Stand gehalten wird, beherrscht die Gruppen wie die Einzelnen. In ihrer extremen Form können die *Erregungszustände*, die toxischen Zuständen verwandt sind, als unwiderstehliche alogische Antriebe zur Verwerfung der rational (entsprechend dem Prinzip des Zahlungsausgleichs) verwendbaren materiellen und geistigen Güter definiert werden. Mit den so praktizierten Verlusten verbindet sich – im Fall des »*verlorenen* Mädchens« ebenso wie in dem der Militärausgaben – die Schaffung unproduktiver Werte, deren absurdester und zugleich begehrtester der *Ruhm* ist. Zusammen mit der *Erniedrigung* hat der Ruhm, in bald finsteren, bald glänzenden

## 7. Die Insubordination der Tatsachen

Formen, immer die soziale Existenz beherrscht, und ohne ihn kann auch heute nichts unternommen werden, obwohl er von der blinden Praxis persönlicher oder sozialer Verluste bedingt ist.

So zieht der riesige Abfall, den die Tätigkeit erzeugt, die menschlichen Absichten – einschließlich derer, die ökonomische Operationen betreffen – in das qualitative Spiel der universellen Materie hinein: die Materie kann in der Tat nur definiert werden als die *nicht-logische Differenz*, die für die *Ökonomie* des Universums das ist, was das *Verbrechen* für das Gesetz ist. Der Ruhm, der den Gegenstand der freien Verausgabung umgibt oder symbolisiert (ohne ihn zu erschöpfen), kann, ebenso wie er das Verbrechen nie auszuschließen vermag, von der Qualifikation nicht unterschieden werden, zumindest nicht von der einzigen Qualifikation, deren Wert dem der Materie vergleichbar ist: der *insubordinierten Qualifikation*, die jeder Bedingung entzogen ist.

Macht man sich andererseits das Interesse klar, das die menschliche Gemeinschaft zwangsläufig mit der ständig durch die geschichtliche Bewegung bewirkten qualitativen Veränderung verbindet – ein Interesse, das mit dem des Ruhmes (wie mit dem der Erniedrigung) zusammenfällt –, macht man sich weiter klar, daß diese Bewegung unmöglich einzudämmen oder auf ein begrenztes Ziel hinzulenken ist, so kann man schließlich ohne jeden Vorbehalt dem Nutzen einen *relativen* Wert zuerkennen. Die Menschen sichern ihren Lebensunterhalt oder vermeiden den Schmerz, nicht weil diese Tätigkeiten für sich ein zureichendes Resultat erbringen, sondern um zu der insubordinierten Tätigkeit der freien Verausgabung zu gelangen.

# Der verfemte Teil

*Exuberance is Beauty*
William Blake

## Vorwort

Wenn ich in den letzten Jahren manchmal auf die Frage »Woran arbeiten Sie jetzt?« antworten mußte, so war es mir jedesmal peinlich, sagen zu müssen: »An einem Werk über politische Ökonomie«. Daß ausgerechnet ich ein solches Thema behandeln könnte, erregte meist Verblüffung, besonders bei denen, die mich schlecht kannten. (Das Interesse, das man meinen Büchern entgegenzubringen pflegt, ist literarischer Art, und das war unvermeidlich: sie lassen sich tatsächlich keinem im voraus bestimmten Genre zuordnen.) Mit Unbehagen erinnere ich mich an das flüchtige Erstaunen, das meine Antwort hervorrief: ich mußte mich näher erklären, und was ich mit einigen Worten sagen konnte, war weder präzis noch verständlich. Ich mußte nämlich hinzufügen, daß in dem Buch, das ich schrieb (und hiermit veröffentliche), die Dinge nicht in der Art der Nationalökonomen gesehen werden, daß unter meinem Gesichtspunkt ein Menschenopfer, der Bau einer Kirche oder das Geschenk eines Juwels nicht weniger interessant sind als der Verkauf von Getreide. Kurz, ich gab mir vergeblich Mühe, das Prinzip einer *allgemeinen Ökonomie* zu erklären, in der die *Verausgabung* (oder die *Verzehrung*) der Reichtümer Vorrang hat vor der Produktion. Meine Verlegenheit wuchs, wenn man mich nach dem Titel des Buches fragte. *Der verfemte Teil*, das klang reizvoll, sagte einem aber nichts. Ich hätte zwar noch weitergehen und sagen können, daß ich die Verfemung aufheben wollte, von der im Titel gesprochen wird. Aber mein Vorhaben war entschieden zu weitläufig, und ein weitläufiges Vorhaben zusammenfassen heißt immer, es verraten. Wer von sich sagt, er bereite ein umwälzendes Werk vor, macht sich lächerlich: er muß es einfach tun, das ist alles.

Nun ist das Buch da. Aber ein Buch ist nichts, bevor es nicht *eingeordnet* ist, bevor die Kritik ihm nicht seinen Platz in der allgemeinen Bewegung des Denkens zugewiesen hat. Wieder stehe ich vor der gleichen Schwierigkeit. Das Buch ist da, aber in dem Moment, wo ich ein Vorwort dazu schreibe, kann ich nicht einmal um die Aufmerksamkeit der Fachleute einer Wissenschaft bitten. Dieser erste Versuch geht außerhalb der Einzeldisziplinen ein Problem an, das noch nicht in richtiger Weise gestellt worden ist und das doch das Schlüsselproblem für jede Disziplin darstellt, die sich mit der Bewegung der Energie auf der Erde beschäftigt – von der Physik des Erdkörpers bis zur politischen Ökonomie, über Soziologie, Geschichte und Biologie. Weder die Psychologie noch ganz allgemein die Philosophie können übrigens unabhängig von dieser primären Frage der Ökonomie betrachtet werden. Selbst was von Kunst, Literatur und Poesie gesagt werden kann, hängt letztlich mit der von mir behandelten Bewegung zusammen: der Bewegung der überschüssigen Energie, die sich in der Erregung des Lebens äußert. Da ein solches Buch also für alle von Interesse ist, könnte es leicht für niemanden von Interesse sein.

Es ist gewiß gefährlich, wenn man die kalte wissenschaftliche Forschung bis zu einem Punkt treibt, wo ihr Gegenstand einen nicht mehr gleichgültig läßt, sondern einen vielmehr versengt. Das Sieden, das ich untersuche und das den Erdball bewegt, ist auch *mein* Sieden. So kann das Objekt meiner Untersuchung nicht mehr vom Subjekt geschieden werden, genauer noch: *vom Subjekt auf seinem Siedepunkt.* Bevor es für mein Unternehmen also schwierig werden konnte, seinen Platz in der allgemeinen Bewegung des Denkens zu finden, stieß es auf das intimste Hindernis, das übrigens den grundlegenden Sinn des Buches ausmacht.

Je mehr ich mich mit meinem Gegenstand beschäftigte, desto weniger konnte ich mich selbst der Erregung entziehen, in der ich das unvermeidliche Ziel, den Wert des nüchtern erwogenen Unternehmens sah. Ich strebte nach dem Erwerb einer Erkenntnis, die Kälte und nüchterne Überlegung erforderte, aber der erworbenen Erkenntnis haftete der Irrtum an, der der Kälte der nüchternen Überlegung eigen ist. Mit anderen Worten, meine Arbeit suchte die Summe der menschlichen Reserven zu *vergrößern*, aber ihre Ergebnisse zeigten mir, daß die Akkumulation nur eine Frist, ein Aufschub des unvermeidlichen Zeitpunkts war, von dem an der akkumulierte Reichtum seinen Wert nur noch im Augenblick hat. Indem ich das Buch schrieb, wo ich sage, daß die Energie letztlich nur vergeudet werden kann, verwendete ich selbst meine Energie, meine Zeit für diese Arbeit: meine Untersuchung entsprach grundsätzlich dem Wunsch, die Summe der von der Menschheit erworbenen Güter zu vergrößern. Muß ich sagen, daß ich unter diesen Umständen manchmal einfach nur der Wahrheit meines Buches entsprechen und nicht weiterschreiben konnte?

Ein Buch, auf das niemand wartet, das auf keine formulierte Frage antwortet, das der Verfasser nicht geschrieben hätte, wenn er seiner Lehre wörtlich gefolgt wäre, so ist das bizarre Ding, das ich heute dem Leser unterbreite. Das gibt sofort zum Mißtrauen Anlaß, und dennoch! Vielleicht ist es besser, keiner Erwartung zu entsprechen und gerade das zu bringen, was abschreckt, wovon man aus Schwäche nichts wissen will: diese heftige Bewegung voll plötzlicher Überraschungen, die einen umwirft und dem Geist jede Ruhe nimmt; eine Art kühner Umwälzung, bei der eine mit der Welt übereinstimmende Dynamik die Stagnation der isolierten Vorstellungen und hartnäckigen Probleme einer Angst, die nicht *sehen* will, ersetzt. Wie hätte ich, ohne mich über Erwartungen hinwegzusetzen, diese äußerste Gedankenfreiheit ausüben können, die die Begriffe mit der Bewegungsfreiheit der Welt gleichsetzt? Es wäre unsinnig, gegen die Regeln der Stringenz zu verstoßen, die Methode und Besonnenheit voraussetzen, aber wie sollen wir das Rätsel lösen, wie uns auf der Höhe des Universums bewegen, wenn wir uns mit dem Schlaf der herkömmlichen Erkenntnisse begnügen? Wer die Geduld und auch den Mut hat, mein Buch zu lesen, wird in ihm Untersuchungen finden, die den Regeln einer unnachgiebigen Vernunft folgen, Lösungen für politische Probleme, die sich von traditioneller Lebensklugheit leiten lassen, aber man wird in ihm auch auf den Satz stoßen: *der Geschlechtsakt ist in der Zeit, was der Tiger im Raum ist.* Diese Verbindung rührt von Betrachtungen über die Ökonomie der Energie her, die der poetischen Phantasie keinen Raum lassen, aber ein Denken auf der Höhe des Kräftespiels erfordern, das dem geläufigen Kalkül entgegengesetzt ist und auf Gesetzen beruht, die uns beherrschen. In einer Perspektive, in der solche Wahrheiten hervortreten, gewinnen allgemeinere Aussagen einen Sinn, nach denen *nicht die Notwendigkeit, sondern ihr Gegenteil, der »Luxus«, der lebenden Materie und dem Menschen ihre Grundprobleme stellt.*

Danach fordere ich die Kritik zu einiger Zurückhaltung auf. Gegen eine neue Sehweise unabweisbare Einwände zu erheben, ist leicht. Was neu ist, verwirrt zumeist und wird nicht richtig verstanden: die Einwände beziehen sich auf vereinfachte Aspekte, die der Verfasser ebensowenig zuläßt wie ein angeblicher Kritiker, oder höchstens als provisorische Vereinfachung. Im vorliegenden Fall ist es wenig wahrscheinlich, daß solche entscheidenden Schwierigkeiten, die beim ersten Lesen ins Auge springen, mir in den 18 Jahren, die diese Arbeit mich gekostet hat, entgangen sind. Aber ich beschränke mich hier zunächst auf einen gedrängten Überblick, in dem ich die Menge der implizierten Fragen nicht einmal anzudeuten versuchen kann.

Vor allem habe ich in diesem ersten Band darauf verzichtet, unter dem neuen Gesichtspunkt, den ich hier einführe, alle Lebensäußerungen detailliert zu analysieren. Das ist bedauerlich, weil die Begriffe *produktive Verausgabung* und *unproduktive Verausgabung* für alle

Gedankengänge meines Buches einen grundlegenden Wert haben. Das konkrete Leben, das alle möglichen Ausgaben umfaßt, kennt nämlich keine ausschließlich produktive Verausgabung und praktisch nicht einmal eine rein unproduktive Verausgabung. An die Stelle einer ersten rudimentären Klassifikation muß also eine methodische Beschreibung aller Aspekte des Lebens treten. Ich wollte aber zunächst eine Reihe von Tatsachen darlegen, die besonders dazu geeignet sind, meine Gedanken begreiflich zu machen. Dieses Denken hätte jedoch nicht Gestalt annehmen können, wenn es nicht andrerseits die Gesamtheit der winzigen, zu Unrecht als unbedeutend angesehenen Tatsachen im Blick gehabt hätte.

Ebenso müßig wäre es wohl, aus der Tatsache, daß die Wirtschaftskrisen, die in meinem Buch notwendig eine entscheidende Bedeutung haben, nur ganz summarisch und oberflächlich behandelt werden, vernichtende Schlußfolgerungen zu ziehen. Ich mußte mich entscheiden: ich konnte von meinen Gedanken nicht einen Gesamtüberblick geben und mich zugleich in einem Labyrinth von Überlegungen verlieren, bei dem man häufig vor lauter Bäumen den Wald nicht mehr sieht. Ich wollte mir ersparen, die Arbeit der Ökonomen zu wiederholen, und habe mich darauf beschränkt, das Problem der Krisen mit dem allgemeinen Problem der Natur in Verbindung zu bringen. Ich wollte es in einem neuen Licht darlegen, aber ich habe zunächst auf die Analyse der Komplexität einer Überproduktionskrise verzichtet, so wie ich es auf später verschoben habe, den Anteil des Wachstums und den Anteil der Vergeudung zum Beispiel bei der Herstellung eines Huts oder eines Stuhls genau abzuschätzen. Ich wollte zunächst ganz allgemein die Gründe anführen, die über das Geheimnis der »Flaschenhälse« von Keynes Aufschluß geben, indem ich die erschöpfenden Umwege der Exuberanz über das gegenseitige Sichauffressen, den Tod und die geschlechtliche Fortpflanzung verfolgte.

Ich beschränke mich im Augenblick auf diese summarische Übersicht. Das heißt nicht, daß ich resigniere: ich verschiebe ausgedehntere Untersuchungen nur auf später[1]. Ich verschiebe auch für kurze Zeit die Analyse der Angst.

Das ist jedoch die entscheidende Analyse, die allein den Gegensatz zweier politischer Methoden annähernd deutlich machen kann: derjenigen der Angst und der ängstlichen Suche nach einer Lösung, die das Streben nach Freiheit mit völlig entgegengesetzten Imperativen vermengt; und derjenigen der Freiheit des Geistes, die aus den allgemeinen Quellen des Lebens hervorgeht, für das im Augenblick alles gelöst, *alles reich* und das auf der Höhe des Universums ist. Ich betone, daß für die Freiheit des Geistes die Suche nach einer Lösung selbst etwas Überschüssiges und Überflüssiges ist, und das gibt ihr eine unvergleichliche Kraft. Wer sich die politischen Probleme ausschließlich von der Angst stellen läßt, für den wird ihre Lösung schwierig. Die Angst muß sie zwar stellen. Aber ihre Lösung erfordert an einem bestimmten Punkt die Überwindung der Angst. Von dieser Einsicht leitet sich der Sinn der politischen Vorschläge her, auf die mein Buch hinausläuft[2].

---

[1] Dieser Band wird eine Fortsetzung haben. Er wird übrigens in einer von mir herausgegebenen Reihe veröffentlicht, in der unter anderem Werke der »allgemeinen Ökonomie« erscheinen sollen.

[2] Ich muß hier meinem Freund Georges Ambrosino danken, dem Forschungsleiter im Laboratorium für Röntgenstrahlen, ohne den ich dieses Buch nicht hätte konzipieren können. Wissen ist ja nie Sache eines einzelnen; sie erfordert Gedankenaustausch, gemeinsames Bemühen. Dieses Buch ist daher auch zu einem wichtigen Teil das Werk von Ambrosino. Ich bedaure für meine Person, daß ihn die Atomforschung, an der er jetzt teilnimmt, zumindest für einige Zeit von der Forschung über »allgemeine Ökonomie« abbringt. Ich hoffe, daß er vor allem die Untersuchung über die Bewegungen der Energie auf der Erdoberfläche wiederaufnimmt, die er mit mir zusammen begonnen hat.

# Erster Teil

# Theoretische Einführung

# I. Die Bedeutung der Allgemeinen Ökonomie

## 1. Die Abhängigkeit der Ökonomie vom Energieumlauf auf dem Erdball

Will man ein Wagenrad wechseln, ein Geschwür öffnen oder einen Weinberg bestellen, so wird die Ausführung eines so begrenzten Vorhabens keine Schwierigkeit machen. Die Elemente, mit denen man dabei umgeht, sind zwar von der übrigen Welt nicht gänzlich isoliert, aber man kann sie so behandeln, als wären sie es. Das Vorhaben kann beendet werden, ohne daß man dabei überhaupt einen Komplex zu berücksichtigen hätte, von dem das Rad, das Geschwür oder der Weinberg immerhin abhängige Teile sind. Die vorgenommenen Veränderungen modifizieren die übrigen Dinge nicht spürbar, und auch die ständige Einwirkung von außen hat keinen nennenswerten Einfluß auf die Ausführung des Vorhabens. Anders verhält es sich dagegen bei einer umfangreichen ökonomischen Tätigkeit, zum Beispiel der Automobilproduktion der Vereinigten Staaten, und, in noch stärkerem Maße, bei der ökonomischen Tätigkeit überhaupt.

Die wechselseitige Abhängigkeit zwischen der Automobilproduktion und der *allgemeinen* Entwicklung der Ökonomie liegt auf der Hand, dennoch wird die Ökonomie auch als Gesamtphänomen meist so untersucht, als handle es sich um das System einer isolierbaren Tätigkeit. Produktion und Konsumtion sind voneinander abhängig, aber behandelt man sie gemeinsam, so scheint es nicht schwierig, beide so zu untersuchen wie eine elementare Tätigkeit, die relativ unabhängig ist von allem, was sie nicht ist.

Diese Methode ist legitim und in der Wissenschaft allgemein üblich. Der Gegenstand der Ökonomie ist jedoch anderer Art als der der Physik, die zunächst ein genau bestimmbares Phänomen und dann die Gesamtheit der erforschbaren Phänomene in ihrem Zusammenhang untersucht. Die ökonomischen Phänomene dagegen sind nicht leicht zu isolieren, und ihr allgemeiner Zusammenhang ist schwierig zu bestimmen. Hier kann man also folgende Frage stellen: Muß die produktive Tätigkeit als Ganzes nicht auf die Modifikationen hin untersucht werden, die sie von ihrer Umwelt empfängt und ihrer Umwelt beibringt? Anders gefragt: Muß das System der menschlichen Produktion und Konsumtion nicht im Rahmen eines viel größeren Komplexes erforscht werden?

Derartige Probleme haben für die Wissenschaftler meist einen rein akademischen Charakter, aber die Bewegung der Ökonomie erfaßt derartig viel, daß sich eigentlich niemand wundern sollte, wenn diese erste Frage weitere, weniger abstrakte, nach sich zieht: Spielen bei dem Gesamtphänomen der industriellen Entwicklung, der gesellschaftlichen Konflikte und der planetarischen Kriege, kurz, dem gesamten Menschenwerk, nicht Ursachen und Wirkungen mit, die nur dann zutage treten, wenn man *die allgemeinen Grundlagen der Ökonomie* untersucht? Können wir ein so gefährliches Unternehmen meistern (das wir auf keinen Fall aufgeben können), ohne dessen *allgemeine* Auswirkungen erkannt zu haben? Müssen wir uns nicht, wenn wir die ökonomischen Kräfte ständig weiterentwickeln, die *allgemeinen* Probleme stellen, die sich aus der Bewegung der Energie auf dem Erdball ergeben?

Diese Fragen lassen die theoretische Bedeutung ebenso wie die praktische Tragweite der mit ihnen eingeführten Grundsätze ermessen.

## 2. DIE NOTWENDIGKEIT, DEN ENERGIEÜBERSCHUSS, DER NICHT DEM WACHSTUM EINES SYSTEMS ZUGEFÜHRT WERDEN KANN, OHNE GEWINN ZU VERLIEREN

In der Ökonomie – *in der Produktion und Verwendung der Reichtümer* – läßt sich auf den ersten Blick leicht ein besonderer Aspekt des irdischen Geschehens im Rahmen des Universums erkennen. Eine Bewegung entsteht auf der Erdoberfläche, die von dem Energieumlauf an dieser Stelle des Universums herrührt. Die ökonomische Tätigkeit der Menschen unterwirft sich diese Bewegung, nutzt zu bestimmten Zwecken Möglichkeiten aus, die sich durch sie auftun. Aber jene Bewegung hat eine bestimmte Form und unterliegt Gesetzen, die denen, die sie sich nutzbar machen und von ihr abhängen, im Prinzip unbekannt sind. Es stellt sich also die Frage: Wird die allgemeine Bestimmung der den Bereich des Lebens durchlaufenden Energie durch die Tätigkeit des Menschen verändert? Oder wird diese nicht vielmehr in ihrer Intention fehlgeleitet durch eine Bestimmung, die sie nicht kennt, nicht berücksichtigt und an der sie nichts ändern kann?

Ich gebe unverzüglich eine zwingende Antwort.

Die Verkennung der materiellen Lebensbedingungen läßt den Menschen noch heute schwerwiegende Fehler begehen. Die Menschheit beutet vorhandene materielle Ressourcen aus, aber wenn sie deren Verwendung, wie sie es tatsächlich tut, auf die Lösung der vorgefundenen unmittelbaren Schwierigkeiten einschränkt (eine Lösung, die sie in der Eile als Ideal hat hinstellen müssen), dann mißt sie den von ihr benutzten Kräften einen Zweck bei, den diese gar nicht haben können. Jenseits unserer unmittelbaren Zwecke nämlich verfolgt ihr Werk die nutzlose und unendliche Erfüllung des Universums [3].

---

[3] Der Materialität des Universums, die in ihren naheliegenden oder entfernteren Aspekten zweifellos immer nur ein

## Theoretische Einführung

Der Irrtum, der aus einer so vollständigen Verkennung resultiert, widerlegt natürlich nicht nur den Glauben des Menschen an seinen Scharfsinn. Es ist nicht leicht, seine eigenen Zwecke zu betreiben, wenn man dazu einer Bewegung folgen muß, die über diese Zwecke hinausgeht. Diese Zwecke und jene Bewegung brauchen natürlich nicht grundsätzlich unvereinbar miteinander zu sein. Aber wenn wir sie miteinander vereinbaren wollen, dürfen wir nicht weiterhin über den einen Teil im unklaren bleiben, andernfalls werden unsere Werke schnell in der Katastrophe enden.

Ich gehe von einer elementaren Tatsache aus: Der lebende Organismus erhält, dank des Kräftespiels der Energie auf der Erdoberfläche, grundsätzlich mehr Energie, als zur Erhaltung des Lebens notwendig ist. Die überschüssige Energie (der Reichtum) kann zum Wachstum eines Systems (zum Beispiel eines Organismus) verwendet werden. Wenn das System jedoch nicht mehr wachsen und der Energieüberschuß nicht gänzlich vom Wachstum absorbiert werden kann, muß er notwendig ohne Gewinn verlorengehen und verschwendet werden, willentlich oder nicht, in glorioser oder in katastrophischer Form.

### 3. DIE ARMUT DER ORGANISMEN ODER BEGRENZTEN KOMPLEXE UND DER EXZESSIVE REICHTUM DER LEBENDIGEN NATUR

Daß man schließlich die Energie, die den Reichtum ausmacht, ohne Berechnung (ohne Gegenleistung) ausgeben muß, daß so manche gewinnversprechenden Tätigkeiten

---

Jenseits des Denkens ist. – »Erfüllung« heißt hier, was *sich erfüllt*, nicht, was *erfüllt ist*. – »Unendlich« steht hier als Gegensatz sowohl zur begrenzten Bestimmung als auch zum gesetzten *Ziel*.

eindeutig keinen anderen Effekt haben als die nutzlose Vergeudung der Gewinne, das ist es, was alle zurückweisen, die in der Entwicklung der Produktivkräfte den idealen Zweck der menschlichen Tätigkeit sehen. Wer behauptet, es sei notwendig, einen beträchtlichen Teil der nutzbar gemachten Energie in Rauch aufgehen zu lassen, der verstößt gegen die Auffassungen, die einer rationalen Ökonomie zugrunde liegen. Wir kennen zwar Fälle, in denen Reichtum vernichtet werden muß (der ins Meer geschüttete Kaffee), aber derartige Skandale können vernünftigerweise nicht als nachahmenswerte Vorbilder hingestellt werden. Sie sind das Eingeständnis einer Ohnmacht, und niemand wird in ihnen den Ausdruck und das Wesen des Reichtums erkennen wollen. Die unfreiwillige Vernichtung (zum Beispiel von Kaffee) stellt vielmehr eine Niederlage dar; sie wird erlitten und als Unglück empfunden, man kann sie keinesfalls als wünschenswert ausgeben. Und dennoch ist sie der typische Eingriff, ohne den es keinen Ausweg gibt. Betrachten wir die *Gesamtheit* des produktiven Reichtums auf der Erdoberfläche, so müssen wir feststellen, daß seine Produkte nur in dem Maße zu produktiven Zwecken verwendet werden können, wie der lebende Organismus, den die ökonomisch tätige Menschheit darstellt, seine Ausrüstung vermehren kann. Das ist weder vollständig noch jederzeit noch unbegrenzt möglich. Ein bestimmter Überschuß muß mittels verlustbringender Operationen vergeudet werden, und die endgültige Vergeudung wird notwendig der Bewegung folgen, die die Energie auf dem Erdball beherrscht.

Gewöhnlich wird das Gegenteil angenommen, und zwar deshalb, weil die Ökonomie niemals *als Gesamtphänomen* gesehen wird. Der Mensch reduziert in der Wissenschaft ebenso wie im Leben die ökonomischen Aktivitäten auf eine Gegebenheit, die dem Typ der *partikularen* Systeme entspricht (der Organismen oder der Unternehmen). Die ökonomische Tätigkeit als Ganzes

## Theoretische Einführung

wird wie eine Einzeloperation mit begrenztem Zweck gesehen. Man verallgemeinert, indem man einfach das Gesamtphänomen aus den Einzeloperationen zusammensetzt: Die Wirtschaftswissenschaft begnügt sich damit, ein isoliertes Phänomen zu generalisieren, sie beschränkt ihren Gegenstand auf Tätigkeiten, die zu einem bestimmten Nutzen unternommen werden, nämlich zum Nutzen des homo oeconomicus; sie zieht niemals das Kräftespiel der Energie in Betracht, das von keinem partikularen Zweck begrenzt wird: das Spiel der *lebenden Materie insgesamt*, das von der Bewegung des Sonnenlichts abhängt, dessen Wirkung sie ist. Für die *lebende Materie insgesamt* ist die Energie auf dem Erdball immer überschüssig, hier muß immer in Begriffen des Luxus gedacht werden, jeder Unterschied ist immer nur ein Unterschied in der Art der Verschwendung von Reichtümern. Nur dem *einzelnen* Lebewesen oder den begrenzten Komplexen von Lebewesen stellt sich das Problem der Nötigung. Aber der Mensch ist nicht nur das abgesonderte Wesen, das der lebendigen Welt oder den anderen Menschen seinen Anteil an den Energiequellen streitig macht. Der allgemeine Vorgang des Ausschwitzens (der Verschwendung) der lebenden Materie erfaßt auch ihn, und er kann ihm nicht entgehen; ja auf seinem Höhepunkt läßt ihn seine Souveränität in der Welt mit diesem Vorgang eins werden; sie prädestiniert ihn in besonderer Weise für die gloriose Tat, die nutzlose Konsumtion. Wenn er das leugnet, wie es ihm immer wieder das Bewußtsein der *Not* nahelegt, der Bedürftigkeit, die das abgesonderte Wesen kennzeichnet (dem es ständig an Ressourcen fehlt, das ein ständig *Genötigter* ist), so ändert dieses Leugnen doch nichts an der allgemeinen Bewegung der Energie: diese kann sich nicht unbegrenzt in den Produktivkräften akkumulieren. Am Ende muß sie uns entgleiten und sich für uns verlieren wie der Fluß im Meer.

## 4. DER KRIEG ALS KATASTROPHISCHE VERAUSGABUNG DER ÜBERSCHÜSSIGEN ENERGIE

Die Verkennung ändert nichts am schließlichen Ausgang. Wir können ihn ignorieren, vergessen: der Boden, auf dem wir leben, ist nichtsdestoweniger ein Feld zunehmender Zerstörungen. Unsere Unkenntnis hat nur die eine unbestreitbare Folge: sie läßt uns *erleiden*, was wir, wenn wir Bescheid wüßten, nach Belieben selbst *bewirken* könnten. Sie beraubt uns der Wahl der Art des Ausschwitzens, die uns gefällt. Vor allem aber setzt sie die Menschen und ihre Werke katastrophischen Zerstörungen aus. Denn wenn wir nicht die Kraft haben, die überschüssige Energie selbst zu zerstören, die anderweitig nicht benutzt werden kann, so zerstört sie uns wie ein unzähmbares Tier, und wir selbst sind das Opfer der unvermeidlichen Explosion.

Diese Überschüsse an lebendiger Kraft, die selbst noch in den armseligsten Wirtschaftsformen zu örtlichen Stauungen führen, sind nämlich die gefährlichsten Faktoren des Untergangs. Daher suchte man zu allen Zeiten, wenn auch unbewußt, fieberhaft nach Möglichkeiten der Entstauung. Die antiken Gesellschaften fanden diese Möglichkeit in den Festen; manche errichteten erstaunliche Monumente, die keinerlei Nutzen hatten; wir verwenden den Überschuß zur Vermehrung der »Dienstleistungen« [4], die das Leben einebnen, und wir neigen dazu, einen Teil davon in der zunehmenden Freizeit zu absorbieren. Aber diese Ablenkungsmöglichkeiten sind immer unzureichend gewesen: es blieb trotz allem ein gewisses

---

[4] Man nimmt an, daß die »Dienstleistungen«, die heute den tertiären Sektor der Wirtschaft bilden (der erste Sektor ist die Landwirtschaft und der zweite die Industrie) und die sowohl die perfektionierten Versicherungs- und Verkaufsorganisationen als auch die Arbeit der Künstler umfassen, im Gegensatz zur Industrie, die nicht unbegrenzt weiter wachsen kann, durchaus noch zunehmen können.

Maß *überschießenden* Potentials übrig, das zu allen Zeiten Menschenmassen und große Mengen von nützlichen Gütern den Zerstörungen der Kriege ausgesetzt hat. Heute hat das relative Ausmaß der bewaffneten Konflikte sogar noch zugenommen: es hat die katastrophischen Dimensionen angenommen, die wir alle kennen. Die gegenwärtige Entwicklung ist die Folge eines sprunghaften Anwachsens der industriellen Aktivität. Dieses Wachstum bremste zunächst die kriegerischen Auseinandersetzungen, weil es den größten Teil des Überschusses absorbierte: die Entwicklung der Industrie bescherte uns die Periode relativen Friedens von 1815 bis 1914[5]. Die Entwicklung der Produktivkräfte, die immer neue Energiequellen erschloß, führte in den fortgeschrittenen Ländern zu einer raschen Zunahme der Bevölkerung (das war sozusagen das Fleisch und Blut zum wachsenden Knochengerüst der Fabriken). Aber das durch die technischen Errungenschaften ermöglichte Wachstum erwies sich auf lange Sicht als Plage. Es erzeugte nämlich jetzt selbst wachsenden Überschuß. Der Erste Weltkrieg brach aus, bevor dessen Grenzen auch nur lokal tatsächlich erreicht waren. Nicht einmal der Zweite Weltkrieg bedeutet, daß das System künftig nicht noch weiterentwickelt werden könnte (in extensiver und auf jeden Fall intensiver Weise). Aber man sah sich zum erstenmal mit der Möglichkeit eines Anhaltens der Entwicklung konfrontiert und hörte auf, sich an einem hemmungslosen Wachstum zu erfreuen. Es wird manchmal geleugnet, daß der Überschuß der Industrieproduktion die Ursache der beiden Weltkriege, besonders des Ersten, gewesen sei. Dennoch wurde genau dieser Überschuß von den beiden Kriegen ausgeschwitzt; sein Ausmaß war es gerade, das ihnen ihre ungewöhnliche Intensität gab. Das allgemeine Gesetz, nach dem der Überschuß an Energie ausgegeben werden muß, das wir als

[5] Siehe unten S. 63.

Wirkung einer Bewegung ansehen müssen, die die engstirnigen Interessen der Ökonomie überschreitet, und das zugleich ein tragisches Licht wirft auf eine Reihe von Tatsachen, hat eine Tragweite, die niemand leugnen kann. Wir können vielleicht hoffen, daß wir einem neuen drohenden Krieg entgehen. Aber zu diesem Zweck müssen wir die überschüssige Produktion kanalisieren, entweder in der vernünftigen Ausdehnung eines unguten industriellen Wachstums oder in unproduktiven Leistungen, in denen eine Energie vergeudet wird, die auf keinen Fall mehr akkumuliert werden kann. Das stellt uns vor zahlreiche Probleme von entmutigender Kompliziertheit [6]. Aber wenn man auch daran zweifeln kann, daß es leichtfallen wird, die notwendigen praktischen Lösungen zu finden, so kann doch das Interesse an solchen Lösungen nicht bestritten werden.

Ich möchte zunächst nur folgendes sagen: Die Ausdehnung des Wachstums erfordert von selbst die Umkehrung aller ökonomischen Grundsätze – die Umkehrung der Moral, die sie begründet. Der Übergang von den Perspektiven der *beschränkten* zu denen der *allgemeinen* Ökonomie wäre in der Tat eine kopernikanische Wende: die Umkehrung des Denkens und der Moral. Wenn von vornherein ein pauschal abzuschätzender Teil der Reichtümer dem Verlust preisgegeben werden muß oder einer unproduktiven Verwendung, die keinen Profit ermöglicht, dann ist es notwendig und sogar *unvermeidlich*, daß Waren ohne Gegenleistung abgetreten werden. Ich spreche hier nicht einmal von reiner Verschwendung, wie es der Bau der Pyramiden war, aber die Möglichkeit fortgesetzten Wachstums ist heute dem Verschenken untergeordnet: die industrielle Entwicklung der gesamten Welt verlangt von den Amerikanern

---

[6] Der Gesamtkomplex der aufgeworfenen Probleme kann natürlich im Rahmen einer ersten theoretischen und historischen Abhandlung nicht erörtert werden.

die klare Erkenntnis, daß eine Wirtschaft wie die ihre einen Spielraum für nicht profitbringende Operationen braucht. Ein riesiges Industrienetz kann nicht in der gleichen Weise gehandhabt werden, wie man ein Rad wechselt. Es ist der Ausdruck eines kosmischen Energiezyklus, von dem es abhängt, den es nicht eindämmen und dessen Gesetze vor allem es nicht ungestraft außer acht lassen kann. Weh dem, der darauf beharrt, einer Bewegung, die ihn überschreitet, Herr werden zu können mit den engstirnigen Vorstellungen des Mechanikers, der ein Rad wechselt.

## II. Gesetze der allgemeinen Ökonomie

### 1. Der Überfluss der biochemischen Energie und das Wachstum

Daß ein Organismus grundsätzlich über mehr Energiereserven verfügt, als zu den Operationen der Lebenserhaltung (funktionelle Vorgänge und, beim Tier, unentbehrliche Muskelbetätigungen, Nahrungssuche) notwendig sind, läßt sich an Funktionen wie dem Wachstum und der Fortpflanzung ablesen. Weder Wachstum noch Fortpflanzung wären möglich, wenn Pflanze oder Tier nicht normalerweise über einen Energieüberschuß verfügten. Nach dem Gesetz der lebenden Materie erzeugen die chemischen Vorgänge des Lebens, die eine Verausgabung von Energie erfordern, selbst wieder Gewinn und Überschuß.

Betrachten wir einmal, etwas vereinfacht, ein Haustier, ein Kalb, und lassen wir zunächst die verschiedenen Beiträge tierischer oder menschlicher Energie beiseite, die zum Erzeugen seiner Nahrung erforderlich sind. (Jeder Organismus hängt ja vom Beitrag der anderen ab: wenn dieser Beitrag für ihn günstig ist, gewinnt er aus ihm die notwendige Energie, doch ohne ihn, wäre er schnell zum Tode verurteilt.) Die funktionelle Tätigkeit macht sich einen Teil der vorhandenen Energie zunutze, aber das Tier verfügt über einen Überschuß, der sein Wachstum ermöglicht. Unter normalen Umständen wird ein Teil dieses Überschusses im Hinundherrennen verbraucht, aber wenn es dem Viehzüchter gelingt, das Kalb zur Ruhe zu zwingen, wird sein Umfang davon profitieren: was an Energie gespart wurde, findet sich als Fett wieder. Wenn das Kalb nicht geschlachtet wird, dann kommt eines Tages der Moment, wo das jetzt verlangsamte Wachstum nicht mehr den gesamten, vermehrten Überschuß an Energie aufzehren kann: dann hat es die Geschlechtsreife erreicht; seine überschüssigen Kräfte sind jetzt hauptsächlich für das Toben des Bullen im Fall des männlichen Tiers und die Trächtigkeit und Milcherzeugung im Fall des weiblichen Tiers da. Die Fortpflanzung ist also gewissermaßen der Übergang vom individuellen Wachstum zum Wachstum der Gruppe. Wird das männliche Tier kastriert, so nimmt sein individueller Umfang eine Zeitlang noch einmal zu, und man kann ihm beträchtliche Arbeitsleistungen abgewinnen.

In der Natur gibt es jedoch weder eine künstliche Mästung des Neugeborenen noch eine Kastration. Das Beispiel eines Haustiers war also besonders günstig, aber die Entwicklung des Tierverhaltens ist grundsätzlich überall die gleiche. Die überschüssige Energie dient immer dem Wachstum oder dem Toben der Einzelwesen. Kalb und Kuh, Bulle und Ochse bieten nur eine klarere und vertrautere Illustration dieses allgemeinen Vorgangs.

Die Pflanzen weisen den gleichen Überschuß auf, aber wesentlich deutlicher. Sie sind ganz Wachstum und Fortpflanzung (die zu ihrer funktionellen Tätigkeit erforderliche Energie ist sehr gering). Aber diese unbegrenzte Üppigkeit muß in Beziehung gesetzt werden zu den Bedingungen, die sie ermöglichen – *und die sie begrenzen.*

### 2. DIE GRENZE DES WACHSTUMS

Ich spreche kurz von den allgemeinen Bedingungen des Lebens und betone nur ein Faktum von entscheidender Bedeutung: die Sonnenenergie ist der Ursprung seiner üppigen Entwicklung. Quelle und Wesen unseres Reichtums sind in der Sonnenstrahlung gegeben, die die Energie – den Reichtum – ohne Gegenleistung spendet. Die Sonne gibt, ohne je etwas dafür zu bekommen: die Menschen spürten das, lange bevor die Astrophysik diese ständige Freigebigkeit ermessen konnte; sie sahen, wie sie die Ernten reifen ließ, und verbanden ihren Glanz mit der Geste dessen, der gibt, ohne etwas dafür zu bekommen. Bei dieser Gelegenheit muß auf einen doppelten Ursprung der moralischen Urteile hingewiesen werden. Früher wurde dem unproduktiven Ruhm Wert beigemessen, während man ihn heute auf das Ausmaß der Produktion bezieht: die Aneignung von Energie wird ihrer Verausgabung vorgezogen. Selbst der Ruhm wird mit den Folgen einer Ruhmestat in der Sphäre des Nutzens gerechtfertigt. Aber wenn auch vernebelt durch das praktische Denken – und die christliche Moral –, ist das archaische Moment doch noch lebendig: es findet sich besonders im romantischen Protest gegen die bürgerliche Welt; vollständig verliert es sein Recht nur in den klassischen Auffassungen der Ökonomie.

Die Sonnenstrahlung verursacht den Überfluß der Energie auf dem Erdball. Aber zunächst empfängt die lebende Materie diese Energie und akkumuliert sie in den durch den Raum gesetzten Grenzen. Sie strahlt sie zurück oder verschwendet sie, aber bevor sie einen nennenswerten Teil an das Zurückstrahlen abgibt, nutzt sie sie maximal zum Wachstum aus. Nur durch die Unmöglichkeit, das Wachstum fortzusetzen, gewinnt schließlich die Verschwendung den Vorrang. Der eigentliche Überschuß beginnt also immer erst dann, wenn das Wachstum des Individuums oder der Gruppe auf Grenzen stößt.

Die unmittelbare Schranke für jedes Individuum, jede Gruppe ist durch die anderen Individuen, die anderen Gruppen gegeben. Aber die irdische Sphäre (genauer die Biosphäre [7], d. h. der Raum, in dem Leben möglich ist) ist die einzige tatsächliche Begrenzung. Das *Indivi-*

---

[7] Siehe W. Vernadsky: »La Biosphère«, 1929. In diesem Buch sind einige der folgenden Betrachtungen angedeutet, wenn auch unter einem anderen Gesichtspunkt.

*duum* oder die Gruppe kann zwar durch das andere Individuum, die andere Gruppe eingeschränkt werden. Aber das Gesamtvolumen der lebendigen Natur wird dadurch nicht verändert. Letztlich ist es also die Ausdehnung des irdischen Lebensraums, die das Gesamtwachstum begrenzt.

### 3. DER DRUCK DES LEBENS

Die Erdoberfläche wird, soweit es möglich ist, vom Leben eingenommen. Die Vielfalt der Lebensformen entspricht insgesamt den vorhandenen Energiequellen, so daß letztlich nur der Raum die Grenze für das Leben ist. Bestimmte benachteiligte Regionen, in denen die chemischen Vorgänge, die es hervorrufen, sich nicht vollziehen können, sind dabei so zu behandeln, als gäbe es sie nicht. Unter der Voraussetzung eines konstanten Verhältnisses zwischen dem Volumen der lebenden Masse und den lokalen, klimatischen und geologischen Gegebenheiten nimmt das Leben den gesamten verfügbaren Raum ein. Diese lokalen Gegebenheiten bestimmen die Intensität des *Drucks*, den das Leben nach allen Richtungen hin ausübt. Das heißt, wenn der vorhandene Lebensraum auf irgendeine Weise erweitert wird, so wird er sofort ebenso vom Leben eingenommen wie der benachbarte Raum. Das geschieht auch jedes Mal, wenn an irgendeinem Ort der Erde, durch einen Waldbrand, einen Vulkanausbruch oder durch Menschenhand, Leben zerstört wird. Das deutlichste Beispiel ist eine von einem Gärtner angelegte und freigehaltene Allee: sobald sie aufgegeben wird, wird der Druck des umliegenden Lebens sie sofort wieder mit Gras und Büschen überziehen, in denen es dann auch rasch von tierischem Leben wimmelt.

Wird die Allee jedoch asphaltiert, so ist sie für lange Zeit diesem Druck entzogen. Das heißt, das Volumen des Lebens, das möglich ist, wenn sie nicht asphaltiert, sondern aufgegeben wird, wird nicht realisiert, und die diesem Volumen entsprechende Energie geht verloren, wird in irgendeiner Weise verschwendet. Dieser Druck kann jedoch nicht mit dem Druck in einem geschlossenen Wasserkessel verglichen werden. Wenn der Lebensraum ganz eingenommen ist und es nirgends ein Ventil gibt, so kommt es hier dennoch zu keiner Explosion. Aber der Druck ist da, das Leben erstickt sozusagen in seinen zu engen Grenzen, es strebt auf vielfältige Weise zu unmöglichem Wachstum, es setzt für mögliche große Verschwendungen ständig überschüssige Energien frei. Ist die Grenze des Wachstums einmal erreicht, verhält sich das Leben zwar nicht wie Wasser in einem Wasserkessel, aber es gerät doch in Wallung: ohne zu explodieren, verströmt sich seine Überfülle in einer Bewegung, die sich immer an der Grenze zur Explosion befindet.

Die Folgen dieser Situation werden von uns kaum in Rechnung gestellt. Wir kalkulieren unsere Interessen, aber diese Situation entwaffnet uns, weil schon das Wort »Interesse« im Widerspruch steht zu der *Begierde*, die hier im Spiel ist. Sobald wir vernünftig handeln wollen, müssen wir auf den *Nutzen* unserer Handlungen aus sein. Nutzen aber heißt Vorteil, Bestandserhaltung oder Wachstum. Nun läßt sich zwar die Überfülle für ein Wachstum *nutzbar machen*. Aber das ist jetzt nicht das Problem. Wenn nämlich kein Wachstum mehr möglich ist, was machen wir dann mit der verbleibenden überschäumenden Energie? Sie *verlieren* heißt ja nicht, sie *nutzbar machen*. Dennoch geht es hier um einen Aderlaß, um reinen Verlust, *zu dem es in jedem Fall kommt*. Der Überschuß an Energie, der nicht mehr dem Wachstum dienen kann, ist von vornherein verloren. Dieser unvermeidliche Verlust kann aber auf keinen Fall als nützlich gelten. Es handelt sich nur noch um den gefälligen Verlust, der einem ungefälligen vorzuziehen ist: es handelt sich um *Gefallen*, nicht mehr um Nutzen. Die Folgen davon sind allerdings entscheidend.

## 4. DIE ERSTE WIRKUNG DES DRUCKS: DIE AUSDEHNUNG

Es ist schwierig, den so ausgeübten Druck genau zu bestimmen und darzustellen. Er ist zugleich komplex und ungreifbar, aber seine Wirkungen lassen sich beschreiben. Ein Bild drängt sich auf, zu dem wir jedoch gleich sagen müssen, daß es zwar ein Bild der Folgen ist, aber keine konkrete Vorstellung von der Ursache vermittelt.

Man denke sich eine riesige Menge, die in einer zu kleinen Arena einem Stierkampf beiwohnen will. Die Menge wünscht nichts sehnlicher, als in die Arena hineinzukommen, aber sie geht nicht ganz hinein. Viele müssen draußen bleiben. Ebenso können die Lebensmöglichkeiten nicht unbegrenzt verwirklicht werden, sie sind durch den Raum eingeschränkt, wie der Zutritt der Menge durch die Anzahl der Plätze in der Arena.

Eine erste Wirkung des Druckes wird es sein, daß die Zahl der Plätze in der Arena erhöht wird.

Wenn der Ordnungsdienst in der Arena gut ist, wird diese Anzahl jedoch gerade begrenzt. Aber draußen kann es Bäume und Laternen geben, von deren Höhe aus das Kampffeld sichtbar ist. Wenn es nicht verboten ist, werden Leute auf diese Bäume und Laternen klettern. Ebenso bietet die Erde dem Leben zunächst den Raum der Gewässer und des Erdbodens. Aber bald bemächtigt sich das Leben des Luftraums. Es kam zunächst darauf an, die Oberfläche der grünen Substanz der Pflanzen zu vergrößern, die die einstrahlende Sonnenenergie absorbiert. Das Sichüberlagern des Blattwerks in den Luftraum hinein erweitert das Volumen dieser Substanz erheblich. Besonders die Struktur der Bäume entwickelt diese Möglichkeit bedeutend über die Reichweite der Gräser hinaus. Nach dem Blütenstaub nehmen dann die geflügelten Insekten und die Vögel die Lüfte ein.

## 5. DIE ZWEITE WIRKUNG DES DRUCKS:
### DIE VERSCHWENDUNG ODER DER LUXUS

Aber der Mangel an Platz kann auch eine andere Wirkung haben: am Eingang der Arena kann es zu einer Schlägerei kommen. Wenn es dabei Tote gibt, wird die Überzahl der Individuen gegenüber der Anzahl der Plätze sich verringern. Diese Wirkung geht in eine Richtung, die der ersten entgegengesetzt ist. Bald führt der Druck zur Erschließung neuen Raumes, bald zur Vernichtung überschüssiger Möglichkeiten im verfügbaren Raum. Diese zweite Wirkung kommt in der Natur in den verschiedensten Formen vor.

Die auffallendste ist der Tod. Der Tod ist bekanntlich nicht notwendig. Die einfachsten Formen des Lebens sind unsterblich. Die Geburt eines Lebewesens, das sich durch Zellteilung fortpflanzt, verliert sich im Dunkel der Zeit. Man kann dabei nicht von Eltern sprechen. Nehmen wir $a'$ und $a''$ als Ergebnis der Verdoppelung von $a$ an, so hat $a$ beim Auftreten von $a'$ nicht aufgehört zu existieren; $a'$ ist immer noch $a$ (und das gilt ebenso für $a''$). Aber nehmen wir zu Beginn des Lebens ein einziges dieser unendlich kleinen Lebewesen an (nur zum Zweck einer theoretischen Demonstration), so hätte dieses die Erde nicht weniger schnell mit seiner Art bevölkert. Nach kurzer Zeit wäre die Fortpflanzung mangels Platz unmöglich geworden, und die von ihr sonst verbrauchte Energie hätte sich verflüchtigt, z. B. in Form von Wärme. Genau das ist übrigens bei einem jener Mikroorganismen der Fall, bei der Wasserlinse, die ein Bassin mit einer grünen Schicht bedeckt und sich dann nicht weiter fortpflanzt. Für die Wasserlinse ist der Lebensraum mit den sehr engen Grenzen eines Bassins gegeben. Aber die Stagnation der Wasserlinse ist nicht im Maßstab der ganzen Erde denkbar, wo es in jeder Weise am notwendigen Gleichgewicht mangelt. Man kann (theoretisch) annehmen, daß ein überall gleicher Druck auf einen Ruhezustand hinausläuft, indem ein allgemeiner Wärmeverlust an die Stelle des Wachstums tritt. Der tatsächliche Druck hat jedoch andere Ergebnisse: er bringt ungleiche Organismen in einen Konkurrenzkampf, und wenn wir schon nicht sagen können, wie die Arten in diesen Tanz eintreten, so können wir doch sagen, was dieser Tanz ist.

Von äußeren Einwirkungen auf das Leben (klimatischen oder vulkanischen Erscheinungen) abgesehen, macht die Ungleichheit des Drucks in der lebenden Materie ständig den Platz für das Wachstum frei, den der Tod hinterläßt. Das ist kein neuer Lebensraum, und wenn man das Leben in seiner Gesamtheit betrachtet, so gibt es eigentlich kein Wachstum, sondern nur eine Erhaltung des Gesamtvolumens. Das mögliche Wachstum reduziert sich also auf eine Kompensation vollzogener Zerstörungen.

Ich insistiere auf der Tatsache, daß es, allgemein gesehen, kein Wachstum gibt, sondern nur eine luxuriöse Energieverschwendung in vielfältiger Form! Die Geschichte des Lebens auf der Erde ist vor allem die Wirkung eines wahnwitzigen Überschwangs: das beherrschende Ereignis ist die Entwicklung des Luxus, die Erzeugung immer kostspieligerer Lebensformen.

## 6. DIE DREI ARTEN DES LUXUS IN DER NATUR: DAS GEGENSEITIGE SICHAUFFRESSEN, DER TOD UND DIE GESCHLECHTLICHE FORTPFLANZUNG

Daß die verschiedenen Arten sich gegenseitig auffressen, ist die einfachste Form des Luxus. Die vom deutschen Heer einer Blockade ausgesetzten Bevölkerungsgruppen haben, dank des Hungers, eine vulgäre Kenntnis von dem kostspieligen Charakter dieser indirekten Entwicklung der lebenden Materie erhalten. Beim Anbau von Kartoffeln und Getreide ist der Ertrag von einem Stück Land an konsumierbaren Kalorien sehr viel größer als der Ertrag von dem gleichen Stück Land an Milch und Fleisch bei der Viehhaltung. Die am wenigsten kostspielige Lebensform ist die eines grünen Mikroorganismus (der mit Hilfe des Chlorophylls die Sonnenenergie absorbiert), und ganz allgemein ist die Vegetation weniger kostspielig als das tierische Leben. Die Vegetation nimmt rasch den vorhandenen Raum ein. Die Tiere veranstalten in ihm Hekatomben und erweitern auf diese Weise die Lebensmöglichkeiten, auch wenn sie selbst sich langsamer entwickeln. In dieser Hinsicht stehen die Raubtiere an der Spitze. Ihre ständige Plünderung von Plünderern stellt eine ungeheure Verschwendung von Energie dar. William Blake fragte den Tiger: *In what distant deeps or skies / Burnt the fire of thine eyes?* Was ihn derart beeindruckte, war die bis zum Äußersten gehende grausame Anspannung, die Fähigkeit intensiver Verzehrung des Lebens. In der allgemeinen Glut des Lebens stellt der Tiger einen Grad höchster Erhitzung dar. Und diese Hitze hat sich in der Tat entzündet in der fernsten Tiefe des Himmels, in der Selbstverzehrung der Sonne.

Das gegenseitige Sichauffressen bringt den Tod, aber in akzidenteller Form. *Von allen denkbaren Luxusarten ist der Tod in seiner Fatalität und Unerbittlichkeit gewiß die kostspieligste.* Schon die Zerbrechlichkeit des Tierkörpers, seine Kompliziertheit machen seinen luxuriösen Charakter deutlich, aber diese Zerbrechlichkeit und dieser Luxus kulminieren im Tod. Wie der Baum mit seinem Gezweige die übereinandergelagerten Schichten des Blattwerks räumlich zum Licht erhebt, so verteilt der Tod den Wechsel der Generationen in der Zeit. Ständig schafft er den Neugeborenen Platz, und zu Unrecht verfluchen wir den, *ohne den wir nicht wären.*

Wenn wir den Tod verfluchen, haben wir in Wirklichkeit nur Angst vor uns selbst: es ist *unser* Wille, dessen Unerbittlichkeit uns erzittern läßt. Wir belügen uns selbst, wenn wir glauben, wir entgingen der Bewegung luxuriösen Überschwangs, dessen ausgeprägteste Form wir doch selber sind. Vielleicht belügen wir uns zunächst auch nur, um dann die Unerbittlichkeit dieses Willens um so besser zu spüren, indem wir ihn zur äußersten Strenge des Bewußtseins erheben. Und den Luxus des Todes betrachten wir ebenso wie den Luxus der Sexualität, nämlich erst als eine Negation unserer selbst und dann, in einer plötzlichen Umkehrung, als die eigentliche Wahrheit der Bewegung, die sich durch das Leben manifestiert.

Unter den gegenwärtigen Bedingungen ist, unabhängig von unserem Bewußtsein, die geschlechtliche Fortpflanzung mit dem gegenseitigen Sichauffressen und dem Tod einer der großen luxuriösen Umwege, die die intensive Verzehrung der Energie sichern. Zunächst steigert sie, was in der Zellteilung schon angelegt war: die Spaltung, durch die das Einzelwesen für sich selbst auf Wachstum verzichtet und dieses durch Vermehrung der Einzelwesen auf die Überindividualität des Lebens überträgt. Von Anfang an unterscheidet sich nämlich die Sexualität vom habgierigen Wachstum: obwohl sie von der Gattung her gesehen ebenfalls als Wachstum erscheint, so ist sie doch ihrem Wesen nach ein Luxus der Einzelwesen. Das ist noch ausgeprägter bei der geschlechtlichen Fortpflanzung, bei der die erzeugten Einzelwesen klar getrennt sind von denen, die sie erzeugen und ihnen das Leben *schenken*, so wie man *anderen etwas schenkt*. Obwohl also die Fortpflanzung der höherentwickelten Tiere später für die Zeit der Nährung zum Prinzip des Wachstums zurückkehrt, so vertieft sie doch den Abstand, der sie von der ursprünglichen Neigung des Einzelwesens trennt, durch Fressen Umfang und Kräfte zu vergrößern, weil sie für das Tier Anlaß einer plötzlichen und frenetischen Verschwendung von Energiereserven ist, die in einem Augenblick auf den äußersten Gipfel des Möglichen getrieben wird (in der Zeit, was der Tiger im Raum ist). Diese Verschwendung geht weit über das hinaus, was für das Wachstum der Gattung ausreichen würde. Sie scheint die größte augenblickliche Verschwendung zu sein, zu der das Einzelwesen die Kraft hat. Beim Menschen ist sie von allen möglichen Formen des Ruins begleitet, verlangt eine Hekatombe von Gütern – dem Sinne nach die der Körper – und fällt schließlich mit dem unvernünftigen Luxus und Exzeß des Todes zusammen.

### 7. DIE AUSDEHNUNG DURCH ARBEIT UND TECHNIK UND DER LUXUS DES MENSCHEN

Diese allgemeine Bewegung des Lebens bestimmt grundlegend auch die menschliche Aktivität. In einer Hinsicht, im Sinn der *Ausdehnung*, eröffnet sie dem Leben eine erweiterte Möglichkeit, einen neuen Raum (wie es die Äste des Baumes oder die Flügel des Vogels tun). Es handelt sich aber nicht im eigentlichen Sinn um einen vom Leben noch nicht eingenommenen Raum, den Arbeit und Technik der vermehrten Fortpflanzung des Menschen eröffnen. Sondern die menschliche Aktivität vermehrt durch Veränderung der Welt die lebende Materie um an sie angeschlossene Apparaturen, bestehend aus einer riesigen Menge inerter Materie, die die vorhandenen Energiequellen erheblich vergrößern. Der Mensch hatte von Anfang an die Fähigkeit, einen Teil der vorhandenen Energie nicht zum biologischen, sondern technischen Wachstum seines Energiereichtums zu verwenden. Die Technik hat es ermöglicht, die elementare Bewegung des Wachstums, die das Leben in den Grenzen des Möglichen vollzieht, zu erweitern und neu in Gang zu setzen. Sicher ist das eine Entwicklung, die weder kontinuierlich noch unendlich ist. Bald hat die Stagnation der Technik ein Stehenbleiben der Entwicklung zur Folge, bald führt die Erfindung neuer Techniken zu einer sprunghaften Entwicklung. Das Anwachsen der Energiequellen kann selbst die Grundlage für ein erneutes biologisches (demographisches) Wachstum sein. Die Geschichte Europas im 19. Jahrhundert ist die beste (und bekannteste) Illustration für solche ausgedehnte Wucherungen lebender Materie über dem Knochengerüst der technischen Ausrüstung: das Anwachsen der Bevölkerung infolge des industriellen Aufschwungs.

Das quantitative Verhältnis zwischen Bevölkerung und technischer Ausrüstung ist allerdings – wie die ökonomische Entwicklung ganz allgemein – so zahlreichen Überlagerungen unterworfen, daß es immer mißlich ist, seine genauen Modalitäten bestimmen zu wollen. Jedenfalls kann ich keine detaillierten Analysen anstellen in einem Abriß, der nur die Hauptlinien der umfassenden Bewegung aufzeigen soll, die die Erde beherrscht. Aber die neuerliche Verlangsamung des demographischen Wachstums zeigt schon von selbst die Komplexität der Auswirkungen. Das Wiederingangbringen der Entwicklung, das durch menschliche Aktivität zustande kommt, durch neue Techniken möglich wird, hat nämlich immer einen doppelten Effekt: in der ersten Phase absorbiert es einen beträchtlichen Teil der überschüssigen Energie, aber in der zweiten Phase erzeugt es selbst einen wachsenden Energieüberschuß. Dieser Überschuß erschwert dann das Wachstum wieder, denn dieses ist nicht mehr in der Lage, ihn ganz zu verbrauchen. Das Interesse an der Erweiterung wird also an einem bestimmten Punkt von dem entgegengesetzten Interesse des Luxus neutralisiert: das erste wirkt dann zwar weiter, aber auf eine trügerische, ungewisse, häufig kraftlose Art. Der Fall der demographischen Kurve ist vielleicht das erste Indiz dafür, daß die Entwicklung ein entgegengesetztes Vorzeichen bekommen hat: *an erster Stelle* geht es jetzt nicht mehr um die Entwicklung der Produktivkräfte, sondern um die luxuriöse Verausgabung ihrer Produkte.

An diesem Punkt bereiten sich riesige Vergeudungen vor: Nach einem Jahrhundert der Bevölkerungszunahme und des industriellen Friedens wurden, als die provisorische Grenze der Entwicklung erreicht war, durch die zwei Weltkriege die größten Verschwendungsorgien an Reichtümern – und Menschenleben – inszeniert, die die Geschichte je gekannt hat. Dennoch folgt auf diese Orgien eine spürbare Erhöhung des allgemeinen Lebensstandards: die Masse der Bevölkerung kommt in den Genuß immer zahlreicherer unproduktiver Dienstleistungen, die Arbeitszeit ist verkürzt und die Löhne sind durchschnittlich gestiegen.

Das Auftreten des Menschen auf dem Planeten ist nur auf indirekte, abgeleitete Weise eine Antwort auf das Problem des Wachstums. Durch Arbeit und Technik hat er zwar die Erweiterung des Wachstums über die vorgefundenen Grenzen hinweg ermöglicht. Aber so wie der Pflanzenfresser gegenüber der Pflanze, der Fleischfresser gegenüber dem Pflanzenfresser ein Luxus ist, hat der Mensch von allen Lebewesen die größte Fähigkeit, intensiv und luxuriös den Energieüberschuß zu verzehren, den der Druck des Lebens, seinem solaren Ursprung entsprechend, den Flammen überliefert.

### 8. DER VERFEMTE TEIL

Diese Wahrheit ist derart paradox, daß sie genau das Gegenteil von dem ist, was allgemein angenommen wird.

Die Paradoxie wird noch dadurch verstärkt, daß auf dem Kulminationspunkt des Überschwangs dessen Bedeutung in jeder Weise verborgen ist. Unter den gegenwärtigen Bedingungen ist alles dazu angetan, die grundlegende Tendenz zu verschleiern, die darauf abzielt, dem Reichtum seine eigentliche Funktion, das Schenken, die Vergeudung ohne Gegenleistung, wiederzugeben. Einerseits kennzeichnet der mechanisierte Krieg mit seinen

Verheerungen diese Tendenz als fremd, ja feindlich, gegenüber dem menschlichen Willen. Andererseits wird die Hebung des Lebensstandards keineswegs als Erfordernis des Luxus dargestellt. Die Bewegung, die sie fordert, ist vielmehr ein Protest gegen den Luxus der großen Vermögen, so daß diese Forderung im Namen der *Gerechtigkeit* erhoben wird. Wir haben natürlich nichts gegen Gerechtigkeit, dennoch halten wir es für legitim, darauf hinzuweisen, daß dieses Wort hier die grundlegende Wahrheit ihres Gegenteils verdeckt, nämlich der *Freiheit*. Unter der Maske der Gerechtigkeit nimmt die allgemeine *Freiheit* allerdings das öde und graue Aussehen der den Notwendigkeiten unterworfenen Existenz an: es ist eher eine Reduktion ihrer Grenzen *auf das rechte Maß*, nicht die gefährliche Entfesselung – eine Bedeutung, die der Begriff verloren hat. Es ist ein Schutz gegen das Risiko der Knechtschaft, nicht die Entschlossenheit, die Risiken einzugehen, ohne die es keine Freiheit gibt.

Das Gefühl einer *Verfemung* ist an diese doppelte Abwandlung der Bewegung gebunden, die die Verzehrung der Reichtümer von uns verlangt: Ächtung des Krieges in der skandalösen Form, die er annimmt, Ächtung der luxuriösen Verschwendung, deren traditionelle Form fortan Ungerechtigkeit bedeutet. In dem Augenblick, wo der *Überschuß* an Reichtümern größer ist als je zuvor, nimmt er in unseren Augen endgültig die Bedeutung an, die er in gewisser Hinsicht schon immer hatte, die Bedeutung des *verfemten Teils*.

## 9. DER GEGENSATZ ZWISCHEN DEM ALLGEMEINEN UND DEM PARTIKULAREN GESICHTSPUNKT

Die Tatsache, daß wir Angst haben und uns abwenden von einer Verschwendungstendenz, die uns beherrscht, ja, *die uns ausmacht*, ist natürlich nicht überraschend. Die

Folgen davon sind von jeher beängstigend. Die Gestalt des Tigers offenbart die Wahrheit des Fressens und Gefressenwerdens. Der Tod ist unser Schrecken geworden, und obwohl die Tatsache, ein Fleischfresser zu sein und dem Tod die Stirn bieten zu können, dem Anspruch auf Männlichkeit entspricht (aber das ist eine ganz andere Sache!), ist die Sexualität an den Skandal des Todes und des gefressenen Fleisches gebunden [8].

Aber diese Atmosphäre der Verfemung setzt Angst voraus, und Angst bedeutet Abwesenheit (oder Minderung) der Anspannung, die vom Überschwang des Lebens herrührt. Angst kommt auf, wenn der Geängstigte nicht selbst vom Gefühl eines Überschwangs ergriffen ist. Genau das zeigt den isolierten, individuellen Charakter der Angst an. Angst kann nur von einem persönlichen, *partikularen* Gesichtspunkt aus entstehen, der dem *allgemeinen* Gesichtspunkt vom Überschwang der lebenden Materie insgesamt radikal entgegengesetzt ist. Für den, der vor Leben überströmt, und für das Leben überhaupt, das wesensmäßig Überströmen ist, hat Angst keinen Sinn.

Die gegenwärtige historische Situation ist nun dadurch gekennzeichnet, daß die Beurteilung der *allgemeinen* Situation von einem *partikularen* Gesichtspunkt aus geschieht. Das *partikulare* Dasein läuft immer Gefahr, unter Mangel an Energiequellen zu leiden und unterzugehen. Dem steht das *allgemeine* Dasein gegenüber, dessen Energiequellen immer überschüssig sind und für das der Tod keinen Sinn hat. Vom *partikularen* Gesichtspunkt aus stellen sich die Probleme *in erster Linie* durch den Mangel an Energiequellen; vom *allgemeinen* Gesichtspunkt aus stellen sie sich *in erster Linie* durch deren Überschuß. Natürlich ist das Problem des Elends damit nicht aus der Welt geschafft, und die *allgemeine Ökonomie* muß sich ebenso, wann immer es möglich ist

---

[8] Diese Assoziation ist offensichtlich in dem Ausdruck »Fleischessünde« impliziert.

*und zuerst,* mit der Entwicklung des Wachstums beschäftigen. Aber ob Elend oder Wachstum, bei beiden berücksichtigt sie die Grenzen, auf die beide unweigerlich stoßen werden, und den beherrschenden (entscheidenden) Charakter der Probleme, die sich aus dem Vorhandensein von Überschüssen ergeben.

Das Problem des Elends in Indien, zum Beispiel, darf zunächst nicht von dem demographischen Wachstum in diesem Land getrennt werden und von der Rückständigkeit seiner Industrialisierung. Die Möglichkeiten industriellen Wachstums in Indien dürfen wiederum nicht von den Energieüberschüssen der Vereinigten Staaten getrennt werden. Aus dieser Situation ergibt sich ein typisches Problem der allgemeinen Ökonomie: Auf der einen Seite tritt die Notwendigkeit des Ausschwitzens zutage, auf der anderen die des Wachstums. Die gegenwärtige Welt wird bestimmt von der Ungleichheit des (quantitativen oder qualitativen) Druckes, der vom menschlichen Leben ausgeht. Die allgemeine Ökonomie legt heute eine Überführung amerikanischen Reichtums nach Indien ohne Gegenleistung nahe. Sie zieht dabei die Gefahr in Betracht, die der weltweit spürbare Druck – und die von ihm verursachten Gleichgewichtsstörungen – der indischen Verhältnisse für Amerika bedeutet.

Diese Erwägungen stellen notwendig das Problem des Krieges in den Mittelpunkt, das man nur dann klar erkennt, wenn man von der Tatsache eines allgemeinen Brodelns ausgeht. Der einzige Ausweg liegt in der Erhöhung des Weltlebensstandards – die unter den gegenwärtigen moralischen Umständen allein in der Lage ist, den amerikanischen Überschuß zu absorbieren, den Druck unterhalb der Gefahrengrenze zu halten.

Diese theoretische Konzeption unterscheidet sich wenig von den empirischen Ansichten, die jüngst über diesen Gegenstand bekannt geworden sind, sie ist jedoch radikaler, und es ist interessant, darauf hinzuweisen, daß diese Ansichten jener früher entwickelten Konzeption entsprachen. Diese gegenseitige Bestätigung gibt beiden, so scheint mir, mehr Kraft.

### 10. DIE LÖSUNGEN DER ALLGEMEINEN ÖKONOMIE UND DAS SELBSTBEWUSSTSEIN

Aber wir müssen sofort hinzufügen: So begründet die Lösungen auch sind, ihre Anwendung in der erforderlichen Größenordnung ist so schwierig, daß ein solches Unternehmen von vornherein als wenig ermutigend erscheint. Theoretisch ist die Lösung gefunden, und auch ihre Notwendigkeit ist denen, von denen die Entscheidung abzuhängen scheint, durchaus nicht völlig unbekannt. Genaugenommen jedoch bestimmt die *allgemeine Ökonomie* zuerst die Explosivität dieser Welt, die sich gegenwärtig auf dem Punkt höchster Spannung befindet. Ein Fluch lastet offensichtlich auf dem menschlichen Leben, insofern es nicht die Kraft hat, eine schwindelerregende Bewegung einzudämmen.

Wir müssen ohne Umschweife aussprechen, daß es prinzipiell vom Menschen, *und nur vom Menschen*, abhängt, ob dieser Fluch aufgehoben wird. Aber er kann nicht aufgehoben werden, wenn die Bewegung, die ihn begründet, uns nicht ganz klar *bewußt* wird. In dieser Hinsicht scheint ziemlich enttäuschend, daß man als Mittel gegen die drohende Katastrophe nur die »Hebung des Lebensstandards« anzubieten hat. Dieser Notbehelf rührt, wie schon gesagt, daher, daß man die Notwendigkeit, der er zu entsprechen sucht, nicht *in ihrer Wahrheit sehen* will.

Betrachtet man aber gleichzeitig die Schwäche und die Stärke dieser Lösung, die wegen ihrer Zweideutigkeit als einzige weitgehend akzeptiert werden wird, so wird deutlich, daß sie um so mehr das Bewußtsein anregt und auffordert, sich um eine Klärung zu bemühen, als sie sich offensichtlich davon entfernt. So ist die Flucht vor der

Wahrheit durch ein Gegenspiel die Garantie für die Erkenntnis der Wahrheit. Der heutige Mensch würde sich jedenfalls allen Lösungen verweigern, die, wenn nicht negativ, emphatisch und willkürlich wären; er verläßt sich vielmehr auf jene exemplarische Strenge des Bewußtseins, die allein das menschliche Leben allmählich zum Maß seiner Wahrheit bringen kann. Der Entwurf einer *allgemeinen Ökonomie* verlangt sicher den Eingriff in die öffentlichen Angelegenheiten. Aber zuallererst zielt dieser Entwurf auf das Bewußtsein ab, entwickelt er das *Selbstbewußtsein*, zu dem der Mensch schließlich in der klaren Erkenntnis der Folge seiner historischen Formen gelangt.

Die *allgemeine Ökonomie* muß also mit einer Darstellung der *historischen Gegebenheiten* beginnen, die den *gegenwärtigen Gegebenheiten* ihren Sinn geben.

## Zweiter Teil

*Die historischen Gegebenheiten I*

Die sich verzehrende Gesellschaft

# I. Opfer und Kriege der Azteken

## 1. Die sich verzehrende und die unternehmende Gesellschaft

Ich gebe hier globale Beschreibungen sozialer Tatsachen, um eine allgemeine Bewegung der Ökonomie deutlich zu machen.

Ich gehe von folgendem Prinzip aus: Jene Bewegung, die Verschwendung hervorruft, ist sich keineswegs selbst gleich. Bei einem Überschuß der Ressourcen gegenüber den Bedürfnissen (natürlich nur wirklichen Bedürfnissen, unter deren Nichtbefriedigung die Gesellschaft leiden würde) wird dieser Überschuß nicht immer dem reinen Verlust preisgegeben. Die Gesellschaft kann wachsen, dann wird der Überschuß bewußt dem Wachstum vorbehalten. Das Wachstum reguliert, es kanalisiert ein ungeregeltes Brodeln in der Regelmäßigkeit fruchtbarer Unternehmen. Aber das Wachstum, an das die Entwicklung der Kenntnisse gebunden ist, ist von Natur aus ein Übergangszustand. Es kann nicht unendlich lange andauern. Die Wissenschaft vom Menschen muß daher die Perspektiven korrigieren, die von den historischen Bedingungen ihrer Entstehung herrühren. Nichts unterscheidet sich so sehr von dem Menschen, der den Unternehmungen des Wachstums unterworfen ist, wie der relativ freie Mensch der stabilen Gesellschaften. Der Aspekt des menschlichen Lebens ändert sich, sobald es sich nicht mehr von der Phantasie leiten läßt, sondern sich den Erfordernissen von Unternehmungen beugt, die die Vermehrung der vorgefundenen Errungenschaften gewährleisten. Ebenso ändert sich das Gesicht eines Menschen, der von der Turbulenz der Nacht zu den seriösen Angelegenheiten des Vormittags übergeht. Die um Wachstum bemühte Menschheit zivilisiert sich, wird gesittet, aber sie neigt dazu, Gesittung mit dem Preis des Lebens zu verwechseln, und sein ruhiges Fortdauern mit seiner poetischen Dynamik. Unter diesen Umständen kann die genaue Kenntnis, die sie im allgemeinen von den Dingen hat, nicht zu einer vollen Selbsterkenntnis werden. Was sie für die ganze Menschheit hält, ist eine Täuschung: es ist nur die arbeitende Menschheit, die lebt, um zu arbeiten, ohne die Früchte ihrer Arbeit frei zu genießen. Natürlich ist auch der relativ beschäftigungslose – oder zumindest sich wenig um seine Werke kümmernde – Mensch, von dem Völkerkunde und Geschichte sprechen, nicht der ganze Mensch. Aber er läßt uns ermessen, was uns fehlt.

### 2. DIE VERZEHRUNG IM WELTBILD DER AZTEKEN

Die Azteken, von denen ich zuerst sprechen will, sind moralisch unsere Antipoden. Da eine Zivilisation an ihren Werken gemessen wird, scheint uns die ihre armselig. Sie kannten zwar die Schrift, hatten astronomische Kenntnisse, aber an wichtigen Werken haben sie nur nutzlose hinterlassen: ihre Kenntnis der Architektur diente ihnen nur zum Bau von Pyramiden, auf deren Höhe sie Menschen opferten.

Ihr Weltbild steht in diametralem Gegensatz zu dem, das uns bei unseren Aktivitäten leitet. Die Verzehrung spielte in ihrem Denken keine geringere Rolle als in unserem Denken die Produktion. Sie waren ebenso bestrebt zu *opfern*, wie wir bestrebt sind, zu *arbeiten*.

Selbst die Sonne war in ihren Augen ein Ausdruck des Opfers. Sie war ein menschenähnlicher Gott, der zur Sonne geworden war, als er sich in die Flammen einer Feuersbrunst gestürzt hatte.

Der spanische Franziskaner Bernardino de Sahagun berichtete in der Mitte des 16. Jahrhunderts, was alte Azteken ihm erzählten:

»Man sagt, daß während der Nachtzeit, als die Sonne noch nicht schien, als es noch keinen Tag gab, da, heißt es, versammelten sich und berieten sich die Götter an dem Orte, den man Teotihuacán nannte, und richteten das Wort aneinander: ›Kommt doch ihr Götter! Wer will es übernehmen, wer will es auf sich nehmen, zu machen, daß es Sonnenschein gebe, daß es Tag werde?‹

Und siehe, sogleich antwortete er, *Tecuciztecatl*, an Ort und Stelle bot er sich an und sprach: ›Götter! Wahrlich *Ich* werde es sein!‹

Und weiter fragten die Götter: ›Welcher andere noch?‹ Und gleich sahen sie einander an, erwogen die Lage und richteten aneinander das Wort: ›Wie wird das sein? Wie wird es um uns stehen?‹ Keiner aber erkühnte sich (und jeder dachte): Ein anderer wird sich schon anbieten. Ein jeder Herr fürchtete sich und wich aus.

Der eine Herr *Nanauatzin* aber hielt sich dort unter ihnen zurück, der hörte nur zu; und als man mit sich zu Rate ging, riefen ihn alsbald die Götter und sprachen zu ihm: ›Sei du es, kleiner Bubonenmann!‹

Und schnell bemächtigte er sich ihrer Worte, nahm sie freudig auf und sagte: ›Es ist schon gut, ihr Götter! Ihr laßt mich mir selbst einen guten Dienst erweisen!‹

Daraufhin fingen die beiden, Tecuciztecatl (und Nanauatzin), ungesäumt an, Buße zu tun und vier Tage lang zu fasten. Alsbald brannte nun auch, nachdem es angelegt worden war, das Feuer dort auf dem Herde, den sie den Herd des Götterfelsen nennen.

Was er aber, Tecuciztecatl, seinerseits opferte, waren alles wertvolle Sachen: Seine Acxoyatl-Zweige waren kostbare Federn, und seine Grasballen waren Gold, seine Agavedornen waren Grünedelgestein, entsprechend waren die mit Blut benetzten, mit Blut bedeckten (Opfergaben) Korallen; und was sein Räucherwerk betrifft: von ganz eigener Art war das Räucherwerk.

Aber Nanauatzins Acxoyatl-Gabe wurde nur aus frischen Riedrohren hergestellt, grünen Rohren, zu dritt gebündelt, zuletzt alle neun aneinander(gebunden).

Und seine Grasballen, das waren nur Kiefernreiser, und seine Dornen, diese selbst waren auch nur Agavedornen; als er sie aber mit Blut bedeckte, war sein Blut gut. Sein Räucherwerk jedoch war nur was er von seinen Eiterbeulen an Grind abgehoben hatte.

Jedem von diesen zweien wurde ihr Hügel errichtet, wo sie in Ruhe vier Nächte Buße taten. (Heute werden die Hügel Tzacualli genannt, der Hügel der Sonne und der Hügel des Mondes.)

Als dann die vier Nächte vorüber und ihre Bußverrichtungen zu Ende waren, schickten sie sich sogleich an, jene Acxoyatl-Pflanze (ins Feuer) zu schleudern, von sich zu werfen, dazu alles das was mit ihrer Bußverrichtung zusammenhing. Dieses vollzog sich am Ende der Zeit, in der sie zur nächtlichen Dienstverrichtung und Anbetung gekommen waren.

Und als nun die (folgende) Mitternacht heranrückte, da verteilten (die Götter) Dinge unter ihnen, schmückten sie sie, richteten sie her: Dem Tecuciztecatl gaben sie seinen rundlichen Reiherfederschmuck und seine Jacke.

Für Nanauatzin aber (hatten sie) nur Papier, ihm das um den Kopf zu binden, das ihm ins Haar zu binden, was seine Papierperücke heißt, und seine Papier-Schulterschärpe und seinen Papierschurz.

Als dem nun so geschehen und die Mitternacht voll war, umstellten alle Götter ringsum den Herd, der der Götterfels heißt, wo vier Tage lang das Feuer brannte; zu beiden Seiten stellten sie sich ordnungsgemäß auf.

In die Mitte aber führten sie vor und stellten sie jene zwei auf, die Tecuciztecatl und Nanauatzin hießen. Die verharrten still, das Gesicht dem Feuer zugewandt, die stellten sich dem Feuer gegenüber auf. Die Götter aber sprachen nunmehr und richteten das Wort an Tecuciztecatl: ›Oh, nur los, Tecuciztecatl! Stürze dich, wirf dich ins Feuer!‹

Sogleich nun machte er sich fertig, sich ins Feuer zu werfen. Aber die Hitze, die ihm entgegenschlug, war unerträglich, gegen die war nicht anzugehen, sie war nicht auszuhalten; so gar schrecklich heiß war die Feuerstelle. Mächtig in Flammen stand und hoch gehäuft, hoch geschichtet war die Glut.

Deshalb fürchtete er sich vor ihr, torkelte, wich zurück und kehrte um. Dann machte er sich noch einmal auf, es zu versuchen, machte alle Anstrengungen, sich ins Feuer zu stürzen, sich ihm hinzugeben. Aber auf keine Art und Weise wagte er, es auszuführen, so heiß reichte es immer wieder bis zu ihm hin. Heftig wich er zurück, sprang rückwärts, konnte nicht mehr gegenangehn,

erlahmte viermal, nicht mehr als viermal machte er es so, prüfte er seine Kraft; aber immer war es ihm unmöglich, sich ins Feuer zu werfen.

Es bestand da aber eine Abmachung über das ›viermal‹ (als Höchstzahl der Versuche). Und als er das ›viermal‹ voll gemacht hatte, riefen die Götter nach Nanauatzin und sprachen zu ihm: ›Nun du! Nun schon du Nanauatzin! Frisch auf!‹

Nanauatzin nun faßte ein für allemal Mut, überwand sich vollständig, biß herzhaft die Zähne zusammen und schloß fest die Augenlider. Er fürchtete sich ja vor nichts, er blieb nicht stockend stehen, er blieb nicht zurück, er wich nicht nach hinten aus.

Vielmehr stürzte er sich ohne Zögern, warf sich mit Wucht in das Feuer, ging eben in einem einzigen Anlauf los. Sofort brannte er nun, platzte sein Fleisch auf und brotzelte.

Als aber Tecuciztecatl sah, daß jener brannte, da endlich warf er sich hinein und verbrannte somit nun auch.

Man sagt und meint, daß gleicherweise augenblicklich auch der *Adler* sich aufmachte, ihnen nachfolgte, mit Wucht sich ins Feuer stürzte, in die Glut sich warf. Auch er verbrannte sich noch tüchtig, daher ist sein Gefieder schwärzlich, angeräuchert.

Und der allerletzte war der *Jaguar*. Der aber fing nicht mehr so viel Feuer, als er in die Glut fiel; keineswegs verbrannte er deshalb, wurde nicht ganz und gar verbrannt, er versengte sich nur allenthalben, fing nicht viel Feuer. Deshalb ist er nur gefleckt, wie mit schwarzer Farbe bekleckst, als wäre er häufig durch schwazre Schmutzlachen gestapft ...

Gleich streckten sich daraufhin die Götter hin, zu erwarten, von woher wohl Nanauatzin aufgehen würde, der ja als erster ins Feuer gefallen war, damit die Sonne scheine, damit es Tag werde ...

Als nun die Sonne endlich aufging und verweilte, war sie wie (ein Stück) hochroter Farbe, das sich verbogen hinstreckt. Man konnte ihr nicht ins Gesicht sehen; sie blendete einem die Augen, so sehr glänzte sie, strahlte sie. Nach allen Richtungen reichten ihre Strahlen, und ihre Glutpfeile drangen überall hin.

Darnach nun ging zuletzt *Tecuciztecatl* auf, folgte genau auf sie da wo der Osten ist, zeigte sich neben der Sonne ...

(Es wird gesagt:) daß er selbst, der Mond Tecuciztecatl zur Sonne geworden wäre, wenn er sich als erster ins Feuer gestürzt hätte.«[8a]

Die Götter mußten hernach sterben, der Wind, Quetzalcoatl, tötete sie alle. Der Wind riß ihnen das Herz aus dem Leibe und belebte damit die neugeborenen Gestirne.

Mit diesem Mythos muß man den Glauben in Verbindung bringen, daß die Menschen, und nicht allein die Menschen, auch die Kriege geschaffen wurden, »damit es Menschen gäbe, deren Herz und Blut man haben

---

[8a] Bernardino de Sahagun, *Histoire des Choses de la Nouvelle Espagne*, Übers. Jourdanet und Siméon, 1880, Buch VII, Kapitel II. (Hier zitiert nach: *Wahrsagerei, Himmelskunde und Kalender der alten Azteken*, aus dem aztekischen Urtext Bernardino de Sahaguns übersetzt und erläutert von Dr. Leonhard Schultze Jena, Stuttgart 1950, S. 35 ff.)

könne, damit die Sonne sie essen könne«.[9] Dieser Glaube bedeutet ebenso wie jener Mythos, daß der Verzehrung der höchste Wert beigemessen wird. Jedes Jahr begingen die Mexikaner zu Ehren der Sonne die vier von den Göttern befolgten Fasttage. Dann opferten sie Leprakranke, weil sie wie Nanauatzin eine Hautkrankheit hatten. Denn Denken war bei ihnen nur das Darstellen von Taten.

### 3. DIE MEXIKANISCHEN MENSCHENOPFER

Von den mexikanischen Menschenopfern haben wir vollständigere und lebhaftere Kenntnisse als von denen älterer Zeiten.[10] Sie bilden zweifellos einen Gipfel an Schrekken auf der Skala grausamer religiöser Riten.

Die Priester töteten ihre Opfer auf der Höhe der Pyramiden. Sie legten sie auf einen Steinaltar und stachen ihnen ein Obsidianmesser in die Brust. Sie rissen das noch schlagende Herz heraus und hielten es zur Sonne empor. Die meisten Opfer waren Kriegsgefangene, was die Vorstellung rechtfertigte, daß Kriege zum Leben der Sonne notwendig waren: Der Sinn der Kriege war die Verzehrung, nicht die Eroberung, und die Mexikaner glaubten, wenn sie aufhörten, würde auch die Sonne zu leuchten aufhören.

Um die Osterzeit herum schritt man zur Opferung eines jungen Mannes von makelloser Schönheit. Er wurde ein Jahr zuvor unter den Gefangenen ausgewählt: von da an lebte er wie ein großer Herr. Er zog mit Blumen in

---

[9] *Historia de los Mexicanos por sus Pinturas*, herausgegeben von Joaquín García Icazbalceta, Mexico 1891, Kapitel VI.
[10] Die Belege in den folgenden Abschnitten werden, soweit vorhanden, hier zitiert nach: *Einige Kapitel aus dem Geschichtswerk des Fray Bernardino de Sahagun*, aus dem Aztekischen übersetzt von Eduard Seler, Stuttgart 1927. (Anm. d. Übers.)

den Händen durch die Stadt, begleitet von Leuten, die ihm Gesellschaft leisteten. Alle Leute, die er traf, grüßte er liebenswürdig, und, da diese in ihm ein Bild von *Tezcatlipoca* (einem der größten Götter) sahen, fielen sie vor ihm auf die Knie und beteten ihn an.[11] Von Zeit zu Zeit sah man ihn im Tempel auf der *Quautixicalco*-Pyramide: Er spielte dort Flöte, am Tag oder in der Nacht, wenn er Lust hatte, sich dorthin zu begeben, und nachdem er gespielt hatte, streute er Weihrauch aus nach den anderen Teilen der Welt und kehrte dann in seine Unterkunft zurück.[12] Es gab nichts, was man nicht für die Eleganz und Fürstlichkeit seines Lebens tat. »Und wenn man sah, daß er etwas dick wurde, ließ man ihn Salzwasser verschlucken, ... daß er schlank, hart und sehnig von Leibe sei!«[13] Zwanzig Tage vor dem Opferfest gab man diesem jungen Mann vier wohlgestalte Mädchen, mit denen er während dieser Tage schlief. Diese vier Mädchen, die man für ihn bestimmte, waren ebenso sorgfältig für diese Aufgabe erzogen worden. Man gab ihnen die Namen von vier Göttinnen. Fünf Tage vor dem Fest, an dem er geopfert werden sollte, erwies man ihm die Ehren eines Gottes. Der König blieb in seinem Palast, während der Hof dem jungen Mann folgte.[14] An frischen und lieblichen Orten bereitete man ihm Feste. Am Tag seines Todes führte man ihn zu einem kleinen Tempel, der *Tlacochcalco* genannt wird, aber wenn er auf dem Weg dorthin den Ort *Tlapitzauayan* erreicht hatte, kehrten seine Frauen um und verließen ihn. Nach seiner Ankunft an dem Ort, wo man ihn töten sollte, stieg er selbst die Stufen des Tempels hinauf, und auf jeder von ihnen zerbrach er eine der Flöten, auf denen er das ganze Jahr hindurch gespielt hatte.[15] Wenn

[11] Sahagun, Buch II, Kapitel XXIV (Seler, 91 ff.).
[12] Sahagun, Anhang des II. Buches.
[13] Sahagun, Buch II, Kapitel XXIV (Seler, 95).
[14] Sahagun, Buch II, Kapitel XXIV (Seler, 98 f.).
[15] Sahagun, Buch II, Kapitel XXIV (Seler, 99 f.).

er den Gipfel erreicht hatte, traten die Priester, die sich darauf vorbereitet hatten, ihn zu töten, auf ihn zu, bemächtigten sich seiner, warfen ihn auf den Opferstein, und während man den auf dem Rücken Liegenden an Beinen, Armen und dem Kopf festhielt, stach der, der das Obsidianmesser hielt, es ihm mit einem Schlag in die Brust, zog es wieder heraus, führte die Hand in die Öffnung, die das Messer hinterlassen hatte, und riß ihm das Herz heraus, das er sofort der Sonne darbot.[16]

Ehrfurchtsvoll trug man langsam den Körper des jungen Mannes in den Hof des Tempels. Die gemeinen Opfer wurden über die Stufen nach unten geworfen. Die größten Exzesse waren die Regel. Man zog den Toten die Haut ab, und ein Priester bekleidete sich sofort mit der blutenden Haut. Man warf Menschen in einen Feuerofen, zog sie mit einem Haken wieder heraus und warf sie noch lebend auf den Opferklotz. Meist aß man das von der Opferung geweihte Fleisch. Ein Fest folgte dem anderen, und jedes Jahr verlangte der Gottesdienst zahllose Opfer. Man nennt die Zahl von 20 000. Da einer der Geopferten einen Gott verkörperte, stieg er zum Opfer hinauf mit einem Gefolge, das ihn in den Tod begleitete.

### 4. INTIMITÄT VON PEINIGERN UND OPFERN

Denen, die sterben sollten, ließen die Azteken eine besondere Behandlung zuteil werden. Sie behandelten diese Gefangenen menschlich und gaben ihnen zu essen und zu trinken, was sie wollten. Ein Krieger, der einen Gefangenen aus dem Krieg mitführte und ihn als Opfer darbrachte, sagte von diesem: »Das ist gleichsam mein Sohn«, und der Gefangene sagte: »Das ist mein Vater«.[17] Die Opfer tanzten und sangen mit denen, von denen sie

---

[16] Sahagun, Buch II, Kapitel XXIV (Seler, 100).
[17] Sahagun, Buch II, Kapitel XXI (Seler, 72).

Die historischen Gegebenheiten I 81

in den Tod geführt wurden. Man wollte ihnen oft ihre Angst mildern. Eine Frau, die die Göttermutter verkörperte, wurde von den heilkundigen Frauen und Hebammen mit den Worten getröstet: »Tochter, jetzt gleich wird dich umarmen der König *Motecuhçoma*, freue dich!«[17a] Man gab ihr nicht zu verstehen, daß man sie töten würde, weil ihr Tod für sie plötzlich und unerwartet kommen sollte. Die Verurteilten kannten ihr Schicksal meist genau und mußten die letzte Nacht singend und tanzend wachen. Es kam vor, daß man sie berauschte oder ihnen, um die Gedanken an den nahen Tod zu vertreiben, ein Freudenmädchen gab. Dieses bittere Warten auf den Tod ertrugen die Opfer in unterschiedlicher Weise. Von Sklaven, die bei einem Novemberfest sterben sollten, heißt es, sie gingen »sich von ihren Häusern zu verabschieden; man tauscht ihnen ein (läßt sie nehmen) schwarze, blaue oder rote Farbe. Und als sie gingen, von den Häusern sich zu verabschieden, sangen sie, als ob ihre Kehle platzte, ganz heiser waren sie. Und nachdem sie zu den Häusern derer, die (Sklaven) gebadet haben, gekommen sind, tauchen sie ihre Hände in die blaue Farbe oder in die schwarze oder in die rote Farbe, darauf legen sie die Hände auf die Türpfosten und die Oberschwelle... Und nachdem sie (noch) überallhin gekommen sind zu den Häusern ihrer Verwandten, kehren sie noch einmal zurück zu ihren Häusern. Sie geben ihnen vergebens zu essen; die einen essen noch und die anderen können nicht mehr essen.«[18] Eine Sklavin, die die Göttin *Ilamatecutli* darstellte, wurde ganz in Weiß gekleidet, mit Adlerfedern geschmückt und im Gesicht zur Hälfte schwarz und zur Hälfte gelb bemalt. »Und als sie noch nicht geopfert wurde, tanzte sie. Es schlugen für sie die Pauke die Alten, die Sänger sangen für sie, stimmten für sie ihren Gesang an. Und während sie tanzte, weinte

---

[17a] Sahagun, Buch II, Kapitel XXX (Seler, 175).
[18] Sahagun, Buch II, Kapitel XXXIV (Seler, 207 f.).

sie sehr und seufzte, sie hielt sich für unglücklich, weil sie in kurzem ... schon der Erde verlustig gehen sollte.«[19] Im Herbst opferte man Frauen in einem Tempel namens *Couatlan*.»Wenn sie hinaufsteigen, singen sie sehr, einige tanzen, einige weinen sehr.«[20]

## 5. DER RELIGIÖSE CHARAKTER DER KRIEGE

Diese Kriegsgefangenenopfer dürfen nicht isoliert werden von den Bedingungen, die sie ermöglichten: von den Kriegen und dem Riskieren des eigenen Lebens. Die Mexikaner vergossen nur dann Blut, wenn sie selbst ihr Leben riskiert hatten.

Dieses Zusammenhangs von Krieg und Opfer waren sie sich bewußt. Wenn die Hebamme die Nabelschnur des Neugeborenen durchschnitt, sagte sie zu ihm:

»Ich schneide deine Nabelschnur in der Mitte des Körpers durch. Wisse und begreife, daß das Haus, wo du geboren bist, nicht deine Bleibe ist (...). Es ist deine Wiege, der Ort, an dem du dein Haupt bettest (...). Deine wahre Heimat ist woanders; du bist anderen Orten versprochen. Du gehörst den flachen Ebenen, wo sich die Kämpfe abspielen; für sie bist du gesandt worden; dein Handwerk und dein Wissen ist der Krieg; deine Pflicht ist es, der Sonne das Blut deiner Feinde zu trinken zu geben und der Erde die Körper deiner Widersacher zu liefern, daß sie sie verschlinge. Was deine Heimat, dein Erbe und dein Glück angeht, du wirst es im Himmel im Palast der Sonne finden (...). Ein glückliches Los wird es für dich sein, wenn du würdig erscheinst, dein Leben auf den Gefilden des Kampfes zu beenden und dort den frischen Tod zu empfangen. Was ich jetzt von deinem Körper und von der Mitte deines Bauches

---

[19] Sahagun, Buch II, Kapitel XXXVI (Seler, 225).
[20] Sahagun, Buch II, Kapitel XXXIII (Seler, 203).

# Die historischen Gegebenheiten I

abschneide, gehört dem *Tlaltecutli*, der Erde und Sonne ist. Wenn der Krieg zu brodeln beginnen wird und die Soldaten sich versammeln, werden wir diesen Nabel denen anvertrauen, die tapfere Soldaten sind, damit sie ihn deinem Vater und deiner Mutter darbringen, der Sonne und der Erde. Sie werden ihn mitten auf dem Feld begraben, auf dem man sich die Kriegstaten liefert: das wird der Beweis sein, daß du der Erde und der Sonne dargebracht wirst und versprochen bist; das wird das Zeichen deines Versprechens sein, dich dem Kriegshandwerk zu widmen. Dein Name wird auf die Schlachtfelder geschrieben werden, damit er nie vergessen wird, ebensowenig wie deine Person. Dieses kostbare Opfer, das an deinem Körper gepflückt wird, ist wie die Darbietung eines Agavedorns, von Duftrohren und *Acxoyatlzweigen*. Durch sie bestätigt sich dein Gelöbnis und dein Opfer (...).«[21]

Wer einen Kriegsgefangenen mitbrachte, hatte nicht weniger Teil am heiligen Spiel als der Priester. Vom Blut des Opfers, das aus der Wunde floß, brachten die Priester die erste Schale der Sonne dar. Die zweite Schale fing der Opfernde auf. Dieser begab sich dann vor die Bildnisse der Götter und benetzte ihre Lippen mit warmem Blut. Ihm fiel auch der Körper des Geopferten zu. Er trug ihn nach Hause und bewahrte den Kopf auf. Der Rest wurde bei einem Gastmahl ohne Salz und Pfeffer gekocht gegessen, aber von den Gästen, nicht vom Opfernden, der sein Opfer als seinen Sohn ansah, als ein anderes Ich. Bei dem Tanz, der das Fest beendete, hielt der Krieger dessen Kopf in der Hand.

Wenn der Krieger selbst unterlegen wäre, statt siegreich heimzukehren, hätte sein Tod auf dem Schlachtfeld die gleiche Bedeutung gehabt wie das rituelle Opfer seines Gefangenen. Er würde ebenso die nahrungsgierigen Götter gesättigt haben.

[21] Sahagun, Buch VI, Kapitel XXXI.

Im Gebet an *Tezcatlipoca* für die Soldaten hieß es:

»Ihr habt nicht einmal Unrecht, zu wollen, daß sie in den Kämpfen sterben, denn zu keinem anderen Zweck habt ihr sie in diese Welt gesandt als dazu, der Sonne und der Erde mit ihrem Fleisch und Blut als Nahrung zu dienen.«[22]

Durch Blut und Fleisch gesättigt, erwies die Sonne der Seele in ihrem Palast die Ehre. Dort mischten sich die Gefallenen mit den geopferten Gefangenen. Die Bedeutung des Todes im Kampf kam in demselben Gebet zum Ausdruck:

»Macht, daß sie kühn und mutig sind, nehmt jede Schwäche von ihrem Herzen, damit sie den Tod nicht nur freudig empfangen, sondern ihn ersehnen und Anmut und Süße in ihm finden; daß sie weder Pfeil noch Schwert fürchten, sondern vielmehr als angenehm empfinden, ganz als wären es Blumen und köstliche Speisen.«

### 6. VOM PRIMAT DER RELIGION ZUM PRIMAT MILITÄRISCHER WIRKSAMKEIT

Die Bedeutung des Krieges in der mexikanischen Gesellschaft darf uns nicht täuschen: es war keine *militärische* Gesellschaft. Die Religion blieb der eigentliche Schlüssel zu ihren Spielen. Die Azteken gehören vielmehr zu den Kriegergesellschaften, in denen die reine unberechnete Gewalt und die ostentativen Formen des Kampfes herrschten. Die geplante Organisation von Krieg und Eroberung war ihnen unbekannt. Eine wirklich *militärische* Gesellschaft ist eine unternehmende Gesellschaft, für die der Krieg eine Machtentfaltung, eine planmäßige Ausdehnung des Herrschaftsbereichs darstellt.[23] Es ist

---

[22] Sahagun, Buch VI, Kapitel III.
[23] Ich stütze mich hier auf Marcel Granet und Georges Dumézil.

eine relativ milde Gesellschaft, die die vernünftigen Grundsätze des für die Zukunft planenden Unternehmergeistes in die Sitten einführt und den Wahnsinn des Opfers ausschließt. Nichts widerstrebt der militärischen Organisation so sehr wie jene Vergeudungen von Reichtum, wie sie die Hekatomben von Sklaven darstellen.

Allerdings hatte die extreme Bedeutung der kriegerischen Aktivität für die Azteken eine Veränderung zur Folge, die in die Richtung der *Vernunft* des Unternehmens ging (die mit dem Streben nach Resultaten und Effektivität einen Beginn von Menschlichkeit bedeutet), im Gegensatz zur grausamen *Gewalt* der Verzehrung. Während der König, wie es heißt, in seinem Palast blieb, versammelte sich der Hof um denjenigen, der für das feierlichste Opfer des Jahres ausersehen war, und erwies ihm die Ehre eines Gottes. Wir irren uns nicht, das war ein Ersatzopfer. Durch eine Milderung war die innere Gewalt, die das moralische Prinzip der Verzehrung ist, gegen andere gekehrt worden. Zwar wurde die Gewalt, die die aztekische Gesellschaft beherrschte, niemals stärker nach innen als nach außen gekehrt, aber innere und äußere Gewalt waren Teil einer Ökonomie, die nichts aussparte. Die rituellen Opfer der Kriegsgefangenen erforderten die Opfer der Krieger, die Geopferten stellten zumindest eine kostspielige Verausgabung des Opfernden dar. Die Ersetzung des Königs durch einen Gefangenen ist eine offensichtliche, wenn nicht konsequente Abmilderung jenes Opferrausches.

### 7. DIE OPFERUNG ODER VERZEHRUNG

Diese Abmilderung macht eine Bewegung spürbar, der die Opferriten folgten. Diese Bewegung wird für uns nur in ihrer logischen Notwendigkeit deutlich, und wir wissen nicht, ob der Ablauf der Tatsachen ihr im einzelnen entsprach: ihre Kohärenz ist in jedem Fall gegeben.

Das Opfer gibt der heiligen Welt zurück, was der dienstbare Gebrauch degradiert, profaniert hat. Der dienstbare Gebrauch hat ein *Ding* (ein *Objekt*) aus dem gemacht, was zutiefst von gleicher Art ist wie das *Subjekt*, was sich mit dem Subjekt in einer Beziehung intimer Partizipation befindet. Es ist nicht notwendig, daß das Tier oder die Pflanze, die der Mensch zu seinem Nutzen in *Dinge* verwandeln sollte, durch das Opfer wirklich zerstört werden. Sie müssen nur *als Dinge* zerstört werden, *d. h. sofern sie Dinge geworden sind.* Die Zerstörung ist zwar das beste Mittel, eine utilitaristische Beziehung zwischen Mensch und Tier oder Pflanze aufzuheben. Aber sie geht selten bis zum Brandopfer. Es genügt, daß die Konsumtion der Opfergaben, oder die *Kommunion*, sich nicht auf die normale Nahrungsaufnahme reduzieren läßt. Ein Opfer kann nicht in der gleichen Weise konsumiert werden wie ein Motor Brennstoff verbraucht. Was der Ritus wiederzugewinnen vermag, ist die intime Partizipation des Opfernden an dem Geopferten, die ein dienstbarer Gebrauch unmöglich gemacht hatte. Der Sklave, der der Arbeit unterworfen und zum Besitz eines andern geworden ist, ist ebenso ein *Ding* wie ein Arbeitstier. Wer die Arbeit seines Gefangenen verwendet, durchschneidet das Band, das ihn mit seinesgleichen vereint. Noch ein Schritt weiter, und er wird ihn verkaufen. Aber der Eigentümer hat aus diesem Eigentum nicht nur ein *Ding*, eine Ware gemacht: Niemand kann sein anderes Selbst, das der Sklave ja ist, zu einem *Ding* machen, ohne sich damit von dem, was er selbst intimerweise ist, zu entfernen, ohne sich selbst die Grenzen eines *Dinges* zu geben.

Das darf nicht allzu eng verstanden werden: Es gibt keine perfekte Handlung, und weder Herr noch Knecht werden *vollständig* auf *Dinglichkeit* reduziert. Der Knecht ist für den Eigentümer ein Ding; er akzeptiert diese Situation, die er dem Tode vorzieht, und verliert dabei für sich selbst einen Teil seines inneren **Werts**, denn es genügt nicht, dies oder jenes zu sein: man muß es zugleich für andere sein. Ebenso ist auch der Eigentümer für den Knecht nicht mehr seinesgleichen, er ist zutiefst von ihm getrennt: wenn aber seinesgleichen ihn weiterhin als Mensch ansieht, wenn er immer noch für andere ein Mensch ist, so lebt er doch jetzt in einer Welt, wo ein Mensch nichts als ein *Ding* sein kann. Das menschliche Leben wird dadurch so grau wie eine Landschaft, wenn es dämmert. Der Augenblick der Dämmerung, wenn die Sonnenstrahlen von den Wolken gedämpft werden und die Lichtspiele erlöschen, scheint die Dinge auf das zu reduzieren, was sie sind. Der Irrtum ist offensichtlich: ich habe immer nur das Universum vor mir, das Universum ist kein *Ding,* und ich täusche mich keineswegs, wenn ich seinen Glanz an der Sonne erkenne. Aber wenn sich die Sonne verbirgt, dann sehe ich die Scheune, das Feld, die Hecke viel genauer. Ich sehe nicht mehr den Glanz des Lichts, das auf der Scheune spielte, aber ich sehe diese Scheune oder diese Hecke wie eine Wand zwischen dem Universum und mir.

Ebenso bringt die Knechtschaft einen Mangel an Licht in die Welt, nämlich die abgesonderte Position eines jeden, nur noch zum *Gebrauch* bestimmten *Dinges.* Licht und Glanz vermitteln die Intimität des Lebens, das, was es eigentlich ist, was vom Subjekt als seinesgleichen und als die Transparenz des Universums erkannt wird.

Aber die Reduktion dessen, *was ist,* auf *Dinglichkeit* ist nicht auf die Knechtschaft begrenzt. Die Knechtschaft ist aufgehoben, aber wir kennen selbst die Aspekte des sozialen Lebens, wo die Menschen zu *Dingen* entwürdigt werden, und wir wissen ja, daß die Entwürdigung nicht erst mit der Knechtschaft beginnt. Durch die Einführung der *Arbeit* trat an die Stelle der Intimität, der Tiefe der Begierde und ihrer freien Entfesselung von Anfang an die rationale Verkettung, bei der es nicht mehr auf die Wahrheit des Augenblicks ankommt, sondern auf das Endresultat der *Operationen*. Die erste

Arbeit begründete die Welt der *Dinge*, der im allgemeinen die profane Welt der Alten entsprach. Seit der Setzung der Welt der Dinge wurde der Mensch selbst zu einem der Dinge dieser Welt, zumindest für die Zeit, da er arbeitet. Diesem Schicksal versuchte der Mensch zu allen Zeiten zu entkommen. In seinen eigenartigen Mythen, seinen grausamen Riten ist der Mensch seither *auf der Suche nach einer verlorenen Intimität.*

Jene lange Bemühung und bange Suche ist die Religion: immer geht es darum, der *realen* Ordnung, der Armseligkeit der *Dinge* etwas zu entreißen, der *göttlichen* Ordnung etwas zurückzugeben; das Tier oder die Pflanze, deren der Mensch *sich bedient* (als hätten sie nur einen Wert *für ihn*, nicht für sich selbst), wird der Wahrheit der intimen Welt zurückgegeben; auf die Weise hat er teil an einer heiligen Kommunikation, die ihn seinerseits der inneren Freiheit zurückgibt.

Diese abgründige Freiheit besteht in der Zerstörung, deren Wesen es ist, *profitlos* zu verzehren, was der Verkettung der nützlichen Werke hätte verhaftet bleiben können. Das Opfer zerstört, was es weiht. Es braucht nicht zu zerstören wie das Feuer, nur das Band, das die Opfergabe an die Welt der profitablen Aktivität bindet, wird zerschnitten, aber diese Trennung hat die Bedeutung einer endgültigen Verzehrung; die geweihte Opfergabe kann der *realen* Ordnung nicht zurückgegeben werden. Dieses Prinzip öffnet die Bahn für die Entfesselung, es setzt die Gewalt frei, indem es ihr einen Bereich einräumt, wo sie ungeteilt herrschen kann.

Die *intime* Welt verhält sich zur *realen* wie das Unmaß zum Maß, wie der Wahnsinn zur Vernunft, wie der Rausch zur Klarheit. Maß gibt es nur in bezug aufs Objekt, Vernunft nur in der Identität des Objekts mit sich selbst, Klarheit nur in der genauen Kenntnis der Objekte. Die Welt des Subjekts ist die Nacht: die erregende, unendlich suspekte Nacht, die, wenn die Vernunft schläft, *Ungeheuer hervorbringt. Ich behaupte, daß so-*

*gar der Wahnsinn nur eine schwache Vorstellung von dem vermittelt, was das freie, überhaupt nicht der realen Ordnung unterworfene, nur vom Augenblick erfüllte Subjekt wäre.* Das *Subjekt* verläßt seinen eigenen Bereich und unterwirft sich den *Objekten* der *realen* Ordnung, sobald es sich um die Zukunft kümmert. Denn das *Subjekt* ist Verzehrung, soweit es nicht der Arbeit unterworfen ist. Wenn ich mich nicht mehr kümmere um das, *was sein wird*, sondern nur noch um das, *was ist*, warum sollte ich dann irgend etwas zurückhalten? Ich kann auf der Stelle, ohne jede Ordnung, die Gesamtheit der Güter, über die ich verfüge, verzehren. Diese nutzlose Verzehrung ist das, *was mir gefällt*, sobald die Sorge um den nächsten Tag nicht mehr besteht. Und wenn ich so ohne jedes Maß verzehre, offenbare ich meinesgleichen, was ich *intimerweise* bin: die Verzehrung ist der Weg, auf dem die *getrennten* Wesen miteinander kommunizieren.[24] Alles ist transparent, alles ist offen, und alles ist unendlich unter denen, die intensiv verzehren. Nichts zählt dann mehr, die Gewalt wird freigesetzt und entfesselt sich schrankenlos, so wie die Glut sich vermehrt.

Was die Rückkehr der *Dinge* zur *intimen* Ordnung sichert, ist ihr Eintreten in diesen Kreis der Verzehrung, wo die Gewalt immer nur mit großer Mühe zu begrenzen ist. Das eigentliche Problem des Opfers ist, den Anteil der Zerstörung zu bestimmen und das übrige vor einer tödlichen Ansteckungsgefahr zu bewahren. Alle, die mit einem Opfer in Berührung kommen, sind in Gefahr, aber seine rituelle, begrenzte Form hat in der Regel zur Folge, daß diejenigen, die es darbringen, bewahrt bleiben.

---

[24] Ich insistiere auf einer Grundtatsache: die Trennung der Wesen ist auf die reale Ordnung begrenzt. Nur, wenn ich der *Dinglichkeit* verhaftet bleibe, ist die Trennung *real*. Sie *ist* in der Tat *real*, aber was real ist, ist *äußerlich*. In ihrer Intimität sind alle Menschen eins.

Das Opfer ist die Glut, in der die Intimität derer, die das System der gemeinsamen Werke bilden, sich wiederfindet. Die Gewalt ist sein Prinzip, aber die Werke begrenzen sie in Raum und Zeit; sie ordnet sich dem Bestreben unter, die gemeinsame Sache zu vereinen und zu erhalten. Die Individuen entfesseln sich, aber diese Entfesselung, die sie unterschiedslos mit ihresgleichen vermischt und verschmilzt, trägt dazu bei, sie in den Werken der profanen Zeit aneinander zu binden. Das ist noch nicht das *Unternehmen*, das den Überschuß der Kräfte in der unbegrenzten Entwicklung des Reichtums absorbiert. Diese Werke dienen nur der Erhaltung. Sie bezeichnen nur im voraus die Grenzen des Festes (dessen Wiederkehr durch ihre Reichhaltigkeit gesichert und das der Ursprung ihrer Reichhaltigkeit ist). Aber nur die Gemeinschaft ist vor der Zerstörung bewahrt. Das *Opfer* wird der Gewalt überantwortet.

### 8. DAS VERFEMTE UND GEHEILIGTE OPFER

Das Opfer ist der Überschuß, der aus der Masse des *nützlichen* Reichtums gezogen wird. Es kann ihm nur entnommen werden, damit es profitlos verzehrt, d. h. für immer zerstört wird. Sobald es erwählt ist, ist es der *verfemte Teil*, der für die gewaltsame Verzehrung bestimmt ist. Aber die Verfemung entzieht es der *Dinglichkeit;* sie macht seine Gestalt erkennbar, die von nun an die Intimität, die Angst und die Tiefe der lebenden Wesen ausstrahlt.

Nichts ist frappierender als die Aufmerksamkeit, mit der man es umgibt. Soweit es ein Ding ist, kann man es der realen Ordnung, an die es gebunden ist, nur dann wirklich entziehen, wenn die Zerstörung ihm den Charakter eines Dinges nimmt, dessen Nützlichkeit für immer aufhebt. Sobald es geweiht ist und während der Zeit, die die Weihe vom Tode trennt, tritt es in die Intimität der Opfernden ein und nimmt an deren Verzehrungen teil: es gehört zu ihnen, und bei dem Fest, bei dem es umkommen wird, singt und tanzt es und genießt mit ihnen alle Freuden. Keine Dienstbarkeit haftet ihm mehr an; es kann sogar Waffen erhalten und kämpfen. Es geht auf in der grenzenlosen Vermischung des Festes. Und genau das ist sein Verderben.

Das Opfer wird nämlich allein ganz aus der realen Ordnung heraustreten, insofern es allein von der Bewegung des Festes bis zum Höhepunkt getrieben wird. Schon der Opferpriester hat weniger am Göttlichen teil. Die Zukunft, die ihm vorbehalten ist, lastet mit dem Gewicht der Dinge auf ihm. Die echten Theologen[25], deren Überlieferung Sahagun gesammelt hat, spürten das wohl, deshalb stellten sie das freiwillige Opfer von Nanauatzin über alle anderen, priesen die Krieger, daß sie von den Göttern verzehrt würden, und gaben dem Göttlichen die Bedeutung der Verzehrung. Wir können natürlich nicht wissen, inwieweit in Mexiko die Geopferten ihr Los akzeptierten. Es ist möglich, daß einige von ihnen sich in gewisser Hinsicht ›geehrt fühlten‹, daß sie den Göttern dargebracht wurden. Aber ihre Hinschlachtung geschah nicht freiwillig. Es steht sogar fest, daß zur Zeit der Informanten Sahaguns diese Todesorgien toleriert wurden, weil sie Fremde trafen. Die Mexikaner schlachteten auch Kinder hin, die man unter ihren eigenen auswählte. Aber man mußte strenge Strafen erlassen

---

[25] Im Sinne einer Kenntnis des *Göttlichen*. Man hat in den Texten, auf die ich mich beziehe, einen christlichen Einfluß feststellen wollen. Diese Hypothese scheint mir müßig. Der Kern des christlichen Glaubens ist selbst aus früheren religiösen Erfahrungen gewonnen, und die Welt, die die Informanten Sahaguns darstellen, ist von überzeugender Kohärenz. Höchstens könnte die freiwillige Demut von Nanauatzin als eine Verchristlichung gelten. Aber diese Annahme scheint mir auf einer Mißachtung der Azteken zu beruhen, die Sahagun offensichtlich nicht geteilt hat.

gegen alle, die sich aus ihrem Zug entfernten, wenn sie sich zu den Altären begaben. Die Opferung ist ein Gemisch aus Angst und Raserei. Die Raserei ist mächtiger als die Angst, aber nur wenn deren Wirkungen nach außen gekehrt werden gegen einen fremden Gefangenen. Es genügt, daß der Opfernde den Reichtum hingibt, den der Geopferte für ihn hätte bedeuten können.

Diese begreifliche Schwäche ändert jedoch nichts an der Bedeutung des Ritus. Nur ein Exzeß war gültig, der die Grenzen überschritt und dessen Verzehrung der Götter würdig schien. Um diesen Preis entgingen die Menschen ihrer Erniedrigung, um diesen Preis hoben sie den Druck auf, den sie durch Habsucht und kalte Berechnung der realen Ordnung unter sich geschaffen hatten.

## II. Das Rivalitätsgeschenk (Der Potlatsch)

### 1. Allgemeine Bedeutung der ostentativen Schenkungen in der mexikanischen Gesellschaft

Die Menschenopfer waren nur ein Höhepunkt im Zyklus der Verschwendungen. Die gleiche Leidenschaft, die das Blut von den Pyramiden herabrinnen ließ, brachte die aztekische Welt ganz allgemein dazu, einen beträchtlichen Teil ihrer Ressourcen auf unproduktive Weise zu verwenden.

Eine der Funktionen des Herrschers, des »Hauptes der Menschen«, der über immense Reichtümer verfügte, war es, sich ostentativen Vergeudungen hinzugeben. Offensichtlich war er in früherer Zeit selbst der Endpunkt des Opferzyklus gewesen: seine Hinschlachtung, in die, wenn nicht er selbst, so doch das von ihm verkörperte Volk einwilligte, konnte der steigenden Flut der Tötungen den Wert einer grenzenlosen Verzehrung geben. Seine Macht hat ihn offenbar schließlich davor bewahrt. Aber er war so eindeutig ein Mann der Verschwendung, daß er statt seines Lebens seinen Reichtum hingab. Er mußte *schenken* und *spielen*.

»Die Könige«, schreibt Sahagun[26], »suchten die Gelegenheit, sich freigebig zu zeigen und dafür berühmt zu sein. Deshalb machten sie große Ausgaben für den Krieg oder die *Areytos* (Tänze, die den Opfern vorausgingen oder folgten). Sie setzten große Kostbarkeiten für das Spiel ein, und wenn jemand aus dem niedrigen Volk, Mann oder Frau, es wagte, sie zu grüßen und einige Worte an sie zu richten, die ihr Wohlwollen erregten, gaben sie ihm Speisen und Getränke sowie Stoffe für die Kleidung und das Ruhelager. Wenn jemand gar für

---

[26] Sahagun, Buch VIII, Kapitel XXIX.

sie Lieder komponierte, die ihnen gefielen, machten sie ihm Geschenke entsprechend seinem Verdienst und dem Vergnügen, das er ihnen bereitet hatte.«

Der Herrscher war nur der Reichste, aber die Reichen, Edlen und »Kaufleute« hatten je nach ihren Kräften diesem Vorbild nachzueifern. Auf den Festen floß nicht nur Blut in Strömen, sondern Reichtum überhaupt, und jeder trug je nach seiner Macht dazu bei – wodurch jeder Gelegenheit hatte, diese seine Macht zu beweisen. Durch Gefangennahme (im Krieg) oder durch Kauf schafften die Krieger und »Kaufleute« die Opfer herbei. Die Mexikaner errichteten steinerne Tempel, die mit Götterstatuen geschmückt waren. Der rituelle Götterdienst verlangte immer mehr wertvolle Opfergaben. Offizianten und Opfer wurden reich geschmückt, die rituellen Festessen verschlangen beträchtliche Ausgaben.

Die Reichen, vor allem die »Kaufleute«, gaben persönlich öffentliche Feste.[27]

## 2. DIE REICHEN UND DIE RITUELLE FREIGEBIGKEIT

Über die »Kaufleute« Mexikos und ihre Sitten haben die spanischen Chronisten genaue Informationen hinterlassen[28]: diese Sitten haben sie überraschen müssen. Die »Kaufleute« machten Expeditionen in wenig sichere Länder, oft mußten sie dabei kämpfen, oft bereiteten sie dadurch einen Krieg vor, worauf das Ansehen ihres Standes beruhte. Aber daß sie ein solches Risiko eingingen, hätte noch nicht genügt, sie den Adligen gleichzustellen. In den Augen der Spanier war Handel etwas

---

[27] Sahagun, Buch IX, Kapitel IV.
[28] Zu diesem Abschnitt siehe *Gliederung des alt-aztekischen Volks in Familie, Stand und Beruf,* aus dem aztekischen Urtext Bernardino de Sahaguns übersetzt und erläutert von Dr. Leonhard Schultze Jena, Stuttgart 1952, S. 165 ff. (Anm. d. Übers.)

Schmutziges, selbst wenn er Gefahren mit sich brachte. Das Urteil der Europäer ging vom Prinzip des Geschäfts aus, das ausschließlich auf dem Interesse beruhte. Die großen »Kaufleute« Mexikos folgten jedoch nicht eindeutig der Regel des Profits, ihr Handel vollzog sich ohne Feilschen und war durchaus etwas Ruhmvolles. Der aztekische »Kaufmann« verkaufte nicht, sondern praktizierte den *Tausch durch Schenken:* vom »Haupt der Menschen« (vom Herrscher, den die Spanier *König* nannten) erhielt er Reichtümer als *Geschenk;* diese Gaben *schenkte* er den Edlen der Länder, in die er sich begab. Die großen Herren dieser Länder beeilten sich, für diese Geschenke Gegengeschenke zu machen, die dem König überbracht werden sollten. Der Herrscher verschenkte prunkvolle Gewänder, Hüfttücher und Frauenhemden. Der »Kaufmann« erhielt für ihn kostbare Vogelschwanzfedern, bearbeitete Steine aller Art, Muscheln, Fächer, Schildpattstäbchen zum Umrühren von Kakao und gegerbte und verzierte Felle wilder Tiere.[29] Die Gegenstände, die die »Kaufleute« von ihren Reisen mitbrachten, wurden von ihnen also nicht einfach als Waren angesehen. Bei ihrer Rückkehr brachten sie sie tagsüber nicht ins Haus. »Sie warteten auf die Nacht und eine günstige Zeit; ein Tag namens *ce calli* (ein Haus) galt als günstig, weil sie behaupteten, die an diesem Tag ins Haus gebrachten Gegenstände seien heilig und würden als solche drinnen bleiben.«[30]

Ein Tauschobjekt war bei dieser Praxis kein *Ding,* war nicht auf die Trägheit und Leblosigkeit der profanen Welt reduziert. Das *Geschenk,* das man von ihm machte, war ein Ruhmeszeichen, und den Gegenstand selbst umgab das Strahlen des Ruhms. Durch das Geschenk manifestierte man seinen Reichtum und sein Glück (seine Macht). Der »Kaufmann« war so sehr ein Mann des

---

[29] Sahagun, Buch IX, Kapitel V.
[30] Sahagun, Buch IX, Kapitel VI.

Schenkens, daß er sofort nach der Rückkehr von einer Expedition für seine Standesgenossen ein Gastmahl gab, bei dem er sie mit Geschenken überschüttete.

Das war nur ein einfaches Gastmahl zur Feier der Rückkehr. Wenn aber ein »Kaufmann« zu einem Vermögen gekommen war und sich als reich betrachtete, gab er allen Kaufleuten der höheren Kategorie und allen Edelleuten ein Fest oder Gastmahl, weil er es als schändlich angesehen hätte, zu sterben, ohne eine prächtige Verschwendung veranstaltet zu haben, die den Glanz seiner Person erhöhen konnte, indem sie die Gunst der Götter zeigte, die ihm alles gegeben hatten.[31] Das Fest begann mit dem Essen eines Rauschpilzes, der Halluzinationen hervorrief, die die Gäste einander erzählten, wenn der Rausch verflogen war. Zwei Tage lang verteilte der Hausherr Speisen, Getränke, Duftkraut und Blumen.

Seltener gab ein »Kaufmann« ein Gastmahl während eines *Panquetzalitzli* genannten Festes. Das war eine Art heiliger und ruinöser Zeremonie. Der »Kaufmann«, der sie beging, opferte bei diesem Anlaß Sklaven. Er mußte alle im Umkreis einladen und Geschenke zusammentragen, die ein Vermögen wert waren, Mäntel, deren Zahl bis zu 800 oder 1200 ging, 400 Schambinden kostbarer und weniger kostbarer Art.[32] Die größten Geschenke erhielten die alten Krieger und Würdenträger: Leute niederen Ranges erhielten weniger. Man tanzte endlose *Areytos*, bei denen die wunderbar geschmückten Sklaven eintraten, die Halsketten, Blumengirlanden und blumengeschmückte Rundschilde trugen. Sie tanzten, saugten an den Duftröhren und atmeten den Duft ein. Dann stellte man sie auf eine Terrasse, damit alle geladenen Gäste sie gut sehen konnten, und gab ihnen unter vielen Aufmerksamkeiten Speisen und Getränke. Wenn der Augenblick des Opfers gekommen war, kleidete sich der gastgebende

---

[31] Sahagun, Buch IX, Kapitel X.
[32] Sahagun, Buch IX, Kapitel VII (Schultze Jena, S. 219 ff.).

»Kaufmann« wie einer der Sklaven und begab sich mit ihnen in den Tempel, wo die Priester sie erwarteten. Diese Opfer, die für einen Kampf bewaffnet waren, mußten sich gegen Krieger zur Wehr setzen, von denen sie unterwegs angegriffen wurden. Wenn einer der Angreifer einen Sklaven fing, mußte der »Kaufmann« ihm den Preis dafür zahlen. Auch der Herrscher nahm an der Opferfeier teil, auf die das gemeinsame Essen des Fleisches im Hause des »Kaufmanns« folgte.[33]

Diese Sitten, besonders der *Tausch durch Schenken*, stehen in diametralem Gegensatz zu den gegenwärtigen Handelspraktiken. Ihre Bedeutung wird erst dann erkennbar, wenn wir sie mit einer noch heute bestehenden Einrichtung in Verbindung bringen, dem *Potlatsch* der Indianer Nordwestamerikas.

### 3. DER POTLATSCH DER INDIANER NORDWESTAMERIKAS

Die klassische Ökonomie stellte sich die ersten Tauschformen als Tauschhandel vor. Wie hätten sie auf die Idee kommen können, daß eine Erwerbsweise wie der Tausch ursprünglich nicht dem Bedürfnis, etwas zu erwerben, sondern dem entgegengesetzten Bedürfnis, etwas zu verlieren oder zu vergeuden, entsprochen hätte? Diese klassische Auffassung ist heute in einer Hinsicht anfechtbar.

Die »Kaufleute« Mexikos praktizierten jenes paradoxe Tauschsystem, das ich als eine regelrechte Kette von Geschenken beschrieben habe: diese »glorreichen« Sitten und nicht der Tauschhandel bilden also das archaische Tauschsystem. Der *Potlatsch*, der heute noch von den Indianern Nordwestamerikas betrieben wird, ist die typische Form. Die Ethnologen verwenden diesen Ausdruck heute zur Bezeichnung aller derartigen Einrich-

---

[33] Sahagun, Buch IX, Kapitel XII und XIV.

tungen: Spuren davon haben sie nämlich in allen Gesellschaften feststellen können. Bei den Tlingit, den Haida, den Tsimshiam, den Kwakiutl nimmt der *Potlatsch* die erste Stelle im sozialen Leben ein. Die rückständigsten dieser Völker praktizieren den *Potlatsch* bei den Zeremonien, die eine Veränderung des Familienstandes markieren, bei Initiationen, Hochzeiten und Bestattungen. Bei zivilisierteren Stämmen wird auch noch anläßlich eines Festes ein *Potlatsch* veranstaltet: man kann ein Fest dazu auswählen, aber er kann auch selbst der Anlaß für ein Fest sein.

Der *Potlatsch* ist ebenso wie der Handel ein Mittel zur Zirkulation der Reichtümer, aber er schließt das Feilschen aus. Er besteht zumeist in dem feierlichen Geschenk beträchtlicher Reichtümer, das ein Häuptling seinem Rivalen macht, um ihn zu demütigen, herauszufordern und zu verpflichten. Der Empfänger muß die Demütigung tilgen und die Herausforderung erwidern, er muß der *Verpflichtung* nachkommen, die er eingegangen ist, indem er das Geschenk annahm: er kann sich nur etwas später mit einem neuen *Potlatsch* revanchieren, der noch freigebiger sein muß als der erste, d. h. er muß das Geschenk mit Zinsen zurückgeben.

Das Geschenk ist nicht die einzige Form des *Potlatsch*. Ein Rivale kann auch durch die feierliche Vernichtung von Reichtümern herausgefordert werden. Die Vernichtung wird eigentlich mythischen Vorfahren des Empfängers dargebracht: sie unterscheidet sich kaum von einem Opfer. Noch im 19. Jahrhundert kam es vor, daß ein Tlingithäuptling sich irgendeinem Rivalen zeigte und vor seinen Augen einige Sklaven niedermetzelte. Zur gegebenen Zeit revanchierte sich dieser für eine solche Vernichtung mit der Tötung einer noch größeren Anzahl von Sklaven. Die Tschuktschen von Nordostsibirien haben verwandte Einrichtungen. Sie metzeln sehr wertvolle Hundemeuten nieder, um die rivalisierende Gruppe zu erschrecken und einzuschüchtern. Die Indianer der

Nordwestküste brannten ganze Dörfer nieder oder zerschlugen ihre Boote. Sie haben mit Zeichen versehene Kupferbarren von fiktivem Wert (je nach Berühmtheit und Alter), der manchmal einem Vermögen entspricht. Sie werfen sie ins Meer oder zerbrechen sie.[34]

## 4. THEORIE DES POTLATSCH I: DAS PARADOX DER REDUKTION DES GESCHENKS AUF DEN ERWERB EINER MACHT

Seit dem *Essai sur le Don* von Marcel Mauss war der *Potlatsch* Gegenstand einer zuweilen zweideutigen Neugierde. Der *Potlatsch* läßt eine Verbindung zwischen religiösen und ökonomischen Verhaltensweisen erkennen. Dennoch waren in ihm keine Gesetze zu entdecken, die er mit der Ökonomie gemein hätte – wenn man unter Ökonomie einen Komplex ganz bestimmter menschlicher Tätigkeiten versteht und nicht die unreduzierbare Bewegung der allgemeinen Ökonomie. Es wäre tatsächlich müßig, sich mit den ökonomischen Aspekten des *Potlatsch* zu beschäftigen, bevor man den Gesichtspunkt der *allgemeinen Ökonomie* formuliert hat.[35] Es gäbe

[34] Diese Angaben entstammen der meisterhaften Untersuchung von Marcel Mauss, *Essai sur le Don, Forme et Raison de l'Echange dans les Sociétés archaiques*, in: Année Sociologique, No. 1 (1923/1924), S. 30–186; (deutsch: *Die Gabe, Form und Funktion des Austauschs in archaischen Gesellschaften*, Frankfurt 1968).

[35] Ich möchte an dieser Stelle darauf hinweisen, daß die Lektüre des *Essai sur le Don* die Untersuchungen angeregt hat, deren Ergebnisse ich hier publiziere. Die Analyse des *Potlatsch* half mir nämlich vor allem, die Gesetze der *allgemeinen Ökonomie* zu formulieren. Aber es ist vielleicht nicht ohne Interesse, wenn ich auf eine besondere Schwierigkeit hinweise, deren Lösung mir viel Mühe machte. Die von mir eingeführten allgemeinen Grundsätze, die eine große Zahl von Fakten erklären, ließen gerade beim *Potlatsch*, der mich zu ihrer Entdeckung geführt hat, bestimmte Elemente ungeklärt. Der *Potlatsch* kann

keinen *Potlatsch*, wenn sein letztes Ziel der Erwerb und nicht die Vergeudung nützlicher Reichtümer wäre.

Die Untersuchung dieser so merkwürdigen, und dennoch so vertrauten Einrichtung (viele unserer Verhaltensweisen lassen sich auf die Gesetze des *Potlatsch* zurückführen, haben die gleiche Bedeutung) spielt übrigens für die allgemeine Ökonomie eine besondere Rolle. Wenn in uns, im Bereich unseres Lebensraums, eine Bewegung der Energie wirksam ist, die wir zwar benutzen, die jedoch nicht auf jene Nützlichkeit reduzierbar ist (nach der wir zu Recht streben), so können wir sie verkennen oder aber unsere Tätigkeit der unabhängig von uns sich erfüllenden Bestimmung anpassen. Die Lösung dieses Problems erfordert ein Handeln in zwei entgegengesetzten Richtungen: einerseits müssen wir die engen Grenzen, in denen wir uns gewöhnlich bewegen, überschreiten, andrerseits muß eben diese Überschreitung wieder in unsere Grenzen hereingeholt werden. Es geht um die Verausgabung des Überschusses. Einerseits müssen wir etwas verschenken, verlieren oder vernichten. Aber das Geschenk wäre unsinnig (und wir würden uns nie dazu entschließen), wenn es nicht die Bedeutung eines Erwerbs hätte. *Schenken* wird also heißen, *eine Macht erwerben*. Im Geschenk vermag sich das schenkende Subjekt zu überschreiten, aber im Austausch gegen den verschenkten Gegenstand eignet sich das Subjekt die Überschreitung an: es betrachtet diese Fähigkeit, zu der es die Kraft gehabt hat, als Reichtum, als eine *Macht*, die es von jetzt an besitzt. Es bereichert sich um die Verach-

---

nicht ausschließlich als Verzehrung von Reichtümern erklärt werden. Erst vor kurzem habe ich diese Schwierigkeit lösen und für die Grundsätze der allgemeinen Ökonomie eine ziemlich zweideutige Basis finden können: Eine Verschwendung von Energie steht immer im Gegensatz zu dem, was ein *Ding* ist, aber sie kann erst in Betracht gezogen werden, wenn sie in die *Ordnung der Dinge* eingegangen ist, sich in einem *Ding* verkörpert hat.

tung des Reichtums, und was es jetzt hütet wie einen Besitz, ist die Wirkung seiner Freigebigkeit.

Aber eine Macht, die aus dem Verzicht auf eine Macht besteht, kann es nicht für sich allein erwerben: Wenn es den Gegenstand einsam und in aller Stille vernichtete, so wüchse ihm daraus keinerlei *Macht* zu, das wäre nur eine Aufgabe von Macht ohne Entschädigung. Wenn es aber einen Gegenstand in Anwesenheit eines anderen vernichtet oder verschenkt, so hat der, der ihn hingibt, für den anderen effektiv die Macht, zu verschenken oder zu vernichten. Er ist jetzt reich, weil er vom Reichtum den Gebrauch gemacht hat, der in dessen Wesen liegt: er ist reich, weil er ostentativ verzehrt hat, was nur, wenn es verzehrt wird, Reichtum ist. Der im *Potlatsch* erworbene Reichtum – *in der Konsumtion für andere* – besteht faktisch nur insoweit, wie der andere durch die Verzehrung modifiziert wird. Eine echte Verzehrung müßte zwar eigentlich einsam geschehen, aber sie erreichte dann nicht die Vollendung, die die Einwirkung auf den anderen ihr ermöglicht. Und die Einwirkung auf den anderen ist eben die Macht des Geschenks, die man erwirbt, weil man *verliert*. Die exemplarische Kraft des *Potlatsch* liegt in dieser Möglichkeit für den Menschen, greifbar zu machen, was ihm entgeht, die grenzenlose Bewegung des Universums mit der eigenen Begrenztheit zu verbinden.

### 5. THEORIE DES POTLATSCH II: DIE OFFENSICHTLICHE UNSINNIGKEIT DER GESCHENKE

Aber das Sprichwort sagt: Geschenkt ist geschenkt.

Es ist widersprüchlich, zugleich unbegrenzt und begrenzt sein zu wollen, und das Resultat ist eine Komödie: vom Gesichtspunkt der allgemeinen Ökonomie aus bedeutet das Geschenk gar nichts, Verschwendung ist es nur für den Schenkenden.

Außerdem erweist sich, daß dieser nur scheinbar etwas verloren hat. Er hat nicht nur über den Beschenkten die Macht, die ihm das Schenken verliehen hat, sondern dieser ist genötigt, jene Macht zu brechen, indem er das Geschenk durch ein anderes aufwiegt. Die Rivalität erfordert sogar ein noch größeres Gegengeschenk. Um sich zu *revanchieren,* muß sich der Beschenkte nicht nur befreien, sondern er muß seinen Rivalen nun seinerseits unter die »Macht des Geschenks« zwingen. Die Geschenke werden also gewissermaßen *mit Zinsen* zurückgegeben. So ist das Geschenk das Gegenteil von dem, was es zu sein schien: schenken ist eindeutig verlieren, aber der Verlust bringt dem, der zu ihm bereit ist, offensichtlich etwas ein.

Dieser Eindruck eines lächerlichen Widerspruchs im *Potlatsch* trügt jedoch. Der erste Schenkende *erleidet* die Scheinhaftigkeit des Gewinns, die von dem Unterschied zwischen seinen Geschenken und den Gegengeschenken herrührt. Nur der, der Gegengeschenke macht, hat den Eindruck, daß er eine Macht erwirbt und einen Sieg erringt. Das Ideal wäre deshalb, wie gesagt, ein *Potlatsch,* der nicht erwidert werden kann. Der Empfang des Geschenks entspricht keineswegs dem Streben nach Gewinn. Vielmehr hält er an – und verpflichtet – zu einem größeren Gegengeschenk, denn die Verpflichtung, die von seiner Annahme herrührt, muß schließlich erfüllt werden.

### 6. THEORIE DES POTLATSCH III: DER ERWERB DES RANGS

*Der Potlatsch ist zwar nicht auf ein Verluststreben reduzierbar, aber was er dem Schenkenden einbringt, ist nicht der unweigerliche Zuwachs von Gegengeschenken, sondern der Rang, den er demjenigen verleiht, der das letzte Wort hat.*

Prestige, Ruhm und Rang dürfen nicht mit *Macht* verwechselt werden. Oder anders: Prestige ist insoweit *Macht*, als diese jenseits von Erwägungen von Recht und Gewalt liegt, auf die man sie gewöhnlich zurückführt. Es ist sogar festzuhalten, daß die Identität von Macht und Verlustkraft von grundlegender Bedeutung ist. Zahlreiche Faktoren wirken dem entgegen, überlagern es und gewinnen schließlich die Oberhand. Aber weder Recht noch Gewalt bilden *im menschlichen Sinn* letztlich die *Basis* für den unterschiedlichen Wert der Individuen. Der *Rang* variiert, das ist eindeutig und gilt auch heute noch, je nach der Fähigkeit eines einzelnen zum Schenken. Der animalische Faktor (die Fähigkeit, in einem Kampf zu siegen) ist im allgemeinen dem Wert des Schenkens untergeordnet. Es ist sicher die Fähigkeit, sich einen Platz oder Güter anzueignen, aber auch die Tatsache, daß sich der Mensch selbst ganz ins Spiel bringt. Der Aspekt der Hingabe beim Rückgriff auf die animalische Kraft ist für alle Kämpfe um eine gemeinsame Sache bezeugt, der der Kämpfende sich ganz aufopfert. Der *Ruhm* selbst, die Folge einer Überlegenheit, ist etwas anderes als das Resultat einer Fähigkeit, den Platz eines anderen einzunehmen oder sich seine Güter anzueignen: er beruht vielmehr auf einer sinnlosen Raserei, einer maßlosen Verausgabung von Energie, die dem Kampf seine leidenschaftliche Form gibt. Der Kampf ist insofern ruhmvoll, als er immer in einem bestimmten Moment jedes Kalkül überschreitet. Man hat die Bedeutung von Krieg und Ruhm kaum begriffen, wenn man sie nicht zum Teil auf den Erwerb eines *Rangs* durch eine unbedachte Verausgabung vitaler Kräfte zurückführt, deren ausgeprägteste Form der *Potlatsch* ist.

## 7. THEORIE DES POTLATSCH IV: ERSTE GRUNDLEGENDE GESETZE

Obwohl der *Potlatsch* dem Raub, dem profitablen Tauschgeschäft oder, ganz allgemein, der Aneignung von Gütern entgegengesetzt ist, so bleibt der Erwerb nichtsdestoweniger sein letztes Ziel. Da die Bewegung, die er reguliert, von unserer abweicht, ist er in unseren Augen um so fremdartiger, und somit um so geeigneter, deutlich zu machen, was uns sonst entgeht. Er lehrt uns unsere grundlegende Ambiguität. Man kann von ihm folgende Gesetze ableiten, die, obwohl der Mensch nicht ein für allemal definierbar ist (auch diese Gesetze wirken in verschiedener Weise, und ihre Wirkungen werden sogar in verschiedenen Etappen der Geschichte neutralisiert), dennoch immer die Grundlage für das entscheidende Kräftespiel sein werden:

*Ein Überschuß an Ressourcen, über den die Gesellschaften an bestimmten Punkten und in bestimmten Momenten konstant verfügen, kann nicht Gegenstand einer vollen Aneignung sein (man kann keinen nützlichen Gebrauch von ihm machen, ihn nicht zum Wachstum der Produktivkräfte verwenden), sondern die Verschwendung dieses Überschusses wird selbst zum Gegenstand einer Aneignung.*

*Was mit der Verschwendung angeeignet wird, ist das Prestige, das sie dem Verschwender (ob Individuum oder Gruppe) verleiht und das von diesem wie ein Gut erworben wird und seinen Rang bestimmt.*

*Umgekehrt kann der Rang in der Gesellschaft (oder der Rang einer Gesellschaft innerhalb einer größeren Einheit) in der gleichen Weise angeeignet werden wie ein Werkzeug oder ein Feld; aber wenn er sich letztlich als Profitquelle erweist, so ist sein Prinzip nichtsdestoweniger von einer bewußten Verschwendung von Ressourcen bestimmt, die theoretisch dem Erwerb hätten dienen können.*

## 8. THEORIE DES POTLATSCH V: AMBIGUITÄT UND WIDERSPRUCH

Wenn die Ressourcen, über die der Mensch verfügt, auf Energiemengen reduzierbar sind, so kann er sie nicht ständig den Zwecken eines Wachstums zuführen, das nicht unbegrenzt und vor allem nicht kontinuierlich sein kann. Er muß den Überschuß vergeuden, aber da er weiterhin auf Erwerb aus ist, auch wenn er das Gegenteil tut, macht er selbst die Vergeudung zum Gegenstand eines Erwerbs. Sind die Ressourcen erst einmal in Rauch aufgegangen, so bleibt das vom Verschwender *erworbene* Prestige. Deshalb geschieht die Verschwendung ostentativ, weil der Verschwender sich durch sie den anderen als überlegen erweisen will. Damit benutzt er jedoch die Negation des Nutzens der vergeudeten Ressourcen zum entgegengesetzten Zweck. So läßt er nicht nur sich selbst, sondern die Existenz des Menschen schlechthin in einen Widerspruch geraten. Diese verfällt einer Ambiguität, der sie verhaftet bleibt: Wert, Prestige und Wahrheit des Lebens legt sie in die Negation des zweckdienlichen Gebrauchs der Güter, macht aber zugleich von eben dieser Negation einen zweckdienlichen Gebrauch. Einerseits entdeckt sie im nützlichen und greifbaren Ding, was ihr zu ihrem notwendigen Wachstum (oder zu ihrer Erhaltung) dienen kann, aber sobald strenge Not sie nicht mehr fesselt, kann dieses nützliche Ding nicht mehr ganz ihren Wünschen entsprechen. Jetzt strebt sie nach dem Ungreifbaren, nach der nutzlosen Verwendung ihrer selbst und ihrer Güter, dem *Spiel*, aber was sie selbst für *ungreifbar* ansah, versucht sie zu *ergreifen*, was sie für *nutzlos* hielt, versucht sie zu *benutzen*. Es genügt unserer linken Hand nicht, daß sie *weiß*, was die rechte tut; auf gewundene Weise versucht sie es sogar zurückzugewinnen.

Das Resultat dieses schiefen Willens ist der *Rang*. In gewisser Hinsicht ist er das Gegenteil eines Dinges: was ihn begründet, ist geheiligt, und die allgemeine *Rang-Ordnung* erhält den Namen *Hierarchie*. Es ist der Entschluß, als ein verfügbares und benutzbares *Ding* zu behandeln, was seinem Wesen nach heilig, der profanen Sphäre des Nützlichen völlig fremd ist, in der die Hand ohne Skrupel zu dienstbaren Zwecken den Hammer hebt und den Nagel ins Holz schlägt. Aber diese Zweideutigkeit belastet die Notwendigkeiten der profanen Handlung ebensosehr, wie sie die Heftigkeit des Begehrens ihres Sinnes entkleidet und in eine offensichtliche Komödie verwandelt.

Dieser in unserer Natur angelegte Kompromiß deutet schon jenes Gewirr von Verlockungen, Fehltritten, Fallen, von Ausbeutung und Wut an, von dem durch die Zeiten hindurch die offensichtliche Unvernunft der Geschichte bestimmt wird. Der Mensch erliegt zwangsläufig einem Trugbild, sein Denken betrügt ihn selbst, solange er sich abmüht, das Ungreifbare zu ergreifen, Aufwallungen verlorenen Hasses als Werkzeuge zu benutzen. Der *Rang*, bei dem der Verlust in Erwerb verwandelt wird, entspricht der Verstandestätigkeit, die die Gegenstände des Denkens auf *Dinge* reduziert. Der Widerspruch des *Potlatsch* offenbart sich nämlich nicht nur in der ganzen Geschichte, sondern auch, und noch deutlicher, in den Denkvorgängen. Ganz allgemein suchen wir im Opfer oder im *Potlatsch*, in der Aktion (in der Geschichte) oder in der Kontemplation (im Denken) immer jenen Schatten – den wir *per definitionem* nicht greifen können –, den wir hilflos Poesie, Tiefe oder Intimität der Leidenschaft nennen. Wir werden zwangsläufig getäuscht, weil wir diesen Schatten *greifen* wollen.

Wir können zum letzten Gegenstand der Erkenntnis nicht vordringen, ohne daß sich die Erkenntnis, die ihn auf untergeordnete und nutzbare Dinge reduzieren will, selbst auflöst. Das letzte Problem des Wissens ist das gleiche wie das der Verzehrung. Niemand kann erkennen und sich zugleich vor der Vernichtung bewahren, niemand kann den Reichtum verzehren und ihn zugleich vergrößern wollen.

## 9. THEORIE DES POTLATSCH VI: LUXUS UND ELEND

Wenn aber die Erfordernisse der Einzelwesen (oder Gruppen), losgelöst von der Unermeßlichkeit des Lebendigen, ein Interesse bezeichnen, auf das jede Handlung bezogen ist, so vollzieht sich die *allgemeine* Bewegung des Lebens deshalb nicht weniger jenseits der Erfordernisse der Individuen. Der Egoismus wird letztlich getäuscht. Er scheint die Oberhand zu haben und eine unverrückbare Grenze zu setzen, aber er wird von allen Seiten überflutet. Die Rivalitäten zwischen den Individuen nehmen zwar der Menge die Möglichkeit, sofort vom allgemeinen Überschwang der Energie überflutet zu werden. Der Schwache wird vom Starken, der ihn mit flagranten Lügen abspeist, erpreßt und ausgebeutet. Aber das ändert nichts am Gesamtresultat, bei dem das individuelle Interesse sich als lächerlich erweist und *die Lüge der Reichen in Wahrheit verwandelt wird*.

Hat die Möglichkeit des Wachstums oder Erwerbs ihre endgültige Grenze erreicht, so wird der Gegenstand der Habgier jeder isolierten Existenz, *die Energie*, zwangsläufig freigesetzt: freigesetzt unter dem Deckmantel der Lüge. Die Menschen belügen sich nämlich, indem sie diese Freisetzung auf das Interesse zurückzuführen versuchen: denn diese Freisetzung reißt sie viel weiter fort. Sie lügen also in jeder Hinsicht. Die individuelle Akkumulation der Energiequellen ist prinzipiell der Zerstörung geweiht: die Individuen, die sie vollstrecken, besitzen diesen Reichtum, diesen *Rang* nicht *wirklich*. Unter primitiven Umständen entspricht der Reichtum immer jenen Munitionslagern, die so eindeutig Vernichtung und nicht Besitz eines Reichtums bedeuten. Dieses Bild paßt nicht weniger für die ebenso lächerliche Wahrheit des *Rangs:* auch er ist eine explosive Ladung. Ein Mensch von hohem Rang ist ursprünglich nur ein explosives Individuum (explosiv sind alle Menschen, aber er ist es in besonderer Weise). Natürlich versucht er, die Explosion zu vermeiden, wenigstens zu verzögern. Deshalb belügt er sich selbst, indem er seinen Reichtum und seine Macht lächerlicherweise als etwas betrachtet, was sie nicht sind. Gelingt es ihm, sich ihrer friedlich zu erfreuen, so geschieht das um den Preis einer Verkennung seiner selbst, seiner wahren Natur. Zugleich belügt er aber auch alle anderen, denen gegenüber er weiterhin eine Wahrheit affirmiert (seine explosive Natur), der er gerade zu entgehen sucht. Allerdings wird er sich in seinen Lügen verstricken: der *Rang* wird auf eine Erleichterung der Ausbeutung, eine schändliche Profitquelle reduziert werden. Diese Erbärmlichkeit kann die Bewegung des Überschwangs in keiner Weise unterbrechen.

Langsam oder plötzlich schwitzt die Bewegung des Reichtums die Energiequellen aus und verzehrt sie, gleichgültig gegenüber Absichten, Weigerungen und Lügen. So merkwürdig es oft scheint, aber die Ressourcen sind nicht nur ausreichend: wenn sie nicht mehr gänzlich auf produktive Art verbraucht werden können, so bleibt gewöhnlich ein Überschuß zurück, der vernichtet werden muß. Dem *Potlatsch* gelingt diese Verzehrung auf den ersten Blick schlecht. Die Zerstörung der Reichtümer ist bei ihm nicht die Regel: sie werden im allgemeinen verschenkt, und damit wird der Verlust auf den Schenkenden begrenzt; der Gesamtreichtum bleibt erhalten. Aber das scheint nur so. Der *Potlatsch* läuft zwar selten auf Handlungen hinaus, die in allen Punkten dem Opfer gleichen, aber er ist nichtsdestoweniger die *komplementäre Form einer Institution, die etwas der produktiven Konsumtion entziehen will.* Das Opfer entzieht der profanen Zirkulation nützliche Produkte; die Geschenke des *Potlatsch* mobilisieren im Prinzip Gegenstände, die von vornherein nutzlos sind. Die archaische Luxusindustrie ist die Grundlage des *Potlatsch:* diese Industrie vergeudet offensichtlich die Energiequellen, die die verfügbaren Mengen menschlicher Arbeitskraft darstellen. Bei den Azteken sind es kostbare Mäntel, Hüfttücher, Frauenhemden. Ober bunte Federn, bearbeitete Steine, Muscheln, Fächer, Schildpattstäbchen, gegerbte und verzierte Felle wilder Tiere. In Nordwestamerika werden Boote und Häuser zerstört, Hunde oder Sklaven erschlagen; das sind nützliche Reichtümer. Aber ihrem Wesen nach sind die Geschenke Luxusgegenstände (anderswo werden Nahrungsgeschenke sofort für den nutzlosen Verzehr der Feste bestimmt).

Man könnte sogar sagen, daß der *Potlatsch* die spezifische, bezeichnende Form des Luxus ist. Auch jenseits archaischer Formen hat der Luxus nämlich den funktionellen, rangbildenden Wert des *Potlatsch* behalten. Der Luxus bestimmt noch immer den *Rang* dessen, der ihn zur Schau stellt, und es gibt keinen höheren *Rang*, der nicht einen gewissen Pomp erfordert. Aber die kleinlichen Kalkulationen derer, die sich des Luxus erfreuen, werden von allen Seiten umgestürzt. Was trotz dieses Betrugs im Reichtum leuchtet, verlängert den Glanz der Sonne und bringt Leidenschaften hervor: das ist nicht das, was sich jene vorstellen, die ihn auf ihre *Armseligkeit* reduziert haben, es ist die Rückkehr des unermeßlichen Lebens zur Wahrheit des Überschwangs. Diese Wahrheit vernichtet alle, die ihn als das behandeln, was er nicht ist; das mindeste, was man von ihm sagen kann, ist, daß die gegenwärtigen Formen des Reichtums diejenigen, die sich für seine Besitzer halten, dem Verfall überliefern und zum Gespött der Menschheit machen. In dieser Hinsicht ist die heutige Gesellschaft eine riesige Mißbildung, dergegenüber jene *Wahrheit* des *Reichtums* hinterrücks zum *Elend* übergegangen ist. Der wirkliche Luxus und der eigentliche *Potlatsch* unserer Zeit fällt dem Elenden zu, will heißen, demjenigen, der sich auf der Erde ausstreckt und verachtet. Authentischer Luxus verlangt vollständige Verachtung der Reichtümer, die düstere Gleichgültigkeit dessen, der die Arbeit verweigert und dessen Leben einerseits den Glanz des grenzenlosen Ruins, andrerseits eine stillschweigende Beschimpfung der beflissenen Lügen der Reichen darstellt. Jenseits militärischer Ausbeutung, religiöser Mystifikation und kapitalistischer Unterschlagung könnte niemand mehr die Bedeutung des Reichtums wiederfinden und das, was er an Explosionen, Verschwendungen und Überschwang verspricht, wenn es nicht den Glanz der Lumpen und den düsteren Trotz der Gleichgültigkeit gäbe. Wenn man will, ist durch die Lüge der Überschwang des Lebens schließlich der Revolte vorbehalten.

# Dritter Teil

*Die historischen Gegebenheiten II*

Die militärische Gesellschaft und
die religiöse Gesellschaft

# I. Die erobernde Gesellschaft: Der Islam

### 1. Die Schwierigkeit, in der muselmanischen Religion einen Sinn zu entdecken

Der Islam – die Religion Mohammeds – ist neben dem Buddhismus und dem Christentum eine der drei Weltreligionen. Zu ihm bekennt sich ein großer Teil der Weltbevölkerung, und er verspricht dem Gläubigen, der in seinem Leben ganz bestimmte sittliche Verpflichtungen erfüllt, die Seligkeit nach dem Tode. Wie das Christentum behauptet er die Existenz eines einzigen Gottes, aber er nimmt diese Einzigkeit ernst: die Lehre von der Dreieinigkeit ist ihm ein Greuel. Der Moslem glaubt nur an *einen* Gott, und Mohammed ist nur sein Gesandter, der keinen Anteil an seiner Göttlichkeit hat. Mohammed ist nicht Jesus, der Mensch und Gott zugleich, ein Mittler zwischen zwei Welten ist. Die göttliche Transzendenz des Islam kennt keine Übergänge: Mohammed ist ganz und gar Mensch, ihm wird nur eine entscheidende Offenbarung zuteil.

Mit diesen Glaubenssätzen ist der Islam eigentlich schon hinreichend definiert. Dazu kommt an zweiter Stelle noch die Übernahme der jüdisch-christlichen Tradition (die Moslems sprechen auch von Abraham und von Jesus, aber letzterer ist nur ein Prophet). Bleibt die hinlänglich bekannte Geschichte der Schüler Mohammeds: die Eroberungen der ersten Kalifen, das Auseinanderfallen des islamischen Reiches, die Invasionen der Mongolen und Türken und schließlich der Niedergang der islamischen Mächte in unserer Zeit.

All das ist klar, und doch ist es nur scheinbar klar. Wenn wir den Geist zu begreifen versuchen, der eine so ungeheure Bewegung inspirierte und jahrhundertelang das Leben so zahlreicher Menschenmassen bestimmte, dann finden wir nichts, was uns persönlich hätte berühren können, sondern wir stoßen nur auf formale Erscheinungen, deren Anziehungskraft für den Gläubigen uns allenfalls dann vorstellbar ist, wenn wir uns das Lokalkolorit von Trachten, fremdartigen Städten und einen ganzen Komplex hieratischer Verhaltensweisen dazudenken. Selbst Mohammed, dessen Leben uns bekannt ist, spricht eine Sprache, die für uns nicht den klaren und unverwechselbaren Sinn der Sprache Buddhas oder Christi hat. Wenn man nur etwas aufgeweckt ist, dann merkt man, daß Buddha und Christus sich an uns wenden, Mohammed aber an andere.

Das wird um so deutlicher, wenn wir jene unleugbare Anziehungskraft des Islam zu artikulieren versuchen und nicht wissen, was wir sagen sollen. Dann erscheinen uns jene Glaubenssätze nämlich als das, was sie wirklich sind: als allem, was uns angehen könnte, fremd. So können wir nur auf oberflächliche Erklärungen zurückgreifen.

Wir zweifeln nicht an der Aufrichtigkeit – noch der Sachkenntnis – von Émile Dermenghem, der den reichhaltigen Band der *Cahiers du Sud* über den Islam mit einem Essay über die Werte des Islam abschließt.[35a] Es wäre unrecht, hier etwas anderes als eine unüberwindliche Verständnisschwierigkeit zu beklagen: aber daß der Akzent auf die Freiheit – im Gegensatz zur Knechtschaft –, auf die Friedfertigkeit – im Gegensatz zur Gewalt – gelegt wird, ist einigermaßen überraschend und deutet auf die Verlegenheit hin, in der sich jeder befindet, der eine tiefe Sympathie gegenüber dem Islam formulieren will. Wenn Dermenghem von Freiheit spricht (S. 373), so äußert sich darin nur die Sympathie, die er zugleich für die Freiheit und für den Islam empfindet, aber die Zitate, die er anführt, sind nicht überzeugend.

---

[35a] *Témoignages de l'Islam. Notes sur les valeurs permanentes et actuelles de la civilisation musulmane*, S. 371–387.

Gott liebt nicht die Unterdrücker, heißt es im Koran. Die Antinomie zwischen der Idee Gottes und einer ungerechten Unterdrückung ist zwar evident, aber das ist kein spezifischer Wesenszug des Islam. Es läßt sich doch nicht übersehen, daß die Herrschaft im Islam im allgemeinen einen despotischen Charakter hat. Gründet die Freiheit nicht in der Revolte, ist sie nicht dasselbe wie Widersetzlichkeit? Nun bedeutet aber schon das Wort *Islam* »Unterwerfung«. Moslem ist, *wer sich unterwirft*.[36] Er unterwirft sich Gott und der Disziplin, die Gott durch seine Statthalter verlangt: der Islam ist die Disziplinierung der kapriziösen Männlichkeit, des arabischen Individualismus der polytheistischen Stämme. Nichts widerspricht stärker den Vorstellungen, die das männliche Wort *Freiheit* in uns erweckt.

Ein Absatz über den Krieg (S. 376/377) ist nicht weniger befremdlich. Dermenghem hat zwar recht, wenn er betont, daß für Mohammed der große *Heilige Krieg* nicht der Krieg der Moslems gegen die Ungläubigen ist, sondern der Krieg der Entsagung, den man ständig gegen sich selbst führen muß. Ebenso hat er recht, wenn er auf den durch offensichtliche Menschlichkeit gemäßigten Charakter der ersten Eroberungskriege des Islam hinweist. Aber wenn man die Moslems, was »den Krieg« angeht, loben will, so sollte man diese Mäßigung nicht von ihren Glaubenssätzen trennen. Für sie ist nämlich gegen den Ungläubigen jede Gewalttat gut. Die Schüler Mohammeds lebten in Medina von Anfang an vom Raub. »Anläßlich eines Beutezugs«, schreibt Maurice Gaudefroy-Demombynes, »mit dem Moslems die Waffenruhe

---

[36] Das weiß natürlich auch Émile Dermenghem, der weiter unten schreibt (S. 381): »... da ja Moslem sein gerade Selbstaufgabe, Unterwerfung heißt...« Die Sachkenntnis von Dermenghem über den Islam kann nicht bestritten werden; er hat Großartiges über die islamische Mystik geschrieben. Es geht hier nur um seine Verlegenheit, die *permanenten* Werte des Islam zu definieren.

des vorislamischen heiligen Monats brachen, befahl der Koran (II, 212) den Moslems den Kampf.«[37]

Durch den *Hadith* (eine schriftliche Überlieferung und eine Art Kodex des frühen Islam) war der Eroberungskrieg systematisch vorbereitet. Gewalttätigkeiten und sinnlose Überforderungen schließt er aus. Das Regime, das den Besiegten aufgezwungen werden soll, die mit dem Sieger paktieren, soll human sein, besonders wenn es sich um Schriftbesitzer handelt (Christen, Juden und Zoroastrer). Diese werden nur einer Kopfsteuer unterworfen. Weiter schreibt der *Hadith* vor, daß landwirtschaftliche Kulturen, Bäume und Bewässerungsanlagen nicht angetastet werden dürfen.[38] Aber »der Iman der Moslemgemeinschaft ist zum *Dschihad* (zum Heiligen Krieg) verpflichtet gegen die Völker im Bereich des Krieges, der an den Bereich des Islam unmittelbar angrenzt. Die Heerführer müssen sich davon überzeugen, daß diese Völker die Lehren des Islam kennen und sich weigern, sie zu befolgen. In diesem Fall müssen sie sie bekämpfen. Der Heilige Krieg ist also an den Grenzen des Islam ein Dauerzustand. Jeder wirkliche Friede zwischen Moslems und Ungläubigen ist ausgeschlossen. Das ist theoretisch ein absolutes Gebot, das sich jedoch in der Praxis den Tatsachen beugen mußte, und man hat eine juristische Ausflucht finden müssen, die *Hila,* um es umgehen zu können, ohne es zu übertreten. Diese Vorschrift gestattete es, daß Moslemfürsten bei einer unüberwindlichen Schwäche des entsprechenden Moslemstaates und in dessen Interesse mit den Ungläubigen Waffenstillstandsabkommen bis zu zehn Jahren abschließen durften. Sie konnten sie jedoch nach Belieben brechen, indem sie für den verletzten Eid Genugtuung leisteten.« Wie kann man übersehen, daß diese Vorschriften eine Expansionsmethode – für ein unbegrenztes

---

[37] *Les Institutions musulmanes.* 3. Aufl., 1946, S. 120.
[38] Ebd., S. 121.

Wachstum – darstellen, die, was ihr Prinzip, ihre Wirksamkeit und die Dauer ihrer Wirksamkeit angeht, gar nicht perfekter sein kann?

Andere Ansichten von Dermenghem erweisen sich als ebenso vage. Aber eine Frage ist zwingend: Wie läßt sich der Sinn einer Institution erfassen, die ihren Daseinszweck überlebt hat? Der Islam ist eine Disziplin, die auf ein methodisches Eroberungsunternehmen angewandt wird. Seitdem dieses Unternehmen abgeschlossen ist, ist er ein leerer Rahmen; von nun an sind die geistigen Reichtümer, die er birgt, Allgemeingut der Menschheit, aber die äußeren Folgen davon sind ausgeprägter, weniger unbeständig und formeller.

## 2. DIE SICH VERZEHRENDEN GESELLSCHAFTEN DER ARABER VOR DER HEDSCHRA

Will man den Sinn der Disziplin des Propheten, des Islam, genauer erfassen, so darf man nicht von seiner überlebten Form ausgehen, die für uns die Schönheit des Todes oder die von Ruinen hat. Der Islam setzt der arabischen Welt, in der er entsteht, die Entschlossenheit entgegen, aus bislang zerstreuten Elementen ein Imperium zu machen. Wir haben eine verhältnismäßig gute Kenntnis von den kleinen arabischen Gemeinwesen, die die Grenzen des Stammes nicht überschritten und deren Leben vor der Hedschra sehr schwierig war. Ihre Mitglieder waren nicht immer Nomaden, aber der Unterschied zwischen den Nomaden und den Bewohnern der Marktflecken – wie Mekka und Jathrib (das spätere Medina) – war relativ gering. In den strengen Stammesregeln erhielt sich ein argwöhnischer Individualismus, für den die Poesie von großer Bedeutung war. Persönliche oder Stammesrivalitäten, Bravourstücke, Liebesabenteuer, Anfälle von Verschwendungssucht, Wettkämpfe in Beredsamkeit und Poesie spielten dabei die größte

## Die historischen Gegebenheiten II

Rolle. Ostentative Schenkungen und Vergeudungen hatten verheerende Folgen, und von der Vorschrift des Koran: »Und spende nicht, um mehr zu empfangen« (LXXIV, 6) kann man zweifellos auf das Vorhandensein eines rituellen *Potlatsch* schließen. Viele dieser Stämme, die polytheistisch geblieben waren, praktizierten Blutopfer (andere waren christlich oder jüdisch, aber immer war es der Stamm, der eine Religion gewählt hatte, nicht das Individuum, und es ist fraglich, ob sich die Lebensweise dadurch erheblich änderte). Die Blutrache, die Pflicht der Verwandten eines Ermordeten, sich an den Verwandten des Mörders zu rächen, vervollständigte diese Skala verschwenderischer Gewalt.

Solange die benachbarten Gebiete dank einer starken militärischen Organisation sich jeder Expansionsmöglichkeit verschlossen, konnte diese ruinöse Lebensweise ein dauerhaftes Gleichgewicht sichern (wobei die häufige Tötung der neugeborenen Mädchen noch dazu beitrug, einen Bevölkerungsüberschuß zu verhindern). Wenn die Nachbarn jedoch geschwächt waren, hätte eine Lebensweise, die eine Zusammenfassung entscheidender Kräfte ausschließt, es nicht erlaubt, diese Schwäche auszunutzen. Für einen Angriff selbst auf verfallende Staaten war zunächst eine Reform der Sitten und die Aufstellung eines Prinzips für die Eroberung, für ein gemeinsames Unternehmen und eine Vereinigung der Kräfte nötig. Mohammed hat offensichtlich nicht die Absicht gehabt, die Möglichkeiten, die sich aus der Schwäche der Nachbarstaaten ergaben, zu nutzen. Dennoch hatte seine Lehre die gleiche Wirkung, als wenn er sich bewußt vorgenommen hätte, von dieser Gelegenheit zu profitieren.

Im Grunde hatten jene vorislamischen Araber das Stadium der militärischen Gesellschaft ebensowenig erreicht wie die Azteken. Ihre Lebensweise entsprach dem Prinzip einer sich verzehrenden Gesellschaft. Aber unter Völkern gleicher Entwicklungsstufe hatten die Azteken eine militärische Hegemonie ausgeübt. Die Araber jedoch, deren Nachbarn Byzanz und der Iran der Sassaniden waren, vegetierten nur dahin.

### 3. DIE ENTSTEHUNG DES ISLAM ODER DIE REDUKTION DER GESELLSCHAFT AUF DAS MILITÄRISCHE UNTERNEHMEN

»Der Pietismus des frühen Islam . . .«, schreibt H. Holma, »müßte sicher noch genauer untersucht werden, vor allem seit Max Weber und Sombart eindeutig nachgewiesen haben, welche Rolle der Pietismus bei der Entstehung und Entwicklung des Kapitalismus spielte.«[39] Dieser Hinweis des finnischen Autors ist um so begründeter, als der Pietismus der Juden und der Christen von außerkapitalistischen Intentionen inspiriert war und dennoch die Entstehung einer Wirtschaft zur Folge hatte, in der die Akkumulation des Kapitals (anstatt der im Mittelalter üblichen Verzehrung) vorherrscht. Wie dem auch sei, selbst wenn Mohammed die ruinöse und selbstzerstörerische Unruhe der Araber seiner Zeit bewußt zu einem wirksamen Mittel der Eroberung hätte machen wollen, hätte er nichts Besseres tun können.

Die Handlungsweise des islamischen Puritanismus ist der eines Fabrikdirektors vergleichbar, dessen Fabrik in Unordnung geraten ist: umsichtig beseitigt er alle Mängel der Ausrüstung, die zu Energieverlust geführt und so jeden Ertrag aufgezehrt haben. Mohammed stellt der *Muruwa*, dem individuellen und ruhmsüchtigen Männlichkeitsideal der vorislamischen Stämme, den *Din*, den Glauben, die Disziplin entgegen. (Als Richelieu die Tradition des feudalen Ehrbegriffs, das Duell, bekämpfte, verfuhr er bewußt im gleichen Sinne.) Er verbietet die Blutrache innerhalb der islamischen Gemeinschaft, läßt

---

[39] H. Holma: *Mahomet, Prophète des Arabes*, 1946, S. 72.

## Die historischen Gegebenheiten II

sie jedoch gegen den Ungläubigen zu. Er verurteilt den Kindesmord, den Genuß von Wein und das Rivalitätsgeschenk. Er ersetzt dieses Geschenk, das nur dem Ruhm dient, durch das gesellschaftlich nützliche Almosen. »Gib dem Verwandten, was ihm gebührt«, heißt es im Koran (XVII, 28-29), »und den Armen und dem Sohn des Weges; doch verschwende nicht in Verschwendung. Siehe, die Verschwender sind die Brüder der Satane.« Die extreme Freigebigkeit, die oberste Tugend der Stämme, ist plötzlich ein Gegenstand des Abscheus geworden, und der individuelle Stolz wird verfemt. Der verschwenderische, unverträgliche, wilde Krieger, der die Frauen liebt und von ihnen geliebt wird, der Held der Stammesdichtung, weicht dem frommen Soldaten, der streng die Disziplin und die Riten einhält. Der Brauch des gemeinsamen Gebets unterstreicht diese Veränderung auch äußerlich: man hat ihn zu Recht mit dem Exerzieren verglichen, das die Gemüter vereint und mechanisiert. Der Kontrast des Koran (und des Hadith) zur kapriziösen Welt der Poesie ist das Symbol dieser Verneinung. Erst nach der unaufhaltsamen Eroberungswelle des frommen Heeres wurde die poetische Tradition wiederaufgenommen: der siegreiche Islam brauchte sich nicht an die gleiche Strenge zu halten, die freigebige Verschwendung, der man immer noch nachtrauerte, konnte nicht mehr schaden, als das Imperium seine Herrschaft gefestigt hatte.

Der Wechsel von akkumulierender Strenge und verschwenderischer Freigebigkeit ist der normale Rhythmus im Gebrauch der Energie. Nur relative Strenge und das Fehlen von Verschwendung ermöglichen das Wachstum von Kraftsystemen, wie es Lebewesen oder Gesellschaften sind. Aber das Wachstum hat, zumindest für eine gewisse Zeit, seine Grenzen, und dann muß der nicht mehr akkumulierbare Überschuß verschwendet werden. Was den Islam innerhalb dieser Prozesse unterscheidet, ist seine sofortige Ausrichtung auf ein scheinbar unbegrenztes Wachstum seiner Macht. Das war keineswegs ein Ziel, ein befolgter Plan, sondern das Glück machte von selbst alles möglich. Das Glück wurde indessen durch ein Mindestmaß an Notwendigkeiten gefördert. Leute zusammenzurufen und sie für etwas zu begeistern, ist ja relativ einfach. Man muß ihnen nur etwas *zu tun* geben. Versammeln, anfeuern heißt zunächst ungenutzte Kräfte freisetzen. Diese können dem Anstoß nur folgen und sich entfalten, wenn man sie einsetzt, sobald man sie in der Hand hat. Der Islam hatte gleich anfangs die Chance, der Welt, in der er entstand, gewaltsam entgegentreten zu müssen. Die Lehre Mohammeds richtete sich gegen den Stamm, dessen Traditionen er schmähte. Der Stamm drohte, ihn auszuschließen, was seinen Tod bedeutet hätte. Also mußte er die Stammesbande verneinen, und da ein Dasein ohne jede Bindung undenkbar war, mußte er zwischen seinen Anhängern und sich eine Bindung anderer Art schaffen. Das war der Sinn der Hedschra, mit der zu Recht die islamische Zeitrechnung beginnt: Mohammeds Flucht von Mekka nach Medina sanktionierte den Bruch mit den Blutsbanden und die Schaffung einer neuen, auf einer Wahlbruderschaft beruhenden Gemeinschaft, die allen offenstand, die ihre religiösen Formen annahmen. Das Christentum datiert von der individuellen Geburt eines Erlösergottes, der Islam vom Aufkommen einer Gemeinschaft, eines Staates neuer Art, die sich weder von Blutsbanden noch von einem Ort herleiten. Der Islam unterscheidet sich insofern vom Christentum und vom Buddhismus, als er von der Hedschra an etwas anderes wird als eine innerhalb einer schon bestehenden Gesellschaft (einer Bluts- oder Ortsgemeinschaft) verbreitete Lehre; auf seine neue Lehre gründete er vielmehr eine neue Gesellschaft.

Sein Prinzip war in gewisser Weise perfekt. Es hatte nichts Zweideutiges oder Zwitterhaftes: das religiöse Oberhaupt war zugleich Gesetzgeber, Richter und Befehlshaber der Armee. Man kann sich keine strenger

## Die historischen Gegebenheiten II

geeinte Gemeinschaft denken. Diese gesellschaftliche Bindung war allein durch den Willen geschaffen worden (der sie jedoch nicht wieder lösen konnte), und das hatte nicht nur den Vorteil, eine unerschütterliche moralische Einheit zu garantieren, sondern es prädestinierte den Islam auch für eine unbegrenzte Ausdehnung.

Eine ausgezeichnete Maschinerie. An die Stelle der Anarchie rivalisierender Völkerschaften trat eine militärische Ordnung, und die individuellen Kräfte, die nicht mehr sinnlos vergeudet wurden, traten in den Dienst der bewaffneten Gemeinschaft. Nachdem das einstige Hindernis des Wachstums (die Beschränkung auf den Stamm) überwunden war, wurden die individuellen Kräfte für militärische Feldzüge aufbewahrt. Die Eroberung, die der *Hadith* methodisch zu einem Mittel der Expansion machte, investierte die neuen Energiequellen ohne nennenswerte Zerstörungen in ein ständig größer werdendes, immer schneller wachsendes geschlossenes Kräftesystem. Dieser Prozeß erinnert an die Entwicklung der Industrie durch die kapitalistische Akkumulation: wenn die Vergeudung gestoppt wird, wenn der Entwicklung keine formalen Grenzen mehr gesetzt sind, dann fördert der Energiezufluß das Wachstum und das Wachstum vermehrt die Akkumulation.

Eine so seltene Perfektion hat natürlich ihre Kehrseite. Vergleicht man die islamischen Eroberungen mit der Ausbreitung des Christentums oder des Buddhismus, so erkennt man schnell die relative Ohnmacht des Islam: das liegt daran, daß sich Macht nur dann zusammenballt, wenn man auf ihren Gebrauch verzichtet. Die Entwicklung der Industrie erfordert eine Begrenzung der Konsumtion: an erster Stelle steht die Ausrüstung, ihr wird das unmittelbare Interesse untergeordnet. Die gleiche Wertordnung impliziert im Prinzip schon der Islam: auf der Suche nach immer größerer Macht, verliert das Leben seine unmittelbare Verfügbarkeit. Der Islam war zwar frei von der moralischen Schwäche der christlichen und der buddhistischen Gemeinschaften (die sich darauf beschränkten, einem vorgefundenen politischen System zu dienen), handelte sich dafür aber eine viel größere Schwäche ein, die Folge einer vollständigen Unterordnung des religiösen Lebens unter die militärischen Erfordernisse. Der fromme Moslem verzichtete nicht nur auf die Verschwendungen des Stammeslebens, sondern darüber hinaus auf jeden Kraftaufwand, der nicht der nach außen gegen die Ungläubigen gerichteten Gewalt diente. Die nach innen gerichtete Gewalt, die ein religiöses Leben begründet und im Opfer gipfelt, spielte im frühen Islam nur eine sekundäre Rolle. Der Islam ist eben zunächst nicht Verzehrung, sondern, wie der Kapitalismus, Akkumulation der verfügbaren Kräfte. Jede Darstellung, jede angstvolle Kontemplation des religiösen Dramas ist ihm wesensfremd. Der Kreuzestod Christi oder der Selbstvernichtungsrausch Buddhas ruft bei ihm keinerlei Widerhall hervor. Wie das militärische Oberhaupt, das seine Gewalt gegen den Feind entfesselt, steht er im Gegensatz zum religiösen Oberhaupt, das die Gewalt erleidet. Das militärische Oberhaupt wird niemals getötet und strebt sogar danach, die Opfer zu unterbinden, es ist dazu da, die Gewalt nach außen zu lenken und die lebendige Kraft einer Gemeinschaft vor innerer Verzehrung – vor dem Ruin – zu bewahren. Es ist von vornherein auf Aneignungen, Eroberungen, kalkulierte Ausgaben zum Zweck des Wachstums aus. Der Islam ist gewissermaßen in seiner Einheit eine Synthese religiöser und militärischer Lebensformen, aber das militärische Oberhaupt konnte die religiösen Formen neben sich intakt lassen: der Islam ordnet sie den militärischen unter; indem er die Religion auf eine Moral beschränkt, reduziert er das Opfer auf Almosen und die Einhaltung der Gebetsvorschriften.

## 4. DER SPÄTE ISLAM ODER DIE RÜCKKEHR ZUR STABILITÄT

Nach seiner Begründung und seinen Eroberungen verliert sich der Sinn des Islam im einmal geschaffenen islamischen Reich. Sobald der Islam infolge seiner Siege aufhörte, seine lebendigen Kräfte ausschließlich dem Wachstum zu widmen, blieb von ihm nur noch ein leerer, starrer Rahmen. Was er von außen übernahm, paßte sich nur nach Veränderungen in dieses strenge System ein. Aber abgesehen von diesem System enthält er nichts, was nicht schon vor ihm da war. So öffnete er sich rasch dem Einfluß der eroberten Länder, deren Reichtümer er übernahm.

Es ist daher nicht verwunderlich, daß nach Abschluß der Eroberungen das Erbe der arabischen Kultur, deren Verleugnung zum Wesen des Islam gehört hatte, wieder lebendig wurde und sich als intakt erwies. Etwas von dieser *Muruwa* der Stämme, denen Mohammed die Strenge des Koran entgegensetzte, lebt in der arabischen Welt fort, die ihre ritterliche Tradition bewahrt, in der Gewalt und Verschwendung, Liebe und Poesie zusammengehören. Mehr noch, was wir selbst vom Islam übernommen haben, stammt nicht von der Zutat Mohammeds, sondern gerade von jenen verurteilten Werten. So können wir arabische Einflüsse gerade in unserer »Ritterreligion« erkennen, die sich von dem Rittertum der Heldenepen, das der islamischen Welt ganz fremd ist, grundlegend unterscheidet. Schon der Ausdruck »ritterlich« nahm zur Zeit der Kreuzzüge einen neuen, poetischen, vom Wert der Leidenschaft bestimmten Sinn an. Im 12. Jahrhundert war die gängige Deutung des Ritterschlags im Okzident islamisch. Und die Entstehung der Poesie der Leidenschaft im Süden Frankreichs setzt offenbar eine Tradition fort, die, über Andalusien kommend, auf jene Dichterwettkämpfe der arabischen Stämme zurückgeht, die die strenge Reaktion des Propheten hervorrief.⁴⁰

---

⁴⁰ Henri Pérès schrieb über den andalusischen Einfluß einen ausgezeichneten Artikel in dem Heft *L'Islam et l'Occident: La Poésie arabe d'Andalousie et ses relations possibles avec la Poésie des Troubadours* (S. 107-130). Diese Frage kann nach dem Urteil des Verfassers nicht eindeutig entschieden werden, aber die Beziehungen sind ganz deutlich. Sie betreffen nicht nur den Inhalt, die Grundthemen, sondern auch die Formen dieser Lyrik. Die Gleichzeitigkeit der großen Epoche der arabischen Lyrik Andalusiens (11. Jahrhundert) und der Entstehung der höfischen Lyrik der Langue d'oc (Ende des 11. Jahrhunderts) ist frappierend. Die Beziehungen zwischen dem spanischen Islam und der christlichen Welt Nordspaniens oder Frankreichs können dagegen genau bestimmt werden.

## II. Die waffenlose Gesellschaft: Der Lamaismus

### 1. Die friedlichen Gesellschaften

Der Islam unterscheidet sich von einfachen militärischen Gesellschaften dadurch, daß er gewisse Züge einseitig heraustreibt. Bestimmte Tendenzen, die in den imperialen Unternehmungen der klassischen Antike oder Chinas weniger hervortreten, sind bei ihm ins Extreme gesteigert. Man vermißt zwar im Islam die gleichzeitige Entstehung einer Moral, denn er übernimmt eine vorgefundene. Aber sein völliger Bruch mit der Gesellschaft, aus der er hervorgeht, gibt seiner Gestalt eine Klarheit, die die älteren Imperien nicht haben. Die Unterordnung der Eroberung unter die Moral – darin liegt seine ganze Bedeutung.

Es mag paradox erscheinen, daß er uns geeigneter erscheint als Rom oder China – die beiden klassischeren Fälle –, einen bestimmten Zivilisationstyp zu illustrieren. Ebenso merkwürdig mag es erscheinen, daß wir, statt der christlichen Kirche, den Lamaismus als Beispiel einer waffenlosen Gesellschaft heranziehen. Aber der Gegensatz ist deutlicher, das Kräftespiel erkennbarer, wenn wir extreme Beispiele geben.

In einer Menschheit, die allenthalben bereit ist, Krieg ausbrechen zu lassen, bildet Tibet paradoxerweise die Enklave einer friedlichen Zivilisation, die zum Angriff ebenso unfähig ist wie zur Verteidigung. Armut, Unermeßlichkeit, Höhenlage und Kälte sind hier die einzigen Verteidiger eines Landes ohne Streitmacht. Die Bevölkerung, die sich der Herkunft nach wenig von den Hunnen und Mongolen unterscheidet (früher übrigens besetzten die Tibeter China und verlangten vom Kaiser Tribut), erweist sich zu Beginn des 20. Jahrhunderts als unfähig, gegen zwei aufeinanderfolgende Invasionen, die englische von 1904 und die chinesische von 1909, militärisch zu kämpfen, mehr als einen Tag Widerstand zu leisten. Die unüberwindliche Unterlegenheit ihrer Ausrüstung würde zwar eine Niederlage des Eroberers unwahrscheinlich machen. Aber anderswo sind schlecht ausgerüstete Heere ja durchaus in der Lage, selbst Panzern Widerstand zu leisten. Tibet hat außerdem noch den Vorteil einer fast unzugänglichen Lage. In Wirklichkeit handelt es sich hier aber um eine bewußte Entscheidung. Die Nepalesen, die sich in ihrer Abstammung, geographischen Lage und materiellen Zivilisation wenig von ihnen unterscheiden, verfügen im Gegenteil über große militärische Fähigkeiten (sie haben Tibet sogar mehrfach besetzt).

Auf den ersten Blick kann man für diesen friedlichen Charakter eine einfache Erklärung finden: der Buddhismus verbietet seinen Anhängern zu töten. Das kriegerische Nepal wird politisch von der hinduistischen Militäraristokratie der Ghurkas beherrscht. Die buddhistischen Tibeter dagegen sind sehr fromm, ihr Herrscher ist ein hoher geistlicher Würdenträger. Diese Erklärung ist jedoch nicht so plausibel: trotz allem ist eine völlig lasche Reaktion auf eine Invasion ziemlich merkwürdig. Auch andere Religionen verurteilen den Krieg, und die Völker, die sich zu ihnen bekennen, bringen sich trotzdem gegenseitig um. Man muß die Dinge also genauer untersuchen. Das posthume Werk eines britischen Beamten, Sir Charles Bell, das sowohl die Geschichte Tibets unter der Residenz des 13. Dalai-Lama als auch dessen persönliches Leben beschreibt (1876–1934), ermöglicht eine ziemlich genaue Kenntnis des *materiellen Mechanismus des Systems*.[41]

---

[41] Sir Charles Bell, *Portrait of the Dalai-Lama*, London 1946.

## 2. DAS MODERNE TIBET UND SEIN ENGLISCHER CHRONIST

Das Buch von Charles Bell ist besser als eine Biographie oder ein Geschichtswerk. Es ist kein ausgearbeitetes Werk, sondern ein Dokument aus erster Hand, die unredigierte Chronik eines Zeugen der Ereignisse, der einfach erzählt, was ihm passiert. Der Verfasser legt kurz dar, was er nicht aus eigener Anschauung kennt, verbreitet sich jedoch länger über die kleinen Ereignisse seines eigenen Lebens; ob er sich nun in Tibet aufhält oder in Indien mit dem Dalai-Lama in Verbindung steht, kein Jota wird uns erspart. Das Werk ist vielleicht schlecht geschrieben, aber es ist lebendiger und vermittelt mehr, als eine regelrechte Studie. Es ist ziemlich konfus, aber immerhin: wir haben über die Zivilisation Tibets kein Dokument, das weniger systematisch und doch vollständiger wäre. Charles Bell ist der erste Weiße, der zu einem Dalai-Lama längere Beziehungen unterhalten hat, die auf einer Art Freundschaft beruhten. Diesem sehr redlichen diplomatischen Beamten scheinen die Interessen Tibets, dessen Sprache er beherrschte, ebenso am Herzen gelegen zu haben wie die seines eigenen Landes. Sogar die indische Regierung, der wenig daran lag, sich zu binden, scheint seine Dienste nur zurückhaltend in Anspruch genommen zu haben. Wenn es nach Charles Bell gegangen wäre, hätten die Engländer den Tibetern helfen müssen, ihre Unabhängigkeit zu erhalten und sich vom chinesischen Joch endgültig zu befreien. Die Engländer entschlossen sich zwar schließlich zu einer solchen Politik, die aus Tibet eine ihrer Einflußzonen machen sollte, aber sie taten es sehr zögernd. Sie sahen zwar die Vorteile eines Pufferstaates und wünschten sich daher ein autonomes und starkes Tibet, aber sie wollten ein Bollwerk gegen eventuelle Schwierigkeiten nicht mit ernsthaften Schwierigkeiten bezahlen. Sie wollten die Nachbarschaft zu den Chinesen vermeiden, aber nicht, wenn sie dafür indirekt Feindseligkeiten gegen sie unterhalten müßten.

Die Periode anglo-tibetischer Freundschaft, die um 1920 ziemlich herzlich war, hat es dem Autor jedenfalls ermöglicht, sich nach Belieben in einem Land aufzuhalten und politisch zu betätigen, das den Weißen mehr als ein Jahrhundert lang verschlossen geblieben war. Bis zu Charles Bell waren die Institutionen Tibets zwar nicht völlig unbekannt geblieben, aber man hatte sein Leben mit seinen Wechselfällen noch nie von innen begreifen können. Das ist erst dann möglich, wenn wir die Schwankungen des Systems erkennen, wenn wir eine Interaktion seiner Elemente am Werk sehen. Charles Bell bemühte sich während eines einjährigen Aufenthalts in Lhasa, die Regierung zu einer militärischen Politik zu überreden. Konnte Tibet nicht eine seinen Mitteln angemessene Armee haben? Gerade die Schwierigkeiten, auf die er stieß, lassen ein ökonomisches Paradox erkennen, das die verschiedenen Möglichkeiten der menschlichen Gesellschaft und die allgemeinen Bedingungen für ein Gleichgewicht um so klarer zutage treten läßt.

### 3. DIE REIN RELIGIÖSE MACHT DES DALAI-LAMA

Der Hauptgegenstand des Buches von Charles Bell (gestorben 1940) ist die Biographie des 13. Dalai-Lama. Sie veranlaßte ihn natürlich zu einem Rückblick auf die bekannten Ursprünge einer Institution, die man allenfalls mit dem Papsttum vergleichen kann. Ich rekapituliere diese historischen Fakten. Der Buddhismus wurde 640 in Tibet eingeführt. Tibet wurde damals von Königen regiert, und anfangs schwächte die Ausbreitung dieser Religion das Land, das im 8. Jahrhundert eine der Hauptmilitärmächte Asiens war, keineswegs. Aber das buddhistische Mönchswesen dehnte sich aus, und der Einfluß der Klöster bedrohte auf die Dauer von innen den Einfluß der Könige. Der Reformator Tsong Khapa gründete im 11. Jahrhundert eine strengere Sekte, in der die Mönche strikt das Zölibat einhielten. Die reformierte Sekte der »Gelbmützen« stellte sich gegen die nachlässigere der »Rotmützen«. Den höchsten Würdenträgern der »Gelbmützen« erkannte man eine Heiligkeit, ja Göttlichkeit zu, die sich auf ihre Nachfolger übertrug und ihnen die geistliche Macht und religiöse Herrschaft verlieh. Einer von ihnen, der große Lama des »Reishaufens«, eines Klosters bei Lhasa, stützte sich auf einen mongolischen Heerführer, der den letzten König der »Rotmützen« schlug. So kam Tibet unter die Herrschaft des »Dalai-Lama«; das war der mongolische Titel, der bei diesem Anlaß der fünften Inkarnation dieser übermenschlichen Person gegeben wurde.

Dieser Dalai-Lama war gewiß nicht der wichtigste der inkarnierten Götter Tibets. Die halb legendären Berichte über die Ursprünge erkennen dem Pantschen Lama von Taschilumpo (einem Kloster westlich von Lhasa) in einer Hinsicht sogar eine höhere Würde zu. Die geistliche Autorität des Dalai-Lama erwuchs in Wirklichkeit aus seiner weltlichen Macht. Der Pantschen Lama hat selbst, außer einem ungeheuren religiösen Ansehen, die weltliche Macht über eine Provinz: er betreibt seine Sonderpolitik als unbotmäßiger Vasall. Das gleiche gilt in geringerem Maße für andere große Lamas, denn ein größeres Kloster ist ein Lehen in einem wenig zentralisierten Reich und eine Art Staat im Staat. Aber die Souveränität des Dalai-Lama festigte sich gerade dadurch, daß sie nicht mehr an die sie begründende Funktion gebunden war. Heute ist der Regierungschef Tibets so wenig der große Lama des »Reishaufens«, daß dieses Kloster sich von Zeit zu Zeit gegen ihn erheben, eine prochinesische Politik betreiben und der proenglischen Politik Lhasas entgegenwirken konnte.

Diese Unbestimmtheit der lokalen Institutionen findet sich in den Beziehungen Tibets zu China wieder. Die

Autorität des Dalai-Lama, die sich auf keinerlei militärische Macht stützt, hat das Kräftespiel, dem sie kein wirkliches Hindernis entgegensetzen konnte, immer nur in geringem Maße beherrscht. Eine Souveränität, die nicht sowohl über die religiöse Behexung des Volkes als auch über den halb käuflichen, halb affektiven Gehorsam einer Armee verfügt, ist prekär. Daher ist das theokratische Tibet nach kurzer Zeit unter die Lehnshoheit Chinas gefallen. Der Ursprung dieser Vasallenschaft ist nicht klar. Die Tibeter bestreiten die chinesische, die Chinesen die tibetische Version. Tibet war seit der Antike öfters China untertan, aber nicht wie ein Lehen einem Lehnsherrn (auf Grund eines Rechts, das auf einer von beiden Parteien anerkannten Tradition fußt), sondern durch Gewalt, und die Gewalt stürzte immer bald um, was sie selbst geschaffen hatte. Seit dem 17. Jahrhundert intervenierte China in Tibet und kontrollierte, soweit es konnte, die Wahl des Dalai-Lama; ein Amban, ein hoher Kommissar, der sich auf eine Garnison stützte, hatte in Wirklichkeit die weltliche Macht inne. Diese Garnison scheint zwar schwach gewesen zu sein, Tibet war ja kein Protektorat (es kannte keine Kolonisierung, die Verwaltung blieb rein tibetisch). Aber China hatte die Oberaufsicht, und durch seine Beamten war die Herrschaft des Dalai-Lama rein fiktiv: sie war zwar göttlich, aber in demselben Maß auch ohnmächtig.

Die Macht des Dalai-Lama ließ sich um so einfacher annullieren, als eine merkwürdige Nachfolgeregelung das Land während langer Interregnumsperioden Regenten überließ. Für die Tibeter ist der Dalai-Lama nicht sterblich, oder vielmehr, er stirbt nur scheinbar und nimmt alsbald wieder Gestalt an. Von Anfang an galt er als die Inkarnation von Chen-re-zi, einem mythischen Wesen, das im buddhistischen Pantheon der Beschützer und Gott Tibets ist. Die Wiederverkörperung der Menschen nach dem Tode (in anderen Kreaturen oder auch Menschen) ist für die Buddhisten ein fundamentaler Glaubenssatz.

Beim Ableben eines Dalai-Lama, das immer dem *Wunsch* zu sterben zugeschrieben wird, muß man sich auf die Suche nach einem männlichen Kind machen, in dessen Körper er alsbald wiedergeboren worden ist. Ein offizielles Orakel bezeichnet die Gegend, und in einer bestimmten Frist, die auf den Tod des Seligen folgt, werden Nachforschungen über neugeborene Kinder angestellt. Das entscheidende Zeichen ist das Erkennen von Gegenständen, die der vorherigen Inkarnation dienten: das Kind muß sie aus ähnlichen Gegenständen auswählen. Der im Alter von vier Jahren entdeckte junge Dalai-Lama wird dann eingeführt und inthronisiert, aber die Macht übt er nicht vor seinem neunzehnten Lebensjahr aus. Stellt man noch dazu eine gewisse Wiederverkörperungsfrist in Rechnung, so werden zwei Regierungen immer durch eine zwanzigjährige Regentschaft unterbrochen. Oft dauert diese sogar länger. Der junge Herrscher braucht nur früh zu sterben. Die vier Dalai-Lamas vor dem 13. sind zum Beispiel vor oder kurz nach ihrem Machtantritt gestorben, was den Interessen der chinesischen Ambans nicht ungelegen gewesen sein soll. Ein Regent ist fügsamer und hat außerdem selbst ein Interesse daran, auf die Möglichkeiten des Gifts zurückzugreifen.

### 4. OHNMACHT UND REVOLTE DES 13. DALAI-LAMA

Ausnahmsweise überlebte der 13. Dalai-Lama. Vielleicht wegen eines auch anderweitig spürbaren Rückgangs des chinesischen Einflusses. Der Amban hatte sich schon nicht mehr an der Wahl des Kindes beteiligt. Dieser neue Gott war 1876 geboren und erhielt 1895 seine vollen religiösen und weltlichen Machtbefugnisse. Tibet war damals nicht besser bewaffnet als vorher, aber das Land ist im allgemeinen durch seinen äußerst schwierigen Zugang geschützt. Die faktische Machtausübung durch den Dalai-Lama ist immer dann möglich, wenn das Interesse der Chinesen nachläßt, aber auch dann ist sie stets prekär. Das begriff der junge Herrscher schnell trotz der Weltfremdheit, in der ihn seine Abschirmung und seine Erziehung zu einem Idol, einem in Meditationen versunkenen Mönch gehalten hatte. Er beging jedoch zunächst einen Fehler. In einem Brief bat ihn der indische Vizekönig um die Öffnung der tibetischen Märkte für die Inder. Der Dalai-Lama schickte diesen Brief ungeöffnet zurück. Das war an sich keine Angelegenheit von großem Interesse, aber die Engländer konnten neben sich kein Land dulden, das ihnen verschlossen blieb und sich dafür dem russischen Einfluß öffnen oder sogar, wie gemunkelt wurde, von den Chinesen an Rußland abgetreten werden konnte. Die indische Regierung entsandte also eine politische Mission, die befriedigende Beziehungen zu Lhasa herstellen sollte. Die Tibeter verweigerten den Gesandten das Betreten ihres Hoheitsgebiets. Daraufhin verwandelte sich die Mission in eine militärische. An der Spitze einer Truppeneinheit brach Colonel Longhusband den Widerstand und marschierte auf Lhasa. Die Chinesen rührten sich nicht, der Dalai-Lama floh, übergab aber zuvor das Regierungssiegel einem Mönch von allgemein anerkannter Heiligkeit und Erfahrung. Die Engländer hatten, als sie Lhasa wieder verließen, nur durchgesetzt, daß drei tibetische Städte für den Handel geöffnet wurden, ihr Protektorat über die Grenzprovinz Sikkim anerkannt wurde und daß keine andere ausländische Macht in Tibet intervenieren durfte. Der entsprechende Vertrag legte zwar eine englische Einflußzone fest, erkannte aber implizit die Souveränität Tibets an: er ignorierte die Oberlehnsherrschaft Chinas. Die Chinesen erklärten daraufhin durch Plakate in einigen Städten Tibets den Dalai-Lama für abgesetzt, aber die Bevölkerung beschmierte die Plakate mit Dreck. Der Dalai-Lama hielt sich vier Jahre lang in China auf, wobei er von der Mongolei erst nach Chan-si und dann nach Peking ging. Die Beziehungen des lebenden Buddha zum

Sohn des Himmels blieben die ganze Zeit über unbestimmt (die Chinesen schienen die Absetzung zu vergessen) und gespannt. Ziemlich plötzlich kehrte der Dalai-Lama wieder nach Tibet zurück. Aber als er Lhasa erreichte, hatte er eine chinesische Armee auf den Fersen, die Befehl hatte, seine Minister zu töten und ihn selbst in einen Tempel einzusperren. Wieder ging er ins Exil, diesmal nach dem Süden. Mitten im Winter, zur Zeit der Schneestürme, erschien er zu Pferde, zusammen mit einigen Getreuen, völlig erschöpft an einem Grenzposten und bat zwei englische Telegraphisten, die er in der Nacht aufwecken ließ, um Schutz. Dadurch demonstrierte er, daß auch die bestetablierte religiöse Macht einer weltlichen Macht ausgeliefert ist, die sich auf eine Streitmacht stützt. Er selbst konnte sich nur auf die Ermüdung, allenfalls auf die Klugheit der Nachbarländer stützen. Die Engländer nahmen den Flüchtling, der selbst nicht hatte regieren können, ohne den jede Autorität jedoch hinfällig war, mit Freuden auf. Der Dalai-Lama aber, durch seine bitteren Erfahrungen belehrt, sah jetzt den Vorteil, den er aus einem Antagonismus zwischen Britisch-Indien und China ziehen konnte. Aber er überschätzte ihn. Der Antagonismus zwischen Nachbarn und die souveräne Autorität sind für die Autonomie eines Staates zwar nützlich, können sie aber nicht allein garantieren. Die Engländer entsprachen der ängstlichen Erwartung des Exilierten wenig. Sie verweigerten ihm ihre Unterstützung und beschränkten sich auf den freundschaftlichen Wunsch, daß Tibet einst stark und vom chinesischen Joch frei sein möge. Nur die inneren Schwierigkeiten Chinas (der Sturz des Kaiserreichs im Jahre 1911) kehrten die Situation schließlich um. Die Tibeter verjagten eine Garnison aus Lhasa, deren Offiziere keine Autorität mehr besaßen. Der Amban und der Kommandant der chinesischen Truppen ergaben sich. Der Dalai-Lama kehrte in die Hauptstadt zurück und kam nach einem siebenjährigen Exil wieder zur Macht, die er bis zu seinem Tod (1934) sehr geschickt zu bewahren verstand.

Das unterscheidet den 13. Dalai-Lama, daß ihm durch sein Überleben die Erfahrung der Macht zuteil wurde. Allerdings unter den widersprüchlichsten Bedingungen. Es gab keine Tradition, von der er sich hätte leiten lassen können. Seine Lehrer hatten ihm die Kenntnisse eines Mönchs vermittelt, er hatte fast nur die betörende und friedliche Kunst lamaistischer Meditation gelernt, die von minutiösen Spekulationen und einer tiefen Mythologie und Metaphysik geregelt wird. Die in den tibetischen Lamaklöstern betriebenen Studien sind außerordentlich gelehrt, und die Mönche glänzen in schwierigsten Disputen. Aber von einer solchen Ausbildung kann man erwarten, daß sie ein Gefühl für politische Erfordernisse eher einschläfert als weckt. Vor allem in diesem unzugänglichen und bewußt nach außen abgeschlossenen Teil der Welt. Vor allem in einer Zeit, in der die einzigen in Tibet zugelassenen Ausländer Chinesen waren, die weder das Bedürfnis noch die Möglichkeit hatten, irgend jemandem etwas beizubringen.

Der 13. Dalai-Lama machte langsam, aber mit anhaltendem Fleiß und Scharfblick, die Entdeckung der Welt. Er profitierte von seinen Exiljahren, in denen er jede Gelegenheit wahrnahm, Kenntnisse zu erwerben, die zum Regieren nützlich waren. Während eines Aufenthalts in Kalkutta, bei dem er vom Vizekönig empfangen wurde, lernte er die Quellen der fortgeschrittenen Zivilisation kennen. So überwand er die Unkenntnis der übrigen Welt, in der er seine Rolle spielen sollte. In seiner Person wurde Tibet sich des äußeren Kräftespiels bewußt, das nicht ungestraft ignoriert oder geleugnet werden konnte. Jene religiöse und göttliche Kraft, die er darstellte, erkannte also ihre Grenzen: daß sie ohne Streitmacht nichts vermochte. Seine Macht war so eindeutig auf die innere Souveränität, auf das Reich der heiligen Zeremonien und stummen Meditationen beschränkt, daß er die äußere Souveränität und die Entscheidungsbefugnis über die Beziehungen Tibets zur Außenwelt ganz naiv den Engländern anbot; nur im Inneren sollten sie weiterhin abwesend bleiben. (Bhutan hatte diese Bedingungen akzeptiert, aber dieses kleine Land im Norden Indiens ist ein Staat, dessen Angelegenheiten kaum von Bedeutung sind.) Die Engländer gingen auf diesen Vorschlag gar nicht ein: sie wollten in Tibet keinen anderen Einfluß als den ihren, sie wollten vor allem Rechte, die die der anderen einschränkten, und keine Funktionen. Fast ohne Hilfe und Macht also mußte der Dalai-Lama der übrigen Welt entgegentreten, und diese Aufgabe lastete schwer auf ihm.

Aber niemand kann zwei Herren dienen. Tibet hatte sich seinerzeit für die Mönche entschieden: es hatte seine Könige vernachlässigt. Alles Ansehen war auf Lamas übergegangen, die von Legenden und heiligen Riten verklärt waren. Das hatte zur Preisgabe der militärischen Macht geführt. Oder besser, die militärische Macht war erstorben: die Tatsache, daß ein Lama das Ansehen eines Königs aufwog, hatte diesem die Macht genommen, äußeren Pressionen Widerstand entgegenzusetzen. Er hatte nicht mehr die zum Aufstellen eines Heeres nötige Anziehungskraft. Aber der Herrscher, der ihm unter diesen Umständen gefolgt war, hatte das nur scheinbar vermocht: jene militärische Macht, die er zerstört hatte, hatte er nicht erben können. Die Welt der Gebete hatte über die der Waffen gesiegt, aber sie hatte die Macht zerstört, ohne sie zu erringen. Um siegen zu können, hatte er auf das Ausland zurückgreifen müssen. Und so blieb er den ausländischen Kräften ausgeliefert, weil er im Innern zerstört hatte, was Widerstand leisten konnte.

Jene zufälligen, immer wieder unterbrochenen Lockerungen des äußeren Drucks, die dem 13. Dalai-Lama ermöglicht hatten, zu überleben, hatten ihm letztlich nur seine Wehrlosigkeit beweisen können. Er hatte in Wirklichkeit gar nicht die Macht, zu sein, was er darstellte. Es lag vielmehr in seinem Wesen, an dem Tage, an dem ihm die Möglichkeit der Macht gegeben war, wieder zu verschwinden. Vielleicht waren der 9., 10., 11. und 12. Dalai-Lama, als sie nach ihrem Mündigwerden getötet wurden, gar keinem widrigen Schicksal erlegen. Und das offensichtliche Glück des 13. Dalai-Lama war vielleicht sein Unglück. Er übernahm dennoch gewissenhaft jene *Macht*, die *nicht ausgeübt* werden konnte, die wesensmäßig nach außen hin geöffnet war und von außen nur den Tod erwarten konnte. Er beschloß daher, sein Wesen aufzugeben.

### 5. DIE REVOLTE DER MÖNCHE GEGEN DEN VERSUCH EINER MILITÄRISCHEN ORGANISATION

Begünstigt durch eine Ruhepause (die Ermüdung und anschließende Revolution in China), die dem Dalai-Lama ermöglicht hatte, die Gefahr der Entmachtung zu überdauern und schließlich zu überwinden, kam er auf die Idee, Tibet die Macht zurückzugeben, die ihm der Lamaismus genommen hatte. Bei dieser Aufgabe wurde er von seinem englischen Biographen beratend unterstützt. Als politischer Beauftragter der indischen Regierung brachte es Charles Bell schließlich fertig, England zu einer freundschaftlichen Politik zu bewegen. Eine direkte Militärhilfe wurde zwar weiterhin verweigert, und es wurden nicht einmal Waffenlieferungen erwogen, aber während seiner einjährigen offiziellen Mission unternahm es Charles Bell auf eigne Faust, den Dalai-Lama bei dem Versuch einer militärischen Organisation zu unterstützen. Das Heer sollte in 20 Jahren schrittweise von 6000 auf 17 000 Mann gebracht werden. Eine Besteuerung des weltlichen und klösterlichen Eigentums sollte die Kosten dieses Unternehmens decken. Die Autorität des Dalai-Lama zwang die Notabeln zum Nachgeben. Aber es ist zwar leicht, *persönliche* Einbußen hinzunehmen, und es ist sogar möglich, Minister und Würdenträger dazu zu bringen, doch eine Gesellschaft kann man nicht auf einen Schlag ihres Wesens berauben.

Nicht nur die Masse der Mönche, sondern das ganze Volk war betroffen. Selbst eine geringe Vergrößerung des Heeres würde die Bedeutung der Mönche vermindern. In diesem Land gibt es nun aber keine Worte, Riten, Feste, kein Bewußtsein, kurz, kein menschliches Leben, das sich nicht auf die Mönche bezieht. Alles dreht sich um sie. Und würde sich jemand, was undenkbar ist, von ihnen abwenden, so würde auch er noch seine Ausrichtung und Ausdrucksmöglichkeit von den Mönchen herleiten. Das Aufkommen eines neuen Elements, das sich nicht darauf beschränkte, zu überleben, sondern *sich vergrößern* wollte, konnte dem Volk gegenüber durch keine andere Stimme als die der Mönche gerechtfertigt werden. So sehr war die Bedeutung einer Handlung oder einer Möglichkeit durch und für die Mönche gegeben, daß die wenigen Verfechter des Heeres es als das einzige Mittel zur Erhaltung der Religion darstellten. Die Chinesen hatten 1909 Klöster niedergebrannt, Mönche getötet, heilige Bücher vernichtet. Aber Tibet war seinem Wesen nach mit den Klöstern identisch. Wozu aber für die Erhaltung eines Prinzips kämpfen, wandte man ein, wenn dieser Kampf zunächst die Aufgabe jenes Prinzips war? Ein bedeutender Lama erklärte Charles Bell: »Es ist müßig, das Heer Tibets zu vergrößern: *die Bücher* sagen ja, daß Tibet von Zeit zu Zeit von Fremden erobert wird, daß sie aber nie lange bleiben werden.« Gerade das Bemühen der Mönche um die Erhaltung ihrer Stellung, das sie gegen die Unterhaltung eines Heeres protestieren ließ (welches die Fremden abgewehrt hätte), brachte sie dazu, auf einer anderen Ebene zu kämpfen. Im Winter 1920–21 drohten überall Meutereien und ein Bürgerkrieg auszubrechen. Eines Nachts wurden an verschiedenen Orten in Lhasa Schilder aufgestellt, auf denen die Bevölkerung dazu aufgefordert wurde, Charles

Bell zu töten. Am 22. Februar begann das Fest des großen Gebets, zu dem 50 000 bis 60 000 Mönche nach Lhasa strömten. Ein Teil dieser Menge lief durch die Stadt und rief: »Kommt mit uns und kämpft mit. Wir sind bereit, unser Leben hinzugeben.« Das Fest verlief in großer Spannung. Die Verfechter des Heeres und Charles Bell selbst wohnten märchenhaften Zeremonien bei, mischten sich auf der Straße unter die Menge und machten gute Miene zum bösen Spiel, das sie einer Erregung auslieferte, die jeden Moment in Tätlichkeiten umschlagen konnte. Es folgte eine ziemlich leichte, in Wirklichkeit außergewöhnliche Säuberung, und die Rebellion war bald zu Ende. Die Heerespolitik des Dalai-Lama war vernünftig: sie beruhte auf einem elementaren gesunden Menschenverstand, und die allgemeine Feindseligkeit konnte ihr nichts Konkretes entgegenhalten. Die Bewegung der Mönche ging in die Richtung des Verrats, und zwar nicht nur an Tibet, sondern auch am Mönchtum selbst. Sie zerbrach an der Entschlossenheit einer innerlich starken Regierung, sie war von Anfang an aussichtslos. Nicht ihr Scheitern ist jedoch verwunderlich, sondern, daß sie von einer ersten Massenbewegung so begeistert unterstützt worden war. Dieses Paradox verdient, daß man seine tieferen Gründe sucht.

6. DIE VERZEHRUNG DES GESAMTEN ÜBERSCHUSSES
DURCH DIE LAMAS

Ich weise zunächst eine oberflächliche Erklärung zurück. Charles Bell insistiert auf der Tatsache, daß die buddhistische Religion die Gewalt verbietet und den Krieg verurteilt. Aber andere Religionen tun das ebenso, und es ist bekannt, wie weit die Gebote einer Kirche befolgt werden. Ein soziales Verhalten läßt sich niemals aus einer moralischen Vorschrift herleiten: in ihm manifestiert sich vielmehr die Struktur einer Gesellschaft, das

## Die historischen Gegebenheiten II

materielle Kräftespiel, das sie beherrscht. Diese Bewegung war ganz eindeutig nicht von einem moralischen Skrupel bestimmt, sondern von den massiven Interessen der Mönche. Das ist übrigens auch Charles Bell nicht entgangen, der wertvolle Informationen darüber liefert. Die Bedeutung des Lamaismus war schon vor ihm bekannt: ein Mönch auf drei erwachsene Männer, Klöster mit 7000 bis 8000 Mönchen zu gleicher Zeit, eine Gesamtzahl von 250 000 bis 500 000 Mönchen auf 3–4 Millionen Einwohner. Aber die materielle Bedeutung des Mönchswesens wird erst von Charles Bell in genauen Zahlen angegeben.

Seinen Informationen nach betrug das Jahreseinkommen der Regierung von Lhasa 1917 annähernd 720 000 Pfund (wobei er den Wert der Lebensmittelabgaben und Dienstleistungen zu dem des Geldes hinzurechnete). Das Budget des Heeres betrug 150 000 Pfund, das Budget der Verwaltung 400 000 Pfund. Ein beträchtlicher Teil des Restes war vom Dalai-Lama für die religiösen Ausgaben der Regierung bestimmt. Aber im Unterschied zu diesen Regierungsausgaben überschritt das jährlich von der Geistlichkeit ausgegebene Einkommen (aus Klosterbesitz, Spenden und Zahlungen für religiöse Amtshandlungen) nach den Schätzungen von Charles Bell bei weitem eine Million Pfund. *Das Gesamtbudget der Geistlichkeit wäre danach also generell zweimal so groß wie das des Staates und achtmal so groß wie das des Heeres gewesen.*

Diese auf privaten Schätzungen beruhenden Ziffern haben zwar keinen offiziellen Charakter. Aber sie erklären immerhin die Opposition gegen die Heerespolitik. Wenn ein Land seine Kräfte fast vollständig dem Mönchswesen widmet, dann kann es nicht zugleich ein Heer haben. Anderswo mag eine Aufteilung zwischen Religiösem und Militärischem möglich sein. Aber diese Ziffern zeigen gerade die einseitige Verwendung der Mittel. Die Aufstellung eines Heeres mag rational zwingend sein, sie kann dennoch mit dem allgemeinen Lebensgefühl in Widerspruch geraten, dessen Wesen berühren, Unbehagen hervorrufen. Eine so grundlegende Entscheidung rückgängig machen hieße, sich selbst aufgeben, als wollte man sich ertränken, um dem Regen zu entgehen. Bleibt zu fragen, wie dieses Gefühl ursprünglich entstand, was der tiefere Grund dafür ist, daß ein ganzes Land einst zu einem Kloster wurde, daß mitten in einer realen Welt dieses Land, das zu ihr gehörte, sich schließlich aus ihr zurückzog.

### 7. ÖKONOMISCHE ERKLÄRUNG DES LAMAISMUS

Die eigentliche Ursache wird man auch hier nicht herausfinden, wenn man nicht zunächst das allgemeine Gesetz der Ökonomie erkannt hat: Eine Gesellschaft produziert als Ganzes immer mehr, als zu ihrer Erhaltung notwendig ist, sie verfügt über einen Überschuß. Und eben der Gebrauch, den sie von diesem Überschuß macht, macht sie zu einer bestimmten Gesellschaft. Der Überschuß ist die Ursache für Bewegung, Strukturveränderungen und Geschichte schlechthin. Für diesen Überschuß gibt es mehr als einen Ausweg, deren verbreitetster das Wachstum ist. Und auch das Wachstum hat verschiedene Formen, von denen jede schließlich auf irgendeine Grenze stößt. Wird das demographische Wachstum gehemmt, so wird es zu einem militärischen, ist es zu Eroberungen gezwungen. Ist die militärische Grenze erreicht, fließt der Überschuß in die luxuriösen Formen der Religion mit ihren Spielen und Schaustellungen oder in den privaten Luxus.

Die Geschichte läßt einen ständigen Wechsel von Stillstand und Wiederzunahme des Wachstums erkennen. Es gibt Zustände des Gleichgewichts, bei dem der gewachsene Luxus und die verminderte kriegerische Tätigkeit dem Überschuß den menschlichsten Ausweg bieten. Aber ein solcher Zustand löst die Gesellschaft allmählich von selbst auf und zerstört das Gleichgewicht. Dann erscheint wieder irgendein Neueinsatz des Wachstums als einzig erträgliche Lösung. In solchen Augenblicken der Flaute stürzt sich eine Gesellschaft, sobald sie kann, in irgendein Unternehmen zur Vergrößerung ihrer Kräfte. Dazu ist sie bereit, ihre Moralgesetze umzumodeln. Sie verfügt über den Überschuß zu neuen Zwecken, durch die sich plötzlich andere Auswege verbieten. Der Islam verurteilte alle Formen eines verschwenderischen Lebens zugunsten der kriegerischen Aktivität. In einer Zeit, als seine Nachbarn sich eines Gleichgewichts erfreuten, verfügte er über eine wachsende militärische Kraft, der nichts widerstehen konnte. Eine immer wieder aufkommende Kritik aller Formen des Luxus – die erst protestantischer, dann revolutionärer Herkunft war – traf mit einer industriellen Entwicklung zusammen, die von technischen Fortschritten ermöglicht wurde. In der Neuzeit wurde der wichtigste Teil des Überschusses der kapitalistischen Akkumulation vorbehalten. Der Islam stieß rasch auf seine Grenzen; die Entwicklung der Industrie läßt ebenfalls bereits ihre Grenzen ahnen. Der Islam kam mühelos [42] auf die Form des Gleichgewichts der von ihm eroberten Welt zurück; die industrielle Wirtschaft ist dagegen in einer maßlosen Erregung befangen: sie scheint zum Wachstum verurteilt zu sein, und schon fehlt ihr die Möglichkeit dazu.

Die Stellung Tibets in diesem Schema ist in gewisser Weise der des Islam oder der Neuzeit genau entgegengesetzt. Seit undenklichen Zeiten sind von den grenzenlosen Hochebenen Zentralasiens immer wieder neue In-

---

[42] Allerdings waren jene islamischen Länder, die ein Gleichgewicht erreicht hatten und sich einer Stadtkultur erfreuten, lange Zeit das Opfer anderer, noch nomadischer Moslems. Letztere urbanisierten sich erst, nachdem sie das Reich der ersten Eroberer zerstört hatten.

vasionswellen nach Ost, West und Süd in bewohnbarere Regionen geflutet. Aber nach dem 15. Jahrhundert stieß dieser Überschuß der barbarischen Hochebenen auf den wirksamen Widerstand der Kanonen.[43] Die Stadtkultur Tibets stellte schon in Zentralasien die Andeutung eines ganz anderen Auswegs für den Überschuß dar. Die Horden der mongolischen Eroberer benutzten alle ihnen damals verfügbaren Möglichkeiten der Invasion (des Wachstums im Raum). Tibet erschloß sich eine andere Möglichkeit, die die Mongolen im 16. Jahrhundert ihrerseits übernehmen mußten. Die Völkerschaften der kargen Hochebenen waren periodisch dazu verurteilt, über die reichen Regionen herzufallen: *andernfalls mußten sie aufhören zu wachsen;* mußten sie auf das Ventil, das die kriegerische Tätigkeit der Barbaren darstellt, verzichten und eine neue Verwendung für den Überschuß ihrer Energie finden. Das Mönchswesen ist eine Art der Verausgabung des Überschusses, die Tibet zwar nicht erfunden hat, die aber anderswo nur *neben* anderen Auswegen in Betracht kam. Die extreme Lösung in Zentralasien bestand darin, daß der *gesamte* Überschuß dem Kloster gegeben wurde. Es ist gut, sich dieses Prinzip heute deutlich vor Augen zu halten: eine Bevölkerung, die in keiner Weise das Energiesystem, das sie darstellt, entwickeln und seinen Umfang nicht vergrößern kann (mit Hilfe neuer Techniken oder Kriege), muß den *gesamten* Überschuß, den sie unweigerlich hervorbringt, dem völligen Verlust preisgeben. Dieser Notwendigkeit entspricht das Paradox des Lamaismus, das nach der Erfindung der Feuerwaffe eine vollendete Form erreichte. Es ist die radikale Lösung eines Landes, das keine anderen Kanalisierungsmöglichkeiten hat und sich letztlich als geschlossener Raum erweist. Nicht einmal der Ausweg, den die Notwendigkeit, sich zu verteidigen,

---

[43] Vgl. René Grousset, *Bilan de l'Histoire*, Paris 1946: *A la source des invasions*, S. 273-299.

darstellt und zu diesem Zweck über Menschenleben und Reichtümer zu verfügen, bleibt übrig: ein so armes Land verlockt niemanden wirklich. Es wird erobert, ohne besetzt zu werden, und *die Bücher*, von denen ein Mönch Charles Bell berichtete, konnten nicht lügen, wenn sie voraussagten, daß Tibet von Zeit zu Zeit erobert, aber niemals länger besetzt bleiben würde. So muß das arme Land, in seinem abgeschlossenen Raum inmitten einer reicheren und gut bewaffneten Welt, für das Problem des Überschusses eine Lösung finden, die seine explosive Gewalt *im Innern* auffängt: eine innere Konstruktion, die so perfekt, vor Gegenschlägen so sicher ist, jeder Akkumulation so zuwiderläuft, daß nicht das geringste Wachstum des Systems denkbar ist. Das Zölibat der Masse der Mönche ließ sogar die Gefahr einer Entvölkerung entstehen. (Diese Besorgnis äußerte der Oberbefehlshaber des Heeres gegenüber Charles Bell.) Das Einkommen der Klöster sicherte den Verbrauch der Reichtümer, indem es eine Masse steriler Verbraucher am Leben hielt. Das Gleichgewicht wäre sofort gefährdet, wenn diese Masse nicht von vornherein unproduktiv und kinderlos wäre. Die Arbeit der Laien genügt, sie zu ernähren, und die Ressourcen sind so beschaffen, daß sie sich kaum vergrößern läßt. Das Leben der meisten Mönche ist hart (ohne Nachteil ist der Vorteil des Nichtstuns nicht denkbar). Aber das Parasitentum der Lamas ist eine so gute Lösung des Problems, daß der Lebensstandard des tibetischen Arbeiters nach Charles Bell höher ist als der der Inder oder der Chinesen. Alle Autoren stellen übrigens übereinstimmend den fröhlichen Charakter der Tibeter fest, die bei der Arbeit singen, leichtlebig sind, keine strengen Sitten haben und oft lachen (obwohl die Kälte im Winter schrecklich ist und die Häuser ohne Fensterscheiben und ungeheizt sind). Die Frömmigkeit der Mönche ist etwas anderes: sie kommt erst an zweiter Stelle, aber ohne sie wäre das System undenkbar. Und zweifellos stellt die Erleuchtung der Lamas moralisch das Wesen der Verzehrung dar, das in der Fähigkeit zur Offenheit, zur Hingabe, zum Verlust besteht und jedes Berechnen ausschließt.

Das tibetische System dehnte sich am Ende des 16. Jahrhunderts auf die Mongolei aus: die Bekehrung der Mongolen, ein Wechsel der Ökonomie mehr noch als der Religion, war die besondere Lösung der Geschichte Zentralasiens. Dieser letzte Akt des Dramas, nachdem der jahrhundertealte Ausweg der Invasionen versperrt war, macht die Bedeutung des Lamaismus sichtbar: das totale Mönchswesen entspricht dem Bedürfnis, das Wachstum eines geschlossenen Systems zum Stehen zu bringen. Der Islam leitete den gesamten Überschuß dem Krieg zu, die moderne Welt steckt ihn in die industrielle Ausrüstung. Der Lamaismus leitet ihn in das kontemplative Leben, das freie Spiel der menschlichen Sinne in der Welt. Wenn diese Einsätze der verschiedenen Seiten auf einer einzigen Tafel verzeichnet würden, so stünde der Lamaismus auf der Gegenseite der anderen Systeme: er allein entzieht sich der *Aktivität*, die immer Erwerb und Wachstum zum Ziel hat. Er unterwirft, wenn auch gezwungenermaßen, das Leben keinen anderen Zwecken mehr als eben diesem Leben selbst: das Leben ist für ihn unmittelbar und ohne Aufschub Selbstzweck. In den Riten Tibets werden die kriegerischen Formen, eine Erinnerung an die Zeit der Könige, noch in brillanten Tanzfiguren verkörpert, aber als vergangene Formen, deren Verfall Gegenstand einer rituellen Darstellung ist. So feiern die Lamas den Sieg über eine Welt, deren Gewalt sich brutal nach außen entlädt. Ihr Triumph ist deren Entladung nach innen. Aber sie ist deshalb nicht weniger gewaltsam. In Tibet wird der Soldatenstand noch eindeutiger verachtet als in China. Selbst nach den Reformen des 13. Dalai-Lama beklagte sich eine Adelsfamilie darüber, daß einer ihrer Söhne zwangsweise zum Offizier ernannt wurde. Charles Bell konnte sich noch so sehr anstrengen, ihnen vor Augen zu führen, daß es in England keine geachtetere Karriere gäbe, die Eltern baten ihn, seinen Einfluß beim Dalai-Lama geltend zu machen und sich für eine Aufhebung dieses Befehls einzusetzen. Sicher, das Mönchswesen ist zugleich reine Verausgabung und Verzicht auf Verausgabung; in gewisser Hinsicht ist es die vollkommene Lösung, die man erreicht, wenn man sich vollkommen abkehrt von der Lösung. Man sollte zwar diesem kühnen Ausweg nicht allzu viel Interesse widmen, seine jüngste Geschichte verdeutlicht ja seinen paradoxen Charakter. Aber er gibt Aufschluß über die allgemeinen Bedingungen des ökonomischen Gleichgewichts: er stellt die menschliche Tätigkeit vor ihre Grenzen, er zeigt eine Welt jenseits der militärischen oder produktiven Tätigkeit, die keiner Notwendigkeit unterworfen ist.

# Vierter Teil
*Die historischen Gegebenheiten III*
Die Industriegesellschaft

# I. Die Ursprünge des Kapitalismus und die Reformation

## 1. DIE PROTESTANTISCHE ETHIK UND DER GEIST DES KAPITALISMUS

Max Weber hat in seiner auch statistisch untermauerten Abhandlung die besondere Rolle aufgezeigt, die der Protestantismus in der Organisation des Kapitalismus gespielt hat.[44] Noch heute kann man in bestimmten Gegenden feststellen, daß die Protestanten sich eher den Geschäften und die Katholiken eher den freien Berufen zuwenden. Es scheint eine Affinität zu geben zwischen der Geistesart eines arbeitswütigen und streng nach Profit kalkulierenden Industriellen und der prosaischen Strenge der reformierten Religion. Bei dieser Geistesprägung spielte das Luthertum jedoch nicht die Hauptrolle. Dagegen entspricht die Einflußzone des Calvinismus (Holland, Großbritannien, Vereinigte Staaten) im großen und ganzen den Gebieten früher industrieller Entwicklung. Luther bekundete eine naive, halb bäuerliche Revolte. Calvin brachte die Bestrebungen der handelsstädtischen Mittelklasse zum Ausdruck: seine Reaktionen entsprachen denen eines mit Geschäften vertrauten Juristen.

Die rasch berühmt gewordenen Thesen von Max Weber waren Gegenstand zahlreicher Kritiken. R. H. Tawney[45] glaubt, sie übertreiben den Gegensatz zwi-

---

[44] Max Webers berühmte Abhandlung *Die protestantische Ethik und der Geist des Kapitalismus* erschien zuerst im *Archiv für Sozialwissenschaft und Sozialpolitik*, Bd. XX und XXI (1905), und wurde wieder abgedruckt im ersten Band der *Religionssoziologie*, Tübingen 1921.

[45] R. H. Tawney, *Religion and the Rise of Capitalism*, 2. Aufl. New York 1947.

schen dem Calvinismus und den verschiedenen Wirtschaftslehren seiner Zeit: sie hätten die Veränderungen zwischen der ursprünglichen Lehre und der späteren Theorie zu wenig berücksichtigt. Nach Tawney war die Übereinstimmung von Puritanismus und Kapitalismus bis zur zweiten Hälfte des 17. Jahrhunderts noch nicht gegeben, außerdem sei das weniger eine Ursache als eine Wirkung der ökonomischen Verhältnisse gewesen. Aber wie er selbst zugibt, richten sich diese Vorbehalte nicht notwendig gegen Max Webers Theorie. Und Tawney hält sich in diesem Punkt, nicht ohne eine gewisse Einseitigkeit, mehr an die ökonomischen Lehren als an die grundlegenden Reaktionen.

Max Weber hat auf jeden Fall das Verdienst, den Zusammenhang einer Religionskrise mit der ökonomischen Umwälzung, aus der die moderne Welt entstanden ist, genau analysiert zu haben. Andere, darunter Engels[46], hatten diesen Zusammenhang zwar vor ihm geahnt, aber nicht konkret beschrieben. Und wenn diese Thesen auch später – so im Werk von Tawney – differenziert wurden, so hat doch Max Weber das Wesentliche herausgearbeitet; die besser artikulierten Ergebnisse, zu denen man seitdem in seiner Nachfolge kam, sind vielleicht nur von zweitrangiger Bedeutung.

### 2. DIE ÖKONOMIE IN THEORIE UND PRAXIS DES MITTELALTERS

Zwei verschiedenen religiösen Welten entsprachen zwei entgegengesetzte Wirtschaftstypen: die präkapitalistische Wirtschaft ist ebenso stark an den römischen Katholizismus gebunden wie die moderne Wirtschaft an den Protestantismus. Max Weber insistierte auf der Tatsache, daß die moderne Ökonomie der kapitalistischen Indu-

---

[46] Vgl. ebd., S. XXVII, Anm. 11.

strie von der katholischen Kirche und ihrer Geistesart kaum begünstigt wurde, während der Calvinismus, innerhalb der protestantischen Welt, für diese Entwicklung einen guten Ausgangspunkt darstellt. Der Gegensatz der beiden Wirtschaftssphären läßt sich übrigens deutlicher kennzeichnen, wenn man – und damit ist man Max Weber näher als Tawney – zunächst die Verwendungsweise der verfügbaren Ressourcen untersucht. Was die mittelalterliche Wirtschaft von der kapitalistischen Wirtschaft unterscheidet, ist, daß die erstere im wesentlichen statisch ist und die überschüssigen Reichtümer auf unproduktive Weise verzehrt, während die zweite sie in einem dynamischen Wachstum des Produktionsapparats akkumuliert.

Tawney hat die christlichen Auffassungen der Ökonomie im Mittelalter eingehend analysiert. Ihr Hauptprinzip war die Unterordnung der produktiven Tätigkeit unter die christlichen Moralgesetze. Die Gesellschaft war nach der Auffassung des Mittelalters, wie jeder lebende Organismus, ein aus nicht homogenen Teilen, das heißt nach einer Hierarchie der Funktionen zusammengesetzter Körper: Klerus, Militäraristokratie und Arbeit bildeten einen Körper, bei dem die konstituierenden Teile der letzten Stufe den beiden anderen unterworfen waren (so wie Rumpf und Glieder dem Kopf unterworfen sind). Die Produzenten mußten die Bedürfnisse des Adels und des Klerus befriedigen, dafür erhielten sie vom Adel Schutz und vom Klerus Anteil am göttlichen Leben und das Moralgesetz, dem ihre Tätigkeit streng unterworfen war. Die Vorstellung einer aus dem Dienst an Adel und Klerus herausgelösten ökonomischen Welt, die wie ein Teil der Natur autonom ist und eigene Gesetze hat, ist dem Denken des Mittelalters völlig fremd. Der Verkäufer muß seine Ware zum *gerechten Preis* abgeben. Der gerechte Preis entspricht der Sicherung des Lebensunterhalts für den Lieferer der Waren. (Das ist in gewisser Hinsicht der Wert der Arbeit, wie ihn der Marxismus definiert, und Tawney sieht in Marx »den letzten Scholastiker«.) Geliehenes Geld kann keine Zinsen tragen, und das Verbot des Zinswuchers ist formeller Teil kanonischen Rechts. Erst spät und sehr vorsichtig haben die Rechtsgelehrten einen Unterschied eingeräumt zwischen Anleihen zugunsten eines Unternehmens, die dem Gläubiger ein moralisches Recht auf Gewinn geben, und Anleihen, die dem Verbrauch des Schuldners dienen und daher keine Zinsen rechtfertigen. Der Reiche hat Rücklagen, die dem Armen fehlen. Kann darum der Reiche, der verhindert, daß der Arme an Hunger stirbt, ohne selbst in Not zu geraten, bei der Rückzahlung mehr verlangen, als er ausgelegt hat? Das hieße, sich die Zeit bezahlen lassen, die im Gegensatz zum Raum als Sache Gottes und nicht der Menschen galt. Aber die Zeit ist in der Natur gegeben: Wenn an einem Ort Geld die Finanzierung gewinnbringender Unternehmen ermöglicht, so verleiht ein natürliches Gesetz den Faktoren »Geld plus Zeit« den zusätzlichen Wert von Zinsen (eines Teils des möglichen Gewinns). Die Morallehre ist also die Negation der natürlichen Gesetze: die Geltung des Evangeliums widersetzte sich einer freien Entfaltung der Produktivkräfte. Die Produktion ist nach christlicher Moral ein Dienst, dessen Modalitäten (Verpflichtungen, Belastungen und Vorrechte) von den Zwecken bestimmt werden (letztlich vom Klerus, der darüber richtet), und nicht von einem natürlichen Prozeß. Das ist eine rationale und moralische – aber statische – Auffassung der ökonomischen Weltordnung: sie verhält sich zur modernen Auffassung wie eine gottgewollte, teleologische Kosmogonie zur Idee einer von einem Kräftespiel bestimmten Evolution. Im Mittelalter schien die Welt tatsächlich ein für allemal gegeben.

Aber die förmlichen Auffassungen sind nicht alles. Die Natur der mittelalterlichen Ökonomie braucht nicht vollständig in den Schriften der Theologen und Juristen enthalten zu sein. Sie braucht aber auch nicht unbedingt aus der tatsächlichen Praxis hervorzugehen, so weit diese auch von der Strenge der Theorie entfernt war. Ein unterscheidendes Merkmal liegt vielleicht in dem Sinn, den eine Gesellschaft dem Reichtum verleiht. Dieser Sinn unterscheidet sich von den allgemeinen Äußerungen derer, für die er gegolten hat, und ebenso müßig wäre es sicher, ihn im Gegensatz zwischen den Fakten und den theoretischen Vorschriften zu suchen. Er ergibt sich aus starken und klar erkennbaren Bewegungen, die, selbst wenn sie unformuliert bleiben, die Natur eines ökonomischen Systems bestimmen können.

Reichtümer ändern ihren Sinn entsprechend dem Vorteil, den wir von ihrem Besitz erwarten. Für den einen bieten sie die Möglichkeit zur Heirat, für den anderen die Möglichkeit zum Müßiggang, für den dritten eine Veränderung des sozialen Rangs. Aber zu bestimmten Zeiten treten Konstanten auf. In der kapitalistischen Epoche besteht ihr überwiegender Vorteil in der Möglichkeit, zu investieren. Das ist kein Einzelgesichtspunkt. Alle legen ihre Ersparnisse in unterschiedlicher Absicht an, und doch ist die Absicht dessen, der heiraten will, die gleiche wie die dessen, der sich Land kauft. Ein beträchtlicher Teil der verfügbaren Ressourcen bleibt dem Wachstum der Produktivkräfte vorbehalten. Das ist im einzelnen zwar nicht das letzte Ziel irgendeines Individuums, aber die Gesellschaft einer bestimmten Epoche hat sich kollektiv entschieden: bei der Verwendung der verfügbaren Ressourcen bevorzugt sie die Ausweitung der Unternehmen und der Ausrüstung; dem unmittelbaren Gebrauch zieht sie gewissermaßen die *Vergrößerung der Reichtümer* vor.

Vor der Reformation war es jedoch noch nicht so. Die Möglichkeit eines Wachstums war nicht gegeben. Eine Entwicklung wird durch die Erschließung noch ungenutzter Gebiete, durch einen Wandel der Techniken, durch das Auftauchen neuer Produkte und damit neuer Bedürfnisse ausgelöst. Aber eine Gesellschaft kann auch zur vollständigen Konsumtion ihrer Produkte veranlaßt sein. Dann muß sie den Überschuß an verfügbaren Ressourcen auf irgendeine Weise vernichten. Müßiggang ist das einfachste Mittel. Der Müßiggänger vernichtet die zu seiner Unterhaltung notwendigen Produkte nicht weniger gründlich als das Feuer. Der Arbeiter, der am Bau einer Pyramide arbeitet, vernichtet diese Produkte ebenso nutzlos: aus dem Gesichtspunkt des Profits ist die Pyramide ein Monument des Irrtums. Ebenso könnte man ein riesiges Loch graben, es wieder zuschütten und die Erde feststampfen. Den gleichen Effekt erzielen wir, wenn wir Nahrungsmittel wie etwa Alkohol zu uns nehmen, deren Verbrauch uns davon abhält, mehr zu arbeiten – oder uns sogar eine Zeitlang die Kraft zum Produzieren nimmt. Müßiggang, Pyramidenbau und Alkoholgenuß haben gegenüber der produktiven Tätigkeit, der Werkstatt oder dem Brot den Vorzug, daß die Ressourcen, die sie verbrauchen, ohne Gegenwert, ohne Profit verzehrt werden; sie *gefallen* uns einfach, sie entsprechen der *Wahl* ohne *Not*, die wir hier treffen. In einer Gesellschaft, in der die Produktivkräfte nicht oder kaum wachsen, bestimmt dieses Gefallen in seiner kollektiven Form den Wert des Reichtums und damit die Natur der Ökonomie. Die Prinzipien und moralischen Gesetze, denen die Produktion streng unterworfen ist (wenn auch manchmal ganz äußerlich), haben weniger Bedeutung als dieses Gefallen, das über den Gebrauch der Produkte entscheidet (den Gebrauch dessen zumindest, was nach der Lebenserhaltung übrigbleibt). Nicht die Theorien der Doktoren definieren das ökonomische System der Gesellschaft, sondern der Bedarf, den sie, aus Gefallen, an Kathedralen und Abteien, an Priestern und müßigen Mönchen hat. Anders gesagt, die Möglichkeit *gottgefälliger Werke* (das Gefallen kann in der mittelalterlichen Gesellschaft nominell nicht das des Menschen sein) bestimmt allgemein die Art der Verzehrung der verfügbaren Ressourcen.

Diese religiöse Bestimmung der Ökonomie ist nicht überraschend, sie macht sogar die Religion erst aus. Die Religion ist das Gefallen, das eine Gesellschaft am Gebrauch der überschüssigen Reichtümer findet: am Gebrauch, oder besser, an der Zerstörung, zumindest ihres Nutzwerts. Das gibt den Religionen ihren reichhaltigen materiellen Aspekt, der erst dann nicht mehr *sichtbar* ist, wenn ein abgezehrtes geistliches Leben der Arbeit eine Zeit entzieht, die zum Produzieren hätte verwendet werden können. Entscheidend ist das Fehlen jeder Nützlichkeit, die *Absichtslosigkeit* dieser kollektiven Bestrebungen. Sie *nützen* zwar in gewisser Hinsicht, insofern die Menschen diesen absichtslosen Tätigkeiten Folgen im Bereich einer übernatürlichen Wirksamkeit beimessen. Aber gerade in diesem Bereich nützen sie nur, wenn sie absichtslos, wenn sie zunächst nutzlose Verzehrung von Reichtümern sind.

Religiöse Tätigkeiten – Opfer, Feste, luxuriöse Ausstattungen – absorbieren die überschüssige Energie einer Gesellschaft, aber dem, dessen primärer Sinn es ist, die Verkettung der wirksamen Handlungen zu durchbrechen, mißt man gewöhnlich eine sekundäre Wirksamkeit bei. Das führt zu einem großen Unbehagen – einem Gefühl von Irrtum und Betrug –, von dem die religiöse Sphäre erfüllt ist. Ein Opfer für einen handfesten Zweck, wie die Fruchtbarkeit der Felder zum Beispiel, wird als etwas Niedriges empfunden, gemessen am *Göttlichen*, am *Heiligen,* das die Religion ins Spiel bringt. Das christliche *Heil* löst im Grunde den Sinn des religiösen Lebens vom Bereich der produktiven Tätigkeit. Wenn aber das Heil des Gläubigen der Lohn für sein Verdienst ist, wenn er es durch seine Werke erreichen kann, dann tut er nichts anderes, als jene Verkettung, die die nützliche Arbeit für ihn zu etwas Schändlichem macht, um so tiefer in den Bereich der Religion einzuführen. Daher können jene *Werke*, durch die der Christ sein Heil zu erlangen sucht, selbst als Profanierungen empfunden werden. Schon die

Tatsache, daß das Heil als Zweck gewählt wird, scheint der Wahrheit der Gnade zu widersprechen. Nur die Gnade bewirkt eine Übereinstimmung mit der Gottheit, die nicht wie die *Dinge* der kausalen Verkettung unterworfen sein kann. Das Geschenk der Gottheit, das der gläubigen Seele von selbst zuteil wird, kann mit nichts bezahlt werden.

### 3. DIE MORALISCHE POSITION LUTHERS

Was Luther empörte, waren vielleicht nicht so sehr die Mißbräuche bei der mittelalterlichen Praxis des Almosengebens, bei den religiösen Orden und den Bettelmönchen, bei den Kirchenfesten und Pilgerfahrten; er verwarf vor allem, daß man sich dadurch Verdienste erwerben konnte.[47] Er verurteilte ein verschwenderisches ökonomisches System wegen seines Widerspruchs zur Reichtums- und Luxusfeindlichkeit des Evangeliums, aber es ging ihm weniger um den Luxus selbst als um die Möglichkeit, daß man durch eine Verschwendung individuellen Reichtums das Himmelreich gewinnen könne. Sein Denken konzentrierte sich auf eine göttliche Welt, die frei war von jeglichem Kompromiß und ganz unempfindlich gegenüber den Verstrickungen dieser Welt. Durch den Ablaßkauf hatte der Gläubige sogar die Macht, seine Ressourcen zum Kauf einer Zeitspanne im Paradies zu verwenden (in Wirklichkeit ermöglichten diese Ressourcen den Wohlstand und Müßiggang des Klerus). Dem war die Auffassung Luthers radikal entgegengesetzt, nach der es unmöglich war, den Reichtum der Nützlichkeit zu entziehen und ihn der glorreichen Welt zurückzugeben (es sei denn, man sündigte). Die Schüler Luthers konnten hienieden nichts *bewirken*, was nicht müßig gewesen wäre – oder sündhaft –, wäh-

[47] Vgl. Tawney, *op. cit.*, S. 99.

rend die Anhänger Roms aufgefordert wurden, die Kirche zum irdischen Abglanz Gottes zu machen. Aber indem Rom die Göttlichkeit in den Werken dieser Welt erstrahlen ließ, reduzierte sie sie auf armselige Maße. Für Luther lag der einzige Ausweg in einer endgültigen Trennung zwischen Gott und der tiefen Innerlichkeit des Glaubens auf der einen Seite und allem, was man *tun* und *tatsächlich* bewirken konnte, auf der anderen Seite.

Der Reichtum verlor daher den Sinn, den er außerhalb seines produktiven Wertes hatte. Der kontemplative Müßiggang, das Almosen, der Glanz der Zeremonien und Kirchen hatten nicht mehr den geringsten Wert oder galten als ein Zeichen des Teufels. Die Lehre Luthers ist die völlige Negation eines Systems intensiver Verzehrung der Ressourcen. Ein riesiges Heer von Welt- und Ordensgeistlichen verschwendete die überschüssigen Reichtümer Europas und forderte dadurch die Adligen und Kaufleute zu ebensolchen Verschwendungen heraus; für Luther war das ein Skandal, aber er konnte dem nur eine noch radikalere Verleugnung der Welt entgegensetzen. Indem die Kirche eine gigantische Vergeudung zum Schlüssel des Himmelstors erklärte, rief sie das peinliche Gefühl hervor, daß sie eher den Himmel irdisch als die Erde himmlisch hatte werden lassen. Gleichzeitig hatte sie jeder ihrer Möglichkeiten den Rücken gekehrt. Aber sie hatte die Ökonomie in relativer Stabilität gehalten. Das Bild, das eine mittelalterliche Stadt von jener Welt hinterlassen hat, macht in einzigartiger Weise sichtbar, wie glücklich die katholische Kirche die Wirkung eines unmittelbaren Gebrauchs der Reichtümer dargestellt hat. Das spielte sich in einem Gewirr von Widersprüchen ab, aber der Glanz, der davon ausgeht, ist noch heute spürbar: über die Welt der reinen Nützlichkeit hinweg, die darauf folgte, wo der Reichtum seinen unmittelbaren Wert verlor und hauptsächlich die Möglichkeit darstellte, die Produktivkräfte zu vergrößern, leuchtet jene glänzende Welt noch immer zu uns herüber.

## 4. DER CALVINISMUS

Luthers Reaktion blieb rein negativ. Wie groß für ihn auch immer die Ohnmacht des Menschen war, in seiner irdischen Tätigkeit Gott zu antworten, so blieb diese doch dem Moralgesetz unterworfen. Luther hielt an der traditionellen Verfluchung des Zinswuchers fest und hegte gegen den Handel eigentlich nur die Aversion der archaischen Auffassung von der Ökonomie. Calvin jedoch gab die prinzipielle Verurteilung des Zinsleihens auf und erkannte die Moralität des Handels im allgemeinen an. »Warum sollen Geschäfte nicht mehr einbringen als Landbesitz?« sagte er. »Woher kommt der Gewinn des Kaufmanns, wenn nicht aus seinem eigenen Fleiß und Geschick?«[48] Deshalb mißt Max Weber dem Calvinismus eine entscheidende Bedeutung bei der Bildung des kapitalistischen Geistes zu. Er war von Anfang an die Religion des Handelsbürgertums in Genf und den Niederlanden. Calvin hatte einen Sinn für die Bedingungen und die Wichtigkeit der ökonomischen Entwicklung, er dachte wie ein Jurist und Praktiker. Tawney arbeitet in der Nachfolge Max Webers heraus, was die Verbreitung seiner Lehre für die bürgerliche Welt, deren Ausdruck sie war, bedeutete. Nach Tawney[49] war Calvin für die damalige Bourgeoisie, was Marx heute für das Proletariat ist: er lieferte die Organisation und die Lehre.

In ihrem Wesen hat diese Lehre die gleiche Bedeutung wie die Luthers. Ebenso wie Luther verwirft Calvin das Verdienst und die Werke, aber seine etwas anders formulierten Grundsätze haben viel weiterreichende Folgen. Für ihn ist das Ziel nicht das persönliche Heil, sondern der Lobpreis Gottes, der nicht allein im Gebet geschehen soll, sondern auch im Handeln – der Heiligung der Welt durch Kampf und Arbeit. Denn bei all seiner Verurtei-

---

[48] Zitiert nach Tawney, ebd., S. 105.
[49] Ebd., S. 112.

lung des persönlichen Verdienstes denkt Calvin ausgesprochen praktisch. Die guten Werke sind zwar kein Mittel zum Erlangen des Heils, aber sie sind dennoch unentbehrlich als Beweis des tatsächlich erlangten Heils.[50] Nachdem diese Werke des Wertes beraubt sind, den ihnen die katholische Kirche verliehen hatte, kommen sie in gewisser Weise doch wieder zur Geltung, aber es sind jetzt ganz andere Werke. Die Ablehnung unnützer Verausgabung von Reichtümern ist nicht weniger dezidiert als in der Lehre Luthers, insofern dem kontemplativen Müßiggang, dem ostentativen Luxus und Formen der Caritas, die das unproduktive Elend erhielten, der Wert genommen wurde, der jetzt auf den Tugenden der Nützlichkeit lag; der reformierte Christ mußte bescheiden, sparsam und arbeitsam sein (er mußte seinem kaufmännischen oder industriellen Beruf mit dem größten Eifer nachgehen); er mußte sogar das Bettlerwesen bekämpfen, das Grundsätzen widersprach, deren Norm die produktive Tätigkeit war.[51]

Der Calvinismus zog gewissermaßen aus der Umkehrung der Werte durch Luther die letzte Konsequenz. Calvin begnügte sich nicht damit, jene menschlichen Formen göttlicher Schönheit, deren Träger die katholische Kirche zu sein behauptet hatte, zu leugnen. Indem er die Rolle des Menschen auf das Hervorbringen nützlicher Werke beschränkte, die er zu einem Mittel der Lobpreisung Gottes erklärte, leugnete er den Ruhm des

---

[50] Vgl. ebd., S. 109.
[51] Was Tawney von der Bekämpfung des Bettler- und Landstreicherwesens schreibt, ist frappant (S. 265). Selten ist die Einwirkung des ökonomischen Interesses auf die Ideologie so deutlich zu erkennen. Die Brutalität der Gesellschaft, die entschlossen ist, das *unproduktive* Elend zu bekämpfen, nimmt die härtesten Formen autoritärer Moral an. Der Bischof Berkeley schlug sogar vor, »hartnäckige Bettler zu verhaften und einige Jahre lang zu öffentlichen Sklaven zu machen.« (ebd., S. 270).

Menschen selber. Die wahre Heiligkeit der guten Werke lag für den Calvinisten in der Preisgabe der Heiligkeit – im Verzicht auf jedes Leben, das in dieser Welt eine Aura von Glanz hätte haben können. Die Heiligung Gottes war so an die Entheiligung des menschlichen Lebens gebunden. Das war eine weise Lösung, denn nachdem die Eitelkeit der guten Werke erst einmal verkündet war, blieb ein Mensch übrig, der handeln konnte, oder besser: handeln mußte und sich nicht damit begnügen konnte, zu sagen, daß gute Werke eitel seien. Die Hingabe an den Beruf, an die Aufgabe, die die soziale Komplexität dem Individuum stellt, war nichts sehr Neues, aber sie hatte bisher nicht den tieferen Sinn und den vollendeten Wert, den der Calvinismus ihr verlieh. Die Entscheidung, die göttliche Glorie von den Kompromissen zu befreien, auf die die katholische Kirche sie heruntergebracht hatte, konnte keine andere Konsequenz haben als die Bestimmung des Menschen zu Tätigkeiten ohne Glorie.

### 5. DIE SPÄTWIRKUNG DER REFORMATION: DIE AUTONOMIE DER WELT DER PRODUKTION

Betrachtet man in der Nachfolge von Max Weber diese Position in ihrem Verhältnis zum Geist des Kapitalismus, so kann man sich nichts Günstigeres für den industriellen Aufschwung denken. Einerseits wird Müßiggang und Luxus verurteilt, andrerseits wird dem Unternehmergeist ein besonderer Wert beigemessen. Da der unmittelbare Gebrauch des unendlichen Reichtums, den das Universum darstellt, ausschließlich Gott vorbehalten war, war der Mensch ganz für die Arbeit bestimmt, für den Einsatz der Reichtümer – an Zeit, Beständen und Ressourcen aller Art – zur Entwicklung des Produktionsapparats.

Tawney hebt jedoch hervor, daß der Kapitalismus noch ein weiteres erfordert: es ist das freie Wachstum der unpersönlichen ökonomischen Kräfte, die Freisetzung der natürlichen Bewegung der Ökonomie, deren allgemeiner Aufschwung vom individuellen Profitstreben abhängt. Der Kapitalismus ist nicht nur Akkumulation von Reichtümern im Hinblick auf kommerzielle, finanzielle und industrielle Unternehmen, sondern er ist allgemeiner Individualismus, Freiheit des Unternehmertums. Der Kapitalismus hätte sich nicht mit der alten Wirtschaftsgesetzgebung vertragen, deren moralisches Prinzip die Unterordnung des Unternehmens unter die Gesellschaft war, die die Preise kontrollierte, unredliche Machenschaften bekämpfte und das Zinsleihen schweren Restriktionen unterwarf. Tawney[52] weist darauf hin, daß der Calvinismus in den Ländern, in denen er vorherrschte (in Genf mit Calvin und Théodore de Bèze und in Schottland mit John Knox), zu einer kollektivistischen Diktatur neigte. Aber wenn er nur eine Minorität war, die in der Defensive lebte, unter den mißtrauischen Augen einer feindlichen Regierung, dann tendierte er zum extremen Individualismus. Nur in England verbanden die Puritaner in der zweiten Hälfte des 17. Jahrhunderts die calvinistische Tradition mit dem Prinzip des freien Profitstrebens. Erst zu diesem späten Zeitpunkt verkündete man die Unabhängigkeit der ökonomischen Gesetze und die Abdankung der moralischen Souveränität der religiösen Welt im Bereich der Produktion. Aber man neigt dazu, die Bedeutung dieser späten Entwicklung zu überschätzen. Die grundsätzliche Schwierigkeit, die sie lösen mußte, war an ihrem Anfang gegeben. Was unter dem Gesichtspunkt der Ökonomie in der Reformation entscheidend war, betraf weniger die Proklamation von Grundsätzen als eine bestimmte Geisteshaltung, die nur dann wirksam werden konnte, wenn sie zunächst verborgen blieb. Eine Veränderung hat nur dann einen Sinn, wenn sie die Sache von Menschen mit einer unantastbaren moralischen Autorität ist, die im Namen höhe-

---

[52] Ebd., S. 113.

rer, über irdische Interessen erhabener Instanzen sprechen. Es ging weniger darum, den natürlichen Triebkräften der Kaufleute volle Freiheit zu gewähren, als sie an irgendeine herrschende moralische Position zu binden. Zunächst mußte die Autorität zerstört werden, die die mittelalterliche Ökonomie begründete. Das wäre nicht gegangen, wenn man einfach den Grundsatz des kapitalistischen Interesses verkündet hätte. Der Grund dafür, daß die Folgen der Reformation erst so spät zutage traten, liegt in dem *a priori* kaum vertretbaren Charakter des Kapitalismus. Es ist auffallend, daß Geist und Moral des Kapitalismus fast nie unverhohlen zum Ausdruck gebracht worden sind. Nur ausnahmsweise gilt, was Max Weber über die in der Mitte des 18. Jahrhunderts ausgesprochenen Prinzipien von Benjamin Franklin sagte, daß der Geist des Kapitalismus hier in fast klassischer Reinheit zum Ausdruck komme. Aber das folgende Zitat wird zeigen, daß es unmöglich gewesen wäre, diese Prinzipien ohne Präambel in Kraft zu setzen – ohne ihnen zuvor die Maske einer unnahbaren Göttlichkeit zu verleihen.

»Bedenke«, schreibt Franklin, »daß die Zeit Geld ist; wer täglich zehn Schillinge durch seine Arbeit erwerben könnte und den halben Tag spazieren geht, oder auf seinem Zimmer faulenzt, der darf, auch wenn er nur sechs Pence für sein Vergnügen ausgibt, nicht dies allein berechnen, er hat nebendem noch fünf Schillinge ausgegeben oder vielmehr weggeworfen... Bedenke, daß Geld von einer zeugungskräftigen und fruchtbaren Natur ist. Geld kann Geld erzeugen, und die Sprößlinge können noch mehr erzeugen und so fort. Fünf Schillinge umgeschlagen sind sechs, wieder umgetrieben sieben Schilling drei Pence und so fort, bis es hundert Pfund Sterling sind. Je mehr davon vorhanden ist, desto mehr erzeugt das Geld beim Umschlag, so daß der Nutzen schneller und immer schneller steigt. Wer ein Mutterschwein tötet, vernichtet dessen ganze Nachkommenschaft bis ins tausendste Glied. Wer ein Fünfschillingstück umbringt, mordet alles, was damit hätte produziert werden können: ganze Kolonnen von Pfunden Sterling.«[53]

Man kann sich kaum einen zynischeren Gegensatz zum Geist des religiösen Opfers vorstellen, der vor der Reformation noch eine immense unproduktive Verzehrung und den Müßiggang all derer rechtfertigte, die frei über ihr Leben bestimmen konnten. Der Franklinsche Grundsatz beherrscht – wenn auch selten ausgesprochen – die Ökonomie natürlich noch immer (er wird sie mit Sicherheit in eine Sackgasse führen). Aber zur Zeit Luthers hätte man ihn nicht aussprechen können, ohne damit in offenen Gegensatz zur Kirche zu treten.

Betrachtet man heute die Geistesströmung, wie sie sich langsam durch die Mäander der Lehren hindurch von der Entrüstung Luthers auf seiner Romreise bis zur peinlichen Nacktheit Franklins entwickelt, dann fällt einem die Dominanz einer bestimmten Richtung auf. Dieser Eindruck ist jedoch nicht der einer bewußten, beherrschenden Entwicklung, und wenn sie eine konstante Richtung aufweist, so ist diese offensichtlich von außen, in den Erfordernissen der Produktivkräfte gegeben. Tastend versucht der Geist ihnen zu entsprechen, sein Zaudern hilft ihm dabei sogar, aber allein diese objektiven Erfordernisse führen die zögernde Entwicklung zum Ziel. Das geht etwas gegen den Geist von Max Weber, der vielleicht zu Unrecht die bestimmende Kraft in der Religion gesehen hat. Aber die Revolution der Reformation hatte mit Sicherheit, wie Max Weber erkannte, einen tieferen Sinn: sie war der Übergang zu einer neuen Form der Ökonomie. Indem die großen Reformatoren einer Forderung nach religiöser Reinheit ihre äußerste Konsequenz ga-

---

[53] Max Weber, *Die protestantische Ethik und der Geist des Kapitalismus*, in: *Gesammelte Aufsätze zur Religionssoziologie*, 4. Aufl., Tübingen 1947, Bd. I, S. 31 (Anm d. Übers.).

ben, zerstörten sie die heilige Welt, die Welt der unproduktiven Verzehrung, und überantworteten die Erde den Menschen der Produktion, den Bürgern. Das nimmt diesen Lehren nichts von ihrem ersten Sinn: in der Sphäre der Religion haben sie den Wert einer letzten (bereits unmöglichen) Konsequenz. In der ökonomischen Ordnung stellten sie nur einen Anfang dar; dennoch läßt sich nicht leugnen, daß mit ihnen das Heraufkommen der Bourgeoisie begann, deren Vollendung die ökonomische Menschheit ist.

## II. Die bürgerliche Welt

### 1. Der Grundwiderspruch des Strebens nach Intimität in den Werken

Am Beginn der Industriegesellschaft, die auf dem Primat und der Autonomie der Ware – des *Dinges* – beruht, steht der entgegengesetzte Wille, das Wesentliche – *was uns vor Schrecken und Entzücken erzittern läßt* – außerhalb der Welt der Aktivität, der Welt der *Dinge* anzusiedeln. Wie man es auch immer sieht, das geht paradoxerweise damit zusammen, daß die kapitalistische Gesellschaft ganz allgemein das Menschliche auf ein *Ding* (eine Ware) reduziert. Religion und Ökonomie werden in ein und derselben Bewegung von dem befreit, was sie jeweils belastete, nämlich die Religion von der profanen Berechnung und die Ökonomie von außerökonomischen Schranken. Aber dieser Grundgegensatz (dieser unvorhergesehene Widerspruch) ist nicht nur von dem oberflächlichen Interesse, das man ihm zunächst beimessen könnte. Das Problem, das der Calvinismus am radikalsten gelöst hat, beschränkt sich nicht auf das Interesse, das die historische Untersuchung religiöser Phänomene immer bietet. Es ist in der Tat noch das Problem, das uns beherrscht. Die Religion entsprach ganz allgemein dem Verlangen des Menschen, sich selbst zu finden, eine immer seltsam entrückte Intimität wiederzuerlangen. Aber das Quidproquo jeder Religion besteht darin, dem Menschen eine widersprüchliche Antwort zu geben: eine *äußerliche Form von Intimität*. Daher können die aufeinanderfolgenden Lösungen das Problem nur vertiefen: niemals wird die Intimität wirklich von äußerlichen Elementen befreit, ohne die sie nicht *bezeichnet* werden kann. Wo wir den Gral zu ergreifen meinen, haben wir nur das *Ding* ergriffen, was uns in der Hand zurückbleibt, ist nur der Kessel.

Das heutige Streben des Menschen unterscheidet sich von dem Galahads oder Calvins weder durch seinen Gegenstand noch durch die Enttäuschung, die dem Gefundenhaben folgt. Aber die Neuzeit wählt dabei einen anderen Weg, sie strebt nach keinem Trugbild und meint sich etwas Wesentliches gesichert zu haben, indem sie die unmittelbar durch die *Dinge* gestellten Probleme löst. Vielleicht hat sie absolut recht: oft scheint eine vollständige Trennung notwendig. Da nur die *Dinge* zum Bereich der Tätigkeit gehören und unser Streben uns immer zur Tätigkeit treibt, können wir uns auch beim Streben nach einem Gut nur ein Streben nach *Dingen* vornehmen. Die protestantische Kritik an der katholischen Kirche (in Wirklichkeit am Streben nach Aktivität durch gute Werke) ist nicht das Ergebnis eines merkwürdigen Skrupels; und ihre letzte (indirekte) Konsequenz, die die Menschheit dazu verpflichtet, unbekümmert um alles Weitere ausschließlich das zu *tun*, was *im Bereich der Dinge* zu tun ist, ist tatsächlich die einzig richtige Lösung. Wenn der Mensch sich schließlich wiederfinden soll, so sucht er sich vergeblich auf Wegen, die ihn von sich selbst entfernt haben. Alles, was er von diesen Wegen erwarten konnte, war, diese *Dinge* zu nutzen und folglich ihnen zu dienen, obwohl sie an sich, eben weil es *Dinge* sind, nur ihm dienen können.

Es ist also vernünftig, anzunehmen, daß der Mensch seine Wahrheit nur finden kann, wenn er das Problem der Ökonomie gelöst hat; aber er kann von dieser *notwendigen* Bedingung sagen und glauben, sie sei *ausreichend*, behaupten, er sei frei, sobald er den Erfordernissen der notwendigen *Dinge* entsprochen hat, den Erfordernissen einer materiellen Ertragsregelung, ohne die seine Bedürfnisse nicht befriedigt werden könnten.

Auf eine Schwierigkeit wird er jedoch stoßen: nicht besser als auf anfechtbaren Wegen wird er ergreifen können, was ihm fehlt, in nichts wird, was er ergreift, sich von dem unterscheiden, was die ergriffen haben, die ihm bei seinem Streben vorangegangen sind: wie immer wird er nur *Dinge* ergreifen und die Schatten, die sie darstellen, für die gejagte Beute halten.

Ich halte fest, daß die These, nach der die Lösung des materiellen Problems *ausreichend* ist, zunächst die annehmbarste ist.[54] Aber die Lösung der Probleme des Lebens – deren Schlüssel darin liegt, daß es für einen Menschen darauf ankommt, nicht nur ein *Ding*, sondern *souverän zu sein* –, und sei sie auch die unweigerliche Folge einer befriedigenden Antwort auf die materiellen Erfordernisse – diese Lösung unterscheidet sich von dieser Antwort radikal, obwohl sie manchmal mit ihr verwechselt wird.

Deshalb kann ich vom Calvinismus, der den Kapitalismus zur Folge hat, sagen, daß er ein fundamentales Problem ankündigt: *Wie kann der Mensch sich finden – oder wiederfinden –, wenn doch die Aktivität, zu der ihn sein Streben in gewisser Weise zwingt, ihn gerade von sich entfernt?*

Die verschiedenen Stellungnahmen zu einem so beunruhigenden Problem, wie sie sich in der Neuzeit finden, tragen dazu bei, daß man sich dessen bewußt wird, was gegenwärtig in der Geschichte auf dem Spiel steht, und zugleich, wie die Erfüllung aussieht, die uns geboten wird.

## 2. DIE VERWANDTSCHAFT VON REFORMATION UND MARXISMUS

Wäre es paradox, wenn man aus der Betrachtung der Reformation und ihrer Folgen schließt: die Reformation beendet die relative Stabilität und das Gleichgewicht einer Welt, in der der Mensch weniger von sich entfernt

---

[54] Zumindest ist es die einzige These, die erlaubt, bis ans Ende des Möglichen zu gehen.

war, als wir es heute sind? Sicher könnten wir uns persönlich leicht dabei ertappen, wie wir auf der Suche nach einer Gestalt der Menschheit, von der sie nicht verraten wird, jenes Niemandsland, jene Vorstädte, jene Fabriken fliehen, deren Anblick einem die Natur der Industriegesellschaft vor Augen führt, und uns irgendeiner von gotischen Türmen wimmelnden toten Stadt zuwenden. Wir können nicht leugnen, daß die gegenwärtige Menschheit das bis zur Jetztzeit bewahrte Geheimnis verloren hat, sich selbst ein Gesicht zu geben, in dem sie den Glanz erkennt, der ihr zu eigen ist. Sicher waren die »Werke« des Mittelalters gewissermaßen nur *Dinge:* dem, der sich jenseits dieser Dinge den Reichtum Gottes in seiner unerreichbaren Reinheit vorstellte, mußten sie zu Recht als armselig erscheinen. Dennoch besitzt die mittelalterliche Gestalt der Gesellschaft heute die Kraft, die »verlorene Intimität« heraufzubeschwören.[55]

Eine Kirche ist vielleicht ein *Ding:* sie unterscheidet sich nur wenig von einer Scheune, die ganz sicher eines ist. Das *Ding* ist das, was wir von außen erkennen, was uns als materielle Realität gegeben ist (soweit es zugänglich ist, bedingungslos verfügbar). Wir können das *Ding* nicht durchdringen, und es hat keinen anderen Sinn als seine materiellen Eigenschaften, die irgendeinem Nutzen im produktiven Sinn angepaßt sind oder nicht. Aber die Kirche bringt ein Gefühl der Intimität zum Ausdruck und wendet sich an ein Gefühl der Intimität. Sie ist vielleicht das *Ding*, das das Gebäude ist, aber das *Ding*, das wirklich eine Scheune ist, ist für die Einbringung der Ernte hergerichtet: es ist reduzierbar auf die materiellen Eigenschaften, die man ihm gegeben hat, indem man den Aufwand an den zu erwartenden Vorteilen maß, um es

---

[55] Die mittelalterliche Gestalt ist hier nur die nächste Form, von der uns eben die Reformation und ihre ökonomischen Folgen trennen. Aber die antike Gestalt, die orientalischen oder die wilden Gestalten haben in unseren Augen etwa den gleichen oder einen noch reineren Sinn.

dieser Nutzung unterzuordnen. Der Ausdruck der Intimität in der Kirche entspricht dagegen der nutzlosen Verzehrung der Arbeit: von Anfang an ist das Gebäude durch seine Bestimmung der materiellen Nützlichkeit entzogen, und dieser ursprüngliche Vorgang schlägt sich in einer Fülle unnützer Ornamente nieder. Der Bau einer Kirche bedeutet ja nicht eine gewinnbringende Verwendung verfügbarer Arbeitskraft, sondern deren Verzehrung, die Zerstörung ihrer Nützlichkeit. Intimität läßt sich also von einem *Ding* nur dadurch ausdrücken, daß dieses *Ding* im Grunde das Gegenteil eines *Dinges* ist, das Gegenteil eines Produkts, einer Ware [56]: eine Verzehrung und ein Opfer. Weil das Gefühl der Intimität selbst Verzehrung ist, kann nur die Verzehrung ihm zum Ausdruck verhelfen, nicht das *Ding*, das deren Negation ist. Das kapitalistische Bürgertum verwies den Bau von Kirchen auf den zweiten Platz und zog ihm den Bau von Fabriken vor. Aber die Kirche beherrschte das ganze System des Mittelalters. Überall, wo Menschen sich zu gemeinsamen Werken zusammengefunden hatten, ragten ihre Türme empor: auf diese Weise war deutlich und von weitem sichtbar, daß die niedrigsten Werke ein höheres, von ihrem greifbaren Interesse losgelöstes Ziel hatten. Dieses Ziel war der Ruhm Gottes, aber ist Gott nicht gewissermaßen ein *ferner* Ausdruck des Menschen, wie er im Schaudern vor der Tiefe wahrgenommen wird?

Dennoch ist die Sehnsucht nach einer vergangenen Welt auf ein vorschnelles Urteil gegründet. Das Heimweh nach einer Zeit, in der die dunkle Intimität des Tieres sich wenig vom unendlichen Ablauf der Welt unterschied, weist auf eine effektiv verlorengegangene Kraft hin, verkennt aber etwas Wichtigeres. Wenn der Mensch auch die Welt verloren hat, als er die Animalität

---

[56] Man muß hinzufügen: oder das Gegenteil der zum Gebrauch des Produzenten oder Kaufmanns unendlich verfügbaren Materie.

aufgab, so ist er doch dieses *Bewußtsein* von ihrem Verlust geworden, das wir sind, und das ist in einer Hinsicht mehr als der Besitz, der dem Tier nicht bewußt ist: es ist *der Mensch*, mit einem Wort, weil es das ist, was allein zählt für mich und was das Tier nicht sein kann. Ebenso ist die romantische Schwärmerei für das Mittelalter in Wirklichkeit nur ein Verzicht. Sie hat den Sinn eines Protests gegen den industriellen Aufschwung, der dem unproduktiven Gebrauch der Reichtümer zuwiderläuft; sie entspricht dem Gegensatz der in den Kathedralen gegebenen Werte zum kapitalistischen Interesse (auf das die moderne Welt zurückzuführen ist). Diese sentimentale Schwärmerei ist vor allem Ergebnis einer reaktionären Romantik, die in der Neuzeit die manifeste Trennung des Menschen von seiner inneren Wahrheit sieht. Diese Schwärmerei will nicht sehen, daß der industrielle Aufschwung auf dem Geist des Widerstreits und der Veränderung fußt, auf der Notwendigkeit, in jeder Richtung bis ans Ende der Möglichkeiten der Welt zu gehen. Nun kann man zwar von der protestantischen Kritik an den *heiligen Werken* sagen: sie überließ die Welt den profanen Werken, die Forderung nach der Reinhaltung des Göttlichen konnte das Göttliche nur verbannen und so den Menschen gänzlich von ihm trennen. Schließlich kann man sagen: von da an hat das *Ding* den Menschen beherrscht, insoweit als er für das Unternehmen und immer weniger in der Gegenwart lebte. Aber die Beherrschung durch das *Ding* ist niemals vollständig und im Grunde nur eine Farce: sie täuscht uns nur zur Hälfte, während im Schutz der Dunkelheit eine neue Wahrheit sich zum Sturm zusammenbraut.

Der protestantische Glaube an eine unerreichbare Göttlichkeit, die sich dem in der Aktivität befangenen Geist verschließt, hat in unseren Augen keine folgerichtige Bedeutung mehr: man kann sogar sagen, daß er in dieser Welt fehlt, wie wenn der Glaube selbst der Göttlichkeit ähneln müßte, die er umschrieb. (Da dem heutigen protestantischen Glauben diese unhaltbare Forderung fremd geworden ist, ist er *menschlicher* geworden.) Aber dieses Fehlen ist vielleicht trügerisch, so wie das Fehlen des Verräters, den niemand entdeckt und der überall ist. Im engeren Sinne hat das Grundprinzip der Reformation aufgehört, wirksam zu sein: dennoch lebt es in der Strenge des Gewissens, im Fehlen der Naivität, in der Reife der modernen Welt fort. Die subtile Forderung Calvins nach Integrität, die scharfe Anspannung der Vernunft, die sich nicht mit wenigem begnügt und niemals mit sich selbst zufrieden ist, ein *extremistischer* und *revoltierender* Zug des Denkens, all das nimmt in der Lethargie der Menge den Sinn einer pathetischen Nachtwache an. Die Menge hat sich der Abstumpfung durch die Produktion ergeben und lebt die teils komische, teils aufbringende, mechanische Existenz der *Dinge*. Aber das bewußte Denken erreicht in derselben Bewegung den letzten Grad der Wachheit. Auf der einen Seite verfolgt es in der Verlängerung der technischen Aktivität eine Forschung, die zu einer immer klareren und genaueren Erkenntnis der *Dinge* führt. An sich beschränkt das Wissen das Bewußtsein auf Gegenstände, es führt nicht zum *Selbstbewußtsein* (es kann das Subjekt nur erkennen, indem es es als Objekt, als *Ding* behandelt); aber es trägt zum Erwachen bei, indem es an Präzision gewöhnt und *desillusioniert:* denn es gesteht selbst seine Grenzen zu und seine Ohnmacht, zum *Selbstbewußtsein* zu gelangen. Auf der anderen Seite gibt das Denken im industriellen Aufschwung keineswegs das fundamentale Verlangen des Menschen auf, sich selbst zu finden, d. h. eine souveräne Existenz zu haben jenseits eines nützlichen Handelns, das er nicht umgehen kann. Dieses Verlangen ist nur anspruchsvoller geworden. Der Protestantismus verlegte die Begegnung des Menschen mit seiner Wahrheit in die andere Welt. Der Marxismus, der dessen Strenge übernahm und unbestimmten Willensregungen eine klare Form gab, leugnete noch stärker als der Calvinismus die Neigung des Menschen, sich direkt im Handeln zu suchen, er schloß entschieden den Unsinn eines *gefühlsmäßigen Handelns* aus.[57] Indem Marx das Handeln der Veränderung der materiellen Umstände vorbehalten hat, hat er ausdrücklich behauptet, was der Calvinismus nur angedeutet hatte, nämlich die radikale Unabhängigkeit der *Dinge* (der Ökonomie) von anderen Bestrebungen (religiöser oder ganz allgemein affektiver Art); umgekehrt aber hat er damit implizit die Unabhängigkeit der Rückkehr des Menschen zu sich selbst (zur Tiefe, zur Intimität seines Wesens) vom Handeln behauptet. Diese Rückkehr ist jedoch erst möglich, wenn die Befreiung vollendet ist, sie kann erst beginnen, wenn das Handeln abgeschlossen ist.

Gerade dieser Aspekt des Marxismus wird gewöhnlich übersehen. Man wirft ihm jene Verwechslung vor, von der ich oben gesprochen habe. Für Marx ist die Lösung des materiellen Problems *ausreichend*, aber für den Menschen bleibt die Tatsache, nicht nur *wie ein Ding*, sondern *souverän zu sein*, die im Prinzip als ihre unweigerliche Folge angesetzt wird, nichtsdestoweniger unterschieden von einer befriedigenden Antwort auf die materiellen Erfordernisse. Die Originalität von Marx besteht in unserem Zusammenhang darin, daß er eine moralische Lösung nur negativ erreichen will, und zwar durch die Überwindung der materiellen Hindernisse. Das verführt einen dazu, ihm ein ausschließliches Interesse für die materiellen Güter zuzuschreiben: in der provozierenden Klarheit erkennt man schwer eine vollendete Diskretion und die Aversion gegenüber religiösen Formen, bei denen die Wahrheit des Menschen verborgenen Zwecken untergeordnet ist. Die grundlegende Absicht

---

[57] Damit will ich genau sagen, den Unsinn eines *ästhetischen* Handelns, das vom Gefühl motiviert wird und nach gefühlsmäßiger Befriedigung strebt, mit einem Wort, das *tun* will, was nicht *getan*, sondern nur empfunden, nur empfangen werden kann, wie nach der calvinistischen Auffassung die Gnade.

des Marxismus besteht darin, die Welt der *Dinge* (der Ökonomie) von jedem Element, das außerhalb der *Dinge* (der Ökonomie) liegt, vollständig zu befreien: Marx wollte, daß man bis an die Grenze der in den *Dingen* eingeschlossenen Möglichkeiten geht (indem man ihren Erfordernissen rückhaltlos gehorcht, die Herrschaft der Einzelinteressen durch die ›Herrschaft der *Dinge*‹ ablöst, den Prozeß, der den Menschen auf ein *Ding* reduziert, auf die Spitze treibt); auf diese Weise wollte Marx die *Dinge* endgültig auf den Menschen zurückführen und dem Menschen die freie Verfügung über sich selbst ermöglichen.

Unter diesem Gesichtspunkt würde der durch das Handeln befreite Mensch, dem die vollständige Adäquation seiner selbst mit dem *Ding* gelungen ist, dieses in gewisser Weise hinter sich haben, es würde ihn nicht mehr beherrschen. Damit würde ein neues Kapitel beginnen, in dem der Mensch endlich die Freiheit hätte, zu seiner eigenen intimen Wahrheit zurückzukehren, nach Belieben über das Wesen zu verfügen, *das er sein wird*, das er heute noch nicht ist, weil er noch servil ist.

Aber durch eben diese Absicht (die, was die Ebene der Intimität angeht, sich entzieht und in Schweigen hüllt), ist der Marxismus weniger die Vollendung des calvinistischen Entwurfs als eine Kritik des Kapitalismus, dem er vorwirft, daß er die *Dinge* nicht konsequent befreit habe, und zu keinem anderen Zweck, nach keinem anderen Gesetz als dem Zufall und dem Privatinteresse.

### 3. DIE WELT DER MODERNEN INDUSTRIE ODER DIE BÜRGERLICHE WELT

Der Kapitalismus stellt sozusagen die rückhaltlose Hingabe an das *Ding* dar, aber eine, die sich um die Folgen nicht kümmert und nichts sieht, was darüber hinausginge.

Für den üblichen Kapitalismus ist das *Ding* (das Produkt und die Produktion) nicht wie für den Puritaner das, was er selbst wird und werden will: wenn das Ding in ihm ist, wenn er selbst das *Ding* ist, so auf die gleiche Weise, wie Satan in die Seele des Besessenen fährt, ohne daß dieser es weiß, oder wie der Besessene ohne sein Wissen Satan selber ist.

Die Selbstverneinung, die im Calvinismus die Affirmation Gottes war, war in gewisser Weise ein unerreichbares Ideal: sie konnte hervorragenden Persönlichkeiten gelingen, die die Werte, mit denen sie sich identifizierten, durchzusetzen vermochten, aber dabei handelte es sich jedesmal um Ausnahmen. Den *Dingen*, der Produktion freien Lauf zu lassen, war dagegen die Möglichkeit der Allgemeinheit. Man bedurfte nicht mehr der reinsten – und armseligsten – Geistigkeit, die anfangs allein streng genug war, die Unterwerfung des ganzen Körpers und der Tätigkeit unter das *Ding* aufzuwiegen. Denn hatte sich das Prinzip dieser Unterwerfung erst einmal durchgesetzt, konnte sich die Welt der *Dinge* (die Welt der modernen Industrie) von selbst entwickeln, ohne sich weiter um den abwesenden Gott zu kümmern. Für Geister, die immer sehr schnell bereit waren, den *realen* Gegenstand zu ergreifen und die Intimität aus dem wachen Bewußtsein verschwinden zu lassen, war das Interesse klar. Die Herrschaft der *Dinge* wurde außerdem noch durch die natürliche Neigung zur Knechtschaft gefördert. Sie entsprach zugleich jenem Willen zu *reiner* Macht (zu Wachstum nur um des Wachstums willen), der scheinbar der Untertänigkeit entgegengesetzt, im Grunde nur deren Ergänzung ist. Der Dienst an einer Macht, von der kein Gebrauch gemacht wird – die vollendete Form der Absorption der Ressourcen durch das Wachstum –, ist hier die einzige echte Selbstaufgabe, der ungefährlichste Verzicht auf Leben. Aber diese Haltung ist oft schwer von der des reinen Calvinisten zu unterscheiden, obwohl sie deren Gegenteil ist.

Der Calvinist befand sich wenigstens in höchster Wachheit und Spannung. Der Mensch des industriellen Wachstums – das nur dieses Wachstum zum Zweck hat – ist dagegen der Ausdruck des Schlafs. Keine Spannung herrscht um ihn, kein Verlangen, die Welt nach seinen Maßstäben einzurichten. Die Menschen, aus deren Tätigkeit die moderne Industrie resultierte, wußten nicht einmal, weil sie gar keine Vorstellung davon hatten, daß eine solche Welt unmöglich wäre: sie waren völlig gleichgültig gegenüber der Ohnmacht der Bewegung, die sie trug und die die Welt nicht auf ihr Gesetz reduzieren konnte. Zur Entwicklung des Unternehmens benutzten sie sogar die Absatzmöglichkeiten, die durch das Fortbestehen vieler entgegenlaufender Bewegungen erhalten blieben. In der kapitalistischen Welt gibt es keine prinzipielle Bevorzugung der Produktionsmittelindustrie (diese Bevorzugung taucht erst in der kommunistischen Akkumulation auf). Die Bourgeoisie war sich nicht bewußt, daß der Primat des Wachstums im Gegensatz stand zu den vielerlei unproduktiven Ausgaben, zu den Institutionen und Werten, die die Verschwendung hervorbringen. Dieser Gegensatz berührte lediglich (und auch nur faktisch) die Quantität der Verschwendung. Nur auf lasche und unlogische Weise war der bürgerliche Kapitalismus ein Feind des Luxus: sein Geiz und seine Aktivität schränkten ihn zwar ein, aber abgesehen von nicht einkalkulierten Nebenwirkungen hat er nie vom *laisser-faire* abgelassen.

So hat die Bourgeoisie die Welt der Konfusion geschaffen. Das Wesentliche ist das *Ding*, aber da die Reduzierung des Menschen nicht mehr an seine Selbstverleugnung vor Gott gebunden war, litt alles, was nicht im Schlaf des Wachstums versank, darunter, daß die Suche nach einem Jenseits aufgegeben war. Dennoch waren die Wege nicht versperrt: gerade weil das *Ding* allgemein die Oberhand gewann und die Bewegung der Menge bestimmte, blieben alle mißglückten Träume verfügbar;

das Leben (die allgemeine Bewegung des Lebens) löste sich zwar von ihnen ab, aber ratlosen Wesen dienen sie noch als Trost. Ein Chaos setzte ein, in dem, in den entgegengesetztesten Richtungen, alles gleichermaßen möglich wurde. Die Einheit der Gesellschaft wurde aufrechterhalten durch die unbestrittene Wichtigkeit und den Erfolg des beherrschenden Werks. In diesem Zwielicht konnten die Versuchungen der Vergangenheit ihren Verfall leicht überdauern. In einer Welt, in der die Realität um so hassenswerter war, als sie offiziell das Maß des Menschen darstellte, wurden die Widersprüche, in die jene Versuchungen geführt hatten, nicht mehr empfunden. Der romantische Protest selbst war frei. Aber diese Freiheit nach allen Richtungen bedeutete, daß der Mensch in seiner Einheit (in der ununterschiedenen Masse) bereit war, nichts als ein *Ding* zu sein.

### 4. DIE LÖSUNG DER MATERIELLEN SCHWIERIGKEITEN UND DER RADIKALISMUS VON MARX

In dem Maße, wie die Menschheit ein Komplice der Bourgeoisie ist (kurz, *in ihrer Gesamtheit*), begnügt sie sich dunkel damit, in ihrer menschlichen Natur nichts anderes zu sein als die *Dinge*. Aber mitten in dieser verworrenen Menge und an diese Verworrenheit ebenso gebunden wie die Pflanze an die Erde, entwickelt sich der Geist der Stringenz, dessen Bedeutung darin liegt, daß er auf dem Wege einer Vollendung der *Dinge* - der Adäquation der *Dinge* (der Produktion) mit dem Menschen – den Zugang oder die Rückkehr des Menschen zu sich selbst erreichen will. Und soweit die Stringenz die Entwicklung der reinen Wissenschaften und der Technik zum Ziel hat, läßt ihr die bürgerliche Welt auch freie Bahn.

In den Grenzen der ökonomischen Tätigkeit selbst hat die Stringenz einen festumrissenen Gegenstand: die Verwendung der überschüssigen Ressourcen zur Abtragung der materiellen Schwierigkeiten des Lebens und die Verkürzung der Arbeitszeit. Das ist der einzige Gebrauch der Reichtümer, der einer Adäquation des Menschen mit dem *Ding* entspricht und den negativen Charakter des Handelns bewahrt, dessen Ziel es bleibt, dem Menschen die Möglichkeit zu geben, vollständig über sich selbst zu bestimmen. Der Geist der Stringenz, der an die Entwicklung von Wissenschaft und Technik gebunden ist, ist für diese grundlegende Aufgabe direkt ausgerüstet. Aber der Gebrauch des Komforts und der vermehrten Dienstleistungen der Industriegesellschaft kann nicht auf eine kleine Zahl von Privilegierten begrenzt werden. Der luxuriöse Gebrauch hatte Funktionen, er manifestierte bestimmte Werte und implizierte, daß die Reichtümer an die Verpflichtung gebunden waren, diese Werte zu manifestieren. Diese Manifestation resultierte jedoch aus dem Irrtum, daß wir als Ding begreifen wollen, was die Negation des Dinglichen zum Prinzip hat. Der Geist der Stringenz ist daher darauf aus, die überlebenden Reste der alten Welt zu zerstören. Das kapitalistische Gesetz läßt ihm die Freiheit, die materiellen Möglichkeiten, die er enthält, zu entwickeln, aber es duldet zugleich Privilegien, die dieser Entwicklung ein Hindernis sind. Unter diesen Umständen nötigt die Stringenz bald dazu, aus Wissenschaft und Technik Konsequenzen zu ziehen, die das Chaos der gegenwärtigen Welt auf die strenge Ordnung der *Dinge* selbst reduzieren, auf die rationale Verkettung aller Operationen an den *Dingen*. Sie bekommt damit den revolutionären Sinn, den Marx souverän formuliert hat.

### 5. DIE ÜBERRESTE VON FEUDALISMUS UND RELIGION

Über die Notwendigkeit, in erster Linie die Werte der Vergangenheit zu zerstören, muß noch Genaueres gesagt werden. Im ökonomischen System des Mittelalters war der Reichtum ungleich verteilt zwischen denen, die die anerkannten Werte manifestierten, in deren Namen Arbeit vergeudet wurde, und denen, die die vergeudete Arbeit leisteten.[58] Die Arbeit auf dem Feld oder in der Stadt hatte daher gegenüber den manifestierten Werten nur eine dienende Qualität, aber nicht nur die Arbeit, sondern auch der Arbeiter gegenüber Klerus und Adel. Letztere *behaupteten*, keine *Dinge* zu sein, sondern die Qualität der *Dinglichkeit* fiel, trotz verbaler Proteste, ganz dem Arbeiter zu. Diese Ausgangssituation hat eine eindeutige Konsequenz: man kann nicht den Menschen befreien wollen, indem man die Möglichkeiten der *Dinge* ausschöpft, und zugleich, wie der Kapitalismus es tut, denen freien Lauf lassen, die nichts anderes als die Negation der niedrigen Arbeit im Sinn haben zugunsten erhabener Werke, von denen man behauptet, nur sie könnten den Menschen zu sich selbst zurückführen. Das Überleben von Feudalismus und Religion, das der Kapitalismus nicht beachtet, stellt, wenn man so will, den unabänderlichen und zweifellos unbewußten Willen dar, den Arbeiter zu einem *Ding* zu machen. Der Arbeiter kann nämlich nur dann nichts als ein *Ding* sein, wenn wir uns nicht anders befreien können als dadurch, daß wir uns einem *Werk* verschreiben, das die Arbeit des Arbeiters negiert. Die Vollendung der *Dinge* (die vollendete Adäquation des Menschen und seiner Produktion) kann nur dann eine befreiende Wirkung haben, wenn die alten Werte, die an unproduktive Ausgaben gebunden waren, verurteilt und abgebaut werden, wie die katholischen Werte in der Reformation. Ohne jeden Zweifel erfordert die Rückkehr des Menschen zu sich selbst, daß zunächst das verlogene Gesicht der Aristokratie und der Religion entlarvt wird, das nicht das

---

[58] Alle Arbeiter leisteten sie; die Masse lieferte mit ihrem eigenen Lebensunterhalt zugleich den der mit Luxusaufgaben betreuten Arbeiter.

wahre Gesicht des Menschen ist, sondern sein den *Dingen* verliehener Schein. Die Rückkehr des Menschen zu sich selbst darf nicht mit dem Irrtum derer verwechselt werden, die die Intimität zu greifen meinen, wie man Brot oder einen Hammer ergreift.

### 6. DER KOMMUNISMUS UND DIE ADÄQUATION DES MENSCHEN MIT DER NÜTZLICHKEIT DER DINGE

Von hier aus läßt sich eine radikale Position definieren, der die Welt der Arbeiter ihre politischen Konsequenzen verliehen hat. Es ist in gewisser Hinsicht eine merkwürdige Position: eine radikale Affirmation der realen materiellen Kräfte und eine nicht minder radikale Negation der geistigen Werte. Die Kommunisten geben immer dem *Ding* den Vorzug vor allem, was wagt, nicht dessen untergeordneten Charakter zu haben. Diese Haltung ist fest begründet in den Vorlieben der Proletarier, denen im allgemeinen der Sinn für die geistigen Werte abgeht, die das Interesse des Menschen von selbst auf das klare und deutliche Interesse reduzieren und die Welt der Menschen als ein System voneinander abhängiger *Dinge* ansehen: der Pflug pflügt das Feld, das Feld bringt Getreide hervor, das Getreide ernährt den Schmied, der den Pflug schmiedet. Das schließt zwar keineswegs höhere Bestrebungen aus, aber diese sind veränderlich, unbestimmt, offen, im Gegensatz zu denen der Bevölkerungen alten Typs, die gewöhnlich traditionell und unveränderlich sind. Die Proletarier betreiben tatsächlich die Befreiung des Menschen von den *Dingen* her (auf die sie eine Welt, deren Werte ihnen kaum zugänglich waren, reduziert hatte). Sie führen den Menschen nicht auf ehrgeizige Wege, sie errichten keine reiche und vielgestaltige Welt nach dem Bild der antiken Mythologien oder mittelalterlichen Theologien. Ihre Aufmerksamkeit ist von sich aus begrenzt auf *das, was da ist,* und sie sind nicht durch erhabene Sätze verbunden, die ihre Gefühle ausdrücken. In ihrer Welt gibt es keine feste Grenze gegenüber der allgemeinen Verkettung der voneinander abhängigen *Dinge*. Eine streng realistische, eine brutale Politik, die ihre Beweisführung einzig und allein auf die Realität beschränkt, entspricht ihrer Passion noch am besten, die die Absichten einer egoistischen Gruppe nicht verschleiert und darum nur um so rauher ist. Der Militant wird auf diesem Wege leicht zu einer strikten Unterordnung gebracht. Er akzeptiert ohne Schwierigkeiten, daß das Werk der Befreiung ihn vollends auf ein *Ding* reduzieren wird, wie es der Fall ist, wenn die Disziplin ihm nacheinander sich widersprechende Losungen vorschreibt. Diese radikale Haltung hat folgende merkwürdige Konsequenz: sie gibt den Bürgern, mit deren Ausbeutung die Arbeiter ein Ende machen wollen, das Gefühl, die Freiheit aufrechtzuerhalten, das Gefühl, daß die Individuen der Reduzierung auf die *Dinge* entgehen können. Dennoch handelt es sich hier um eine riesige Anstrengung, deren Ziel die freie Verfügung des Menschen über sich selbst ist.

In Wahrheit können die Bürger nicht wirklich vergessen, daß die Freiheit ihrer Welt die der Konfusion ist. Sie werden schließlich leer ausgehen. Die ungeheuren Ergebnisse der Politik der Arbeiter, die allgemeine provisorische Versklavung, die deren einzige sichere Folge ist, erschrecken sie, aber sie können nur jammern. Sie haben nicht mehr das Gefühl, über eine historische Mission zu verfügen: Tatsache ist, daß sie gegenüber der aufsteigenden Bewegung der Kommunisten nicht die geringste Hoffnung erwecken können.

# Fünfter Teil

# Die gegenwärtige Situation

# I. Die sowjetische Industrialisierung

## 1. DIE MISERE DER NICHTKOMMUNISTISCHEN MENSCHHEIT

Es war immer möglich zu sagen: Die moralische Nichtigkeit der gegenwärtigen Welt ist erschreckend. In einem gewissen Grade gilt immer: Die Tatsache, niemals gesichert zu sein, bestimmt die Zukunft, so wie die Tatsache, eine undurchdringliche Nacht vor sich zu haben, die Gegenwart bestimmt. Dennoch gibt es gute Gründe, von der besonderen Misere der heutigen Situation zu sprechen. Ich denke weniger an die wachsende Gefahr einer Katastrophe – die im Grunde belebender wirkt, als es den Anschein hat – als an das Fehlen eines Glaubens, besser: des Fehlen einer Idee, das das moderne Denken der Ohnmacht ausliefert. Vor dreißig Jahren entwarf man in zahlreichen einander widersprechenden Spekulationen eine dem Menschen angemessene Zukunft. Der allgemeine Glaube an den unendlichen Fortschritt machte den ganzen Erdball und alle zukünftige Zeit zu einer Domäne, über die schrankenlos zu verfügen nicht schwer schien. Seitdem hat sich die Situation stark verändert. Als ein erdrückender Sieg die Rückkehr des Friedens sicherte, bemächtigte sich der meisten nach und nach ein Gefühl der *Unterlegenheit* angesichts der unumgänglichen Probleme. Die einzige Ausnahme bildete die kommunistische Welt – die Sowjetunion und die ihr verbundenen Parteien –, ein Monolith inmitten einer angstvollen, zusammenhanglosen Menschheit, die nichts anderes verbindet als diese Angst.

Dieser Block, der, was ihn selbst angeht, über eine unerschütterliche Sicherheit verfügt, trägt in keiner Weise dazu bei, einen schwachen Optimismus aufrechtzuerhalten, sondern macht die heutige Misere vielmehr vollständig. Von grenzenloser Hoffnung für sich selbst, erfüllt er zugleich diejenigen mit Schrecken, die sein Gesetz ablehnen und nicht blindlings auf seine Prinzipien vertrauen. 1847 riefen Marx und Engels aus: »Ein Gespenst geht um in Europa – das Gespenst des Kommunismus.« 1949 ist der Kommunismus kein Gespenst mehr: er ist ein Staat und eine Armee (bei weitem die stärkste *Landmacht*), unterstützt durch eine organisierte Bewegung und in einer monolithischen Kohäsion gehalten durch die erbarmungslose Verneinung jeglicher Form persönlichen Interesses. Und nicht nur Europa wird dadurch erschüttert, auch Asien. Trotz seiner militärischen und industriellen Überlegenheit versteift sich sogar Amerika, und seine Entrüstung im Namen des kleinlichen Individualismus kann nur mit Mühe seine panische Angst verbergen. Die Angst vor der Sowjetunion ist wie eine Besessenheit und beraubt heute alles, was nicht kommunistisch ist, der Hoffnung. Nichts ist entschlossen, seiner selbst sicher, von einem unnachgiebigen Organisationswillen beherrscht außer der Sowjetunion. Die übrige Welt vertraut ihr gegenüber im Grunde auf die Kraft der Trägheit: sie überläßt sich reaktionslos den in ihr liegenden Widersprüchen, sie lebt in den Tag hinein, blind, arm oder reich, *deprimiert,* und das Wort ist in ihr zu einem ohnmächtigen Protest geworden – zu einem Gejammer.

## 2. DIE INTELLEKTUELLEN POSITIONEN GEGENÜBER DEM KOMMUNISMUS

Mangels vorwärtsweisender Ideen, mangels einer vereinigenden und beflügelnden Hoffnung ist das Denken in Westeuropa und Amerika in erster Linie durch seine Stellung zu Doktrin und Wirklichkeit der sowjetischen Welt bestimmt. Die zahlreichen Anhänger dieser Doktrin sehen in der Diktatur des Proletariats und der Abschaffung des Kapitalismus die Vorbedingungen für ein befriedigendes menschliches Leben. Das Hauptziel des sowjetischen Staates ist nach der Verfassung von 1918 die Abschaffung der Ausbeutung des Menschen durch den Menschen, die sozialistische Organisation der Gesellschaft und der Sieg des Sozialismus in allen Ländern. Der Entschluß, zunächst den »Sozialismus in einem Lande« zu verwirklichen, und die Wege der russischen Revolution seit 1918 haben den Protest bestimmter kommunistischer Gruppen hervorgerufen. Aber bis jetzt haben nur die treuen Parteigänger der Sowjetunion, die entschlossen sind, die Revolution in ihrem Lande im Einklang mit ihr herbeizuführen, aus dieser ihrer Position die Kraft zur Einigung der Arbeitermassen schöpfen können. Die kommunistischen Splittergruppen sind von der gleichen Sterilität wie die anderen aktiven Strömungen innerhalb der Demokratien. Das liegt daran, daß sie Aversion und Ablehnung zum Inhalt haben – nicht Hoffnung, die der eigenen Entschlossenheit entspringt.

Die Reaktion der Opponenten hat übrigens zwei grundverschiedene Quellen.

Auf der einen Seite sind die Folgerungen, die die Sowjetunion aus dem Sozialismus gezogen hat, durch die gegebenen Umstände eingeschränkt worden: der Bereich des Sozialismus ist nicht nur auf ein einziges Land begrenzt worden, sondern darüber hinaus auf ein industriell rückständiges Land. Nach Marx sollte der Sozialismus aus einer äußersten Entwicklung der Produktivkräfte hervorgehen: die gegenwärtige amerikanische Gesellschaft, und nicht die russische von 1917, wäre danach reif für eine sozialistische Revolution. Lenin sah übrigens in der Oktoberrevolution vor allem die ersten – auf einem Umweg gemachten – Schritte einer Weltrevolution. Stalin ging später, im Gegensatz zu Trotzki, davon ab, die Weltrevolution als eine Vorbedingung für den Aufbau des Sozialismus in Rußland anzusehen. Seitdem ließ die Sowjetunion sich jedenfalls auf das Spiel ein, das sie hatte vermeiden wollen. Aber allem Anschein nach hatte sie, entgegen dem Optimismus von Trotzki, keine andere Wahl.

Die Folgen der Politik des »Sozialismus in einem Lande« können nicht übergangen werden: abgesehen von den materiellen Schwierigkeiten, die in keinem Verhältnis stehen zu denen, auf die ein weltweiter Sozialismus stieße, hat die Tatsache, daß die Revolution an ein Land gebunden war, diese verändert und ihr ein zweideutiges Aussehen gegeben, in dem sie schwer zu erkennen war und einen enttäuschenden Eindruck machte.

Aber hier ist es der reaktionäre Aspekt des Stalinismus, der die Opposition hervorruft. Auf der anderen Seite trifft sich die Kritik der Antistalinisten mit der des allgemeinen Antikommunismus.

Die bewußte Mißachtung des individuellen Interesses, des Denkens, der Konventionen und der Rechte der Person gehörte von Anfang an zur bolschewistischen Revolution. In dieser Hinsicht hat die Politik Stalins die gleichen Züge wie die Lenins, darin stellt sie nichts Neues dar. Die ›bolschewistische Härte‹ steht im Gegensatz zum ›verfaulten Liberalismus‹. Der Haß auf den Kommunismus, der heute so allgemein verbreitet und stark ist, richtet sich vor allem gegen diese vollständige, bis zu ihren äußersten Konsequenzen getriebene Negation der individuellen Wirklichkeit. Für die nichtkommunistische Welt ist im allgemeinen das Individuum das Ziel. Wert und Wahrheit beziehen sich auf die isolierte Existenz eines privaten Lebens, das allem anderen gegenüber blind und taub ist (sie beziehen sich genauer auf seine ökonomische Unabhängigkeit). Die Basis der demokratischen (der bürgerlichen) Konzeption des Individuums ist sicher Verlockung, Bequemlichkeit, Geiz und eine Negation des Menschen als Element des Schicksals (des universellen Spiels dessen, was ist); die Person des modernen Bürgers erscheint als die erbärmlichste Figur der Menschheit, aber der ›Person‹, die sich in der

Isolierung – und der Mittelmäßigkeit – des Lebens eingerichtet hat, bietet der Kommunismus einen Sprung in den Tod. Die ›Person‹ weigert sich natürlich, diesen Sprung zu tun, wird aber deshalb nicht zu einer erhebenden Hoffnung. Die Revolutionäre, die mit dieser ihrer Angst übereinstimmen, sind darum in ziemlicher Verlegenheit. Aber der Stalinismus ist so radikal, daß seine kommunistischen Opponenten sich schließlich ehrlich auf der Seite der Bürger befunden haben. Dieses heimliche Einverständnis hat bewußt oder unbewußt sehr zur Schwäche und Trägheit all dessen beigetragen, was der Strenge des stalinistischen Kommunismus entgehen wollte.

Abgesehen von einfachen Gefühlen wie Anhängerschaft, Opposition oder Haß ist die Komplexität des Stalinismus, die rätselhafte Gestalt, die die Umstände seiner Entwicklung ihm verliehen haben, dazu angetan, die verworrensten *intellektuellen* Reaktionen hervorzurufen. Eines der schwierigsten Probleme ist für die heutige Sowjetunion zweifellos mit dem nationalen Charakter verbunden, den der Sozialismus angenommen hat. Seit langem werden bestimmte äußere Züge des sogenannten Sozialismus von Hitler mit denen des Stalinschen Sozialismus verglichen: Führer, Einheitspartei, Bedeutung der Armee, Jugendorganisation, Ablehnung des individuellen Denkens und Repression. Die Ziele und die Sozial- und Wirtschaftsstruktur unterschieden sich zwar radikal und brachten die beiden Systeme in tödlichen Gegensatz zueinander, aber die Ähnlichkeit der Methoden war auffällig. Die Betonung der nationalen Form und sogar der nationalen Tradition hat die Aufmerksamkeit natürlich bei jenen zweifelhaften Vergleichen verharren lassen. In dieser Art von Kritik sind sich übrigens die kommunistische Opposition und der bürgerliche Liberalismus einig; es entstand eine ›antitotalitäre‹ Strömung, die jede Aktion lähmt und deren eindeutig konservative Wirkung gewiß ist.

Das Denken ist durch diese paradoxe Situation so verwirrt, daß es sich sporadisch selbst zu den gewagtesten Interpretationen hinreißen läßt. Sie werden übrigens nicht immer gedruckt. Ich zitiere eine, von der ich gehört habe und die, wenn nicht solid, so doch brillant ist: Der Stalinismus sei keineswegs dem Hitlerismus verwandt, im Gegenteil; er sei kein *Nationalsozialismus*, sondern ein *Imperialsozialismus*. *Imperial* sei dabei nicht im Sinne des nationalen Imperialismus zu verstehen, sondern beziehe sich auf die Notwendigkeit eines *Imperiums*, d. h. eines *Weltstaats*, der mit der ökonomischen und militärischen Anarchie der Gegenwart Schluß machen würde. Der *Nationalsozialismus* habe notwendig scheitern müssen, weil schon seine Prinzipien seine Ausdehnung auf eine Nation beschränkten. Es gebe keine Möglichkeit, eroberte Länder, hinzukommende Zellen der Mutterzelle einzugliedern. Die Sowjetunion dagegen sei ein Rahmen, in den sich jede Nation einfügen könne. Sie könne sich später ebenso eine chilenische Republik eingliedern, wie sie sich schon eine ukrainische Republik eingegliedert habe. Diese Auffassung steht zum Marxismus nicht einmal im Widerspruch. Sie unterscheidet sich nur insofern von ihm, als sie dem Staat die entscheidende Rolle zuerkennt, die Hegel ihm einräumte. Der Mensch des Hegelschen Denkens, des ›Imperialsozialismus‹, ist nicht Individuum, sondern Staat. Das Individuum ist in ihm tot, in der höheren Realität und im Dienst am Staate aufgegangen. In einem weiteren Sinn ist der ›Staatsmensch‹ das Meer, in das der Fluß der Geschichte einmündet. In dem Maße, wie der Mensch am Staat partizipiert, gibt er seine Animalität und Individualität auf. Er ist eins mit der universellen Wirklichkeit. Jeder isolierte Teil der Welt verweist auf die Totalität, aber die höchste Instanz des Weltstaats kann nur auf sich selbst verweisen. Diese Auffassung, die dem, was der Kommunismus den Volksmassen bedeutet, ganz entgegengesetzt ist und keinerlei Begeisterung hervorrufen könnte, ist ein offensichtliches Paradox. Sie hat jedoch den Vorzug, den geringen Sinn und die Armseligkeit des individuellen Vorbehalts hervorzuheben. Man wird danach die Gelegenheit nicht versäumen, der menschlichen Persönlichkeit eine andere Rolle als die des höchsten Zieles zuzuweisen und sie zu befreien, indem man ihr einen weniger engen Horizont öffnet. Was wir vom sowjetischen Leben wissen, bezieht sich auf eingeschränkte Unternehmen oder auf Einschränkungen der persönlichen Freiheit, aber unsere Gewohnheiten werden hier umgestürzt, und worum es in ihm geht, übersteigt sowieso die kurzsichtigen Perspektiven, auf die wir uns gewöhnlich beschränken.

Es ist sicher unvermeidlich, daß die Existenz – und die Drohung – der Sowjetunion verschiedene Reaktionen hervorrufen. Die bloße Ablehnung und der Haß haben einen Nachgeschmack von *laisser-aller*. Der Mut, die Stille des Denkens zu lieben, die Verachtung einer verfehlten Organisation und der Haß auf die Barrieren gegenüber dem Volk veranlassen einen, eine harte und entscheidende Probe herbeizusehen. Wie der Fromme, der im voraus mit dem Schlimmsten rechnet, dessen Gebete jedoch den Himmel bestürmen, warten manche geduldig auf die Entspannung – eine weniger unnachgiebige Haltung –, aber bleiben der Sache treu, die ihnen mit einer friedlichen Evolution der Welt vereinbar scheint. Andere können sich kaum vorstellen, daß diese Welt ganz und gar einer Ausdehnung der Sowjetunion zum Opfer fallen könnte, aber die Spannung, die diese aufrechterhält, scheint ihnen zugleich die Notwendigkeit einer ökonomischen Umwälzung mit sich zu bringen. Ein hübsches geistiges Chaos geht in der Tat aus der Wirkung des Bolschewismus auf die Welt hervor, und aus der Passivität, der moralischen Nichtigkeit, auf die er überall gestoßen ist. Aber vielleicht kann nur die Geschichte dem ein Ende machen durch irgendeine militärische Entscheidung. Wir können hier nicht mehr tun, als danach zu fragen, worin diese Wirkung besteht, die die etablierte Ordnung vor unseren Augen viel tiefer erschüttert, als es Hitler vermochte.

### 3. DIE ARBEITERBEWEGUNG ALS GEGENSATZ ZUR AKKUMULATION

Die Sowjetunion kann die Welt direkt verändern: die Kräfte, die sie vereint, sind einer amerikanischen Koalition womöglich überlegen.

Sie kann sie auch indirekt verändern durch die Nachwirkung, die ihr Handeln hat: der Kampf gegen sie würde ihre Feinde dazu zwingen, die juristischen Grundlagen ihrer Ökonomie zu ändern.

Wenn es nicht zu einer totalen Katastrophe kommt, dann wird jedenfalls die Veränderung der Sozialstruktur durch eine sehr rasche Entwicklung der Produktivkräfte bedingt, die durch die gegenwärtige Regression in Europa nur eine Zeitlang verlangsamt wird.

Die konkrete Lösung, auf die unsere Erschütterungen hinauslaufen, ist für uns vielleicht nur von sekundärer Bedeutung. Aber wir können uns dessen bewußt werden, welche Kräfte hier im Spiel sind.

Der konsequenteste Wechsel bei der Verwendung der überschüssigen Ressourcen war zweifellos, sie hauptsächlich für die Entwicklung der Ausrüstung zu benutzen: damit begann das industrielle Zeitalter, und das bleibt die Grundlage der kapitalistischen Wirtschaft. Was man Akkumulation nennt, bedeutet, daß viele wohlhabende Einzelpersonen sich die unproduktiven Ausgaben eines luxuriösen Lebensstils versagten und ihre Gelder zum Kauf von Produktionsmitteln verwendeten. Dadurch wurde eine beschleunigte Entwicklung möglich, und in dem Maße, wie diese Entwicklung fortschritt, die neuerliche Verwendung eines Teils der gewachsenen Ressourcen für nichtproduktive Ausgaben.

Schließlich greift auch die Arbeiterbewegung selbst vor allem dieses Problem der Verteilung der Reichtümer in entgegengesetzte Sparten auf. Was bedeuten denn die Streiks, die Kämpfe der Lohnarbeiter für die Erhöhung ihres Lohns und die Verkürzung der Arbeitszeit? Die Durchsetzung dieser Forderungen erhöht den Preis der Produktion und vermindert nicht nur den Anteil für den Luxus der Unternehmer, sondern auch den für die Akkumulation. Eine Verkürzung der Arbeitszeit, eine Erhöhung des Preises einer Arbeitsstunde, die durch das Anwachsen der Ressourcen möglich ist, schlagen sich in der Verteilung der Reichtümer nieder: hätte der Arbeiter mehr gearbeitet und weniger verdient, hätte ein größerer Teil des kapitalistischen Profits zur Entwicklung der Produktivkräfte verwendet werden können; die Sozialversicherung verstärkt diesen Effekt noch erheblich. Die Arbeiterbewegung und die Politik der Linken, die sich den Lohnarbeitern gegenüber zumindest liberal verhält, bewirken also durch ihren Gegensatz zum Kapitalismus hauptsächlich, daß ein immer größerer Teil des Reichtums unproduktiven Ausgaben gewidmet wird. Diese Ausgaben betreffen allerdings nicht irgendwelchen strahlenden Wert: sie sollen dem Menschen nur eine größere Verfügung über sich selbst geben. Der Anteil zur gegenwärtigen Befriedigung wird aber dennoch auf Kosten des Anteils zur Verbesserung der Zukunft vergrößert. Daher bedeutet die Politik der Linken, wie wir sie kennen, insgesamt zwar nicht Entfesselung, aber doch Entspannung und die der Rechten Fesselung und knauserige Kalkulation. Die fortschrittlichen Parteien werden also im Grunde von einem Streben nach Generosität und unverzüglichem Lebensgenuß beherrscht.

## 4. DIE UNFÄHIGKEIT DER ZAREN ZUR AKKUMULATION UND DIE KOMMUNISTISCHE AKKUMULATION

Rußlands wirtschaftliche Entwicklung verlief völlig anders als die unsrige, so daß die von mir angestellten Überlegungen hier nicht zutreffen. Selbst im Westen haben die linken Bewegungen nicht von Anfang an jene eben beschriebene Bedeutung gehabt. Die Französische Revolution führte zur Verringerung der verschwenderischen Ausgaben von Hof und Adel zugunsten der industriellen Akkumulation. Durch die Revolution von 1789 holte die französische Bourgeoisie ihr Zurückbleiben hinter dem englischen Kapitalismus auf. Viel später erst, als die Linke nicht mehr gegen einen verschwenderischen Adel, sondern gegen eine Industriebourgeoisie opponierte, wurde sie zu einer rückhaltlos generösen Bewegung. Das Rußland der Zaren von 1917 unterschied sich wenig vom Frankreich des Ancien Régime: es wurde beherrscht von einer Klasse, die zu einer Akkumulation nicht fähig war. Die unerschöpflichen Energiequellen eines ausgedehnten Territoriums blieben mangels Kapital ungenutzt. Erst am Ende des 19. Jahrhunderts entwickelte sich eine Industrie von einiger Bedeutung. Sie war übrigens zu einem übermäßigen Teil von ausländischem Kapital abhängig. »1934 waren nur 53 % der in diese Industrie investierten Fonds russischer Herkunft.«[59] Aber auch diese Entwicklung war so ungenügend, daß die russische Rückständigkeit in fast allen Zweigen gegenüber Ländern wie Frankreich oder Deutschland von Jahr zu Jahr wuchs. »Wir bleiben mehr und mehr zurück«, schrieb Lenin.[60]

Unter diesen Umständen war der revolutionäre Kampf gegen die Zaren und Großgrundbesitzer – von den Konstitutionellen Demokraten bis zu den Bolschewiki – kurze

---

[59] Jorré, *L'U.R.S.S. La Terre et les Hommes*, 1945, S. 133.
[60] Ebd.

Zeit über, einem Wirbelsturm vergleichbar, von der gesamten komplexen Bewegung beherrscht, die in Frankreich die Periode von 1789 bis auf unsere Tage einnimmt. Und seine Bedeutung wurde von vornherein von seinen ökonomischen Grundlagen bestimmt: er konnte nichts anderes erreichen, als der unproduktiven Verschwendung ein Ende zu machen und die Reichtümer der Ausrüstung des Landes zur Verfügung stellen. Er konnte also nur ein Ziel haben, das dem natürlichen Ziel der Arbeitermassen und ihrer Parteien in den Industriestaaten entgegengesetzt war. Jene unproduktiven Ausgaben mußten zugunsten der Akkumulation verringert werden. Die Verringerung würde zwar die besitzenden Klassen treffen, aber der so gewonnene Anteil konnte keineswegs, oder nur an zweiter Stelle, der Verbesserung der Lage der Arbeiter dienen, weil er vor allem der industriellen Ausrüstung zugute kommen mußte.

Der Erste Weltkrieg machte in Rußland sofort deutlich, daß keine Nation zurückbleiben kann, wenn die Zusammenballungen industrieller Kräfte, wie sie die Nationen darstellen, an allen Ecken und Enden zunehmen; und der Zweite Weltkrieg lieferte vollends den Beweis. Die Entwicklung der ersten Industrieländer war entscheidend von innen her bestimmt, die eines rückständigen Landes vor allem von außen. Was man von der inneren Notwendigkeit Rußlands, seine Energiequellen industriell zu nutzen, immer sagen mag, man muß auf jeden Fall hinzufügen, daß allein diese Nutzung es ihm ermöglichte, die Probe des letzten Krieges zu bestehen. Das Rußland von 1917, das von Männern beherrscht war, die planlos in den Tag hinein lebten, konnte nur unter einer Bedingung überleben: wenn es seine Macht entwickelte. Dazu bedurfte es der Führung einer Klasse, die prunkvollen Raubbau verabscheute. Der Beitrag des ausländischen Kapitalismus und das wachsende Zurückbleiben des industriellen Aufschwungs machen deutlich, daß die Bourgeoisie weder die quantitative Bedeutung noch den aufstrebenden Charakter hatte, die ihr einen Sieg erlaubt hätten. Daher das Paradox, daß ein Proletariat gezwungen ist, sich selbst einen unerträglichen Verzicht auf Leben aufzuerlegen, um Leben möglich zu machen. Ein sparsamer Bourgeois verzichtet zwar auf den überflüssigsten Luxus, lebt aber darum nicht weniger im Wohlstand: der Verzicht des Arbeiters dagegen fand in einer Notsituation statt, in der es an allem fehlte.

»Niemand kann so leiden wie ein Russe«, schrieb Leroy-Beaulieu, »und niemand kann so sterben wie ein Russe.« Aber diese äußerste Zähigkeit ist weit entfernt von Berechnung. In keinem anderen Landstrich Europas scheinen dem Menschen die rationalen Tugenden des bürgerlichen Lebens so fremd gewesen zu sein. Diese Tugenden erfordern Sicherheit: die kapitalistische Spekulation braucht eine streng gewährleistete Ordnung, innerhalb derer man planen kann. Das Leben in Rußland, das mit seinen unermeßlichen Ebenen lange Zeit den Barbareneinfällen ausgeliefert und unausgesetzt vom Gespenst des Hungers und der Kälte [61] heimgesucht war, hat eher die entgegengesetzten Tugenden der Sorglosigkeit, der Ausdauer, des Ganz-in-der-Gegenwart-Lebens hervorgebracht. Der Verzicht eines sowjetischen Arbeiters auf sein unmittelbares Interesse zugunsten des Wohls zukünftiger Zeiten erforderte tatsächlich das Vertrauen zu Dritten. Und nicht nur Vertrauen, sondern das Hinnehmen des Zwangs. Die notwendigen Anstrengungen mußten starken und unmittelbaren Stimulanzien entsprechen: diese lagen ursprünglich in der Natur eines gefährlichen, armen und unermeßlichen Landes; sie mußten dieser Unermeßlichkeit und diesem Elend angemessen bleiben.

Die Männer, die an der Spitze des Proletariats *ohne finanzielle Mittel* der Notwendigkeit nachkamen, Rußland zu industrialisieren, konnten übrigens in gar keiner

---

[61] Auf russisch *golod i cholod*.

Weise den kühlen und berechnenden Kopf haben, von dem ein kapitalistisches Unternehmen gelenkt wird. Durch ihre Revolution und ihr Land gehörten sie ganz der Welt des Krieges an, die der Welt der Industrie im allgemeinen entgegengesetzt ist, wie eine Mischung von Terror und Begeisterung – auf der einen Seite das Kriegsrecht, auf der anderen die Fahne – der kalten Kombination von Interessen nur entgegengesetzt sein kann. Das vorsowjetische Rußland hatte eine hauptsächlich agrarische Wirtschaft, die von den Bedürfnissen der Armee beherrscht wurde und deren Reichtümer fast ausschließlich der Verschwendung und dem Krieg vorbehalten waren. Die Armee profitierte nur wenig von den industriellen Leistungen, die ihr in anderen Ländern kostenlos zugute kommen. Der abrupte Sprung vom Zarismus zum Kommunismus bedeutete, daß die Bereitstellung der Ressourcen für die Ausrüstung nicht, wie anderswo, unabhängig vom Stimulans der brutalen Notwendigkeit des Krieges bewerkstelligt werden konnte. Das kapitalistische Sparen findet in einer Art ruhiger Schonung statt, abseits von berauschenden oder schreckenerregenden Stürmen: der reiche Bürger ist eher ein Mann ohne Furcht und Leidenschaft. Der bolschewistische Führer dagegen gehörte wie der zaristische Großgrundbesitzer zur Welt der Furcht und der Leidenschaft. Aber wie der Kapitalist der ersten Zeiten widersetzte er sich der Verschwendung. Außerdem hatte er diese Charaktereigenschaften mit jedem russischen Arbeiter gemein, und sein Abstand von diesem war nicht größer als in kriegerischen Stämmen der des Anführers von denen, die er anführt. Es kann nicht geleugnet werden, daß in dieser Hinsicht anfangs eine moralische Identität zwischen den bolschewistischen Führern und der Arbeiterklasse bestand.

Das Bemerkenswerte an dieser Handlungsweise ist die Bindung des ganzen Lebens an die Macht des gegenwärtigen Interesses. Zwar sind die späteren Resultate der

Beweggrund für die Arbeit, aber sie werden beschworen, um Selbstaufgabe, Enthusiasmus und Leidenschaft zu erregen; ebenso hat die Bedrohung die Akutheit einer unvernünftigen Ansteckung durch die Angst. Das ist nur ein Aspekt des Gesamtbildes, aber ein Aspekt, der deutlich hervortritt. Unter diesen Umständen kann die Kluft zwischen dem Wert der von den Arbeitern geleisteten Arbeit und dem Wert der ausgezahlten Löhne beträchtlich sein.

Für 1938 »war die Gesamtziffer der zu erreichenden Produktion auf 184 Milliarden Rubel festgelegt, von denen 114,5 Milliarden für die Herstellung der Produktionsmittel und nur 69,5 Milliarden für die Erzeugung von Konsumgütern vorgesehen waren«.[62] Dieses Verhältnis entspricht zwar nicht ganz dem Abstand zwischen Lohn und Arbeit, aber es ist offensichtlich, daß mit den verteilten Konsumgütern, die zunächst zur Vergütung der sie erzeugenden Arbeit gehörten, nur ein geringer Teil der Gesamtarbeit bezahlt war. Dieser Abstand wurde seit dem Krieg geringer. Dennoch hat die Schwerindustrie ihre bevorzugte Stellung behalten. Der Planungschef Wosnessenski gab am 15. März 1946 zu: »Der Rhythmus bei der Erzeugung der vom Plan vorgesehenen Produktionsmittel überschreitet ein wenig den bei der Herstellung der Konsumgüter.«

1929, zu Beginn des Fünfjahresplans, nimmt die russische Wirtschaft ihre gegenwärtige Form an. Sie ist gekennzeichnet durch die Verwendung fast der gesamten überschüssigen Ressourcen zur Produktion der Produktionsmittel. Der Kapitalismus verwandte zuerst einen beträchtlichen Teil der vorhandenen Ressourcen zu diesem Zweck, aber es gab nichts in ihm, was sich der Freiheit der Verschwendung widersetzte. (Die begrenzte Verschwendung blieb frei und konnte übrigens teilweise wieder Profit abwerfen.) Der sowjetische Kommunis-

---

[62] Alexinsky, *La Russie révolutionnaire*, 1947, S. 168–169.

mus hat sich dem Prinzip der unproduktiven Verausgabung strikt verschlossen. Er hat sie zwar keineswegs unterdrückt, aber die soziale Umwälzung, die er bewirkte, hat ihre kostspieligsten Formen abgeschafft, und seine ständige Einwirkung zielt darauf ab, von jedem die größtmögliche, bis zur Grenze menschlicher Leistungsfähigkeit gesteigerte Produktivität zu verlangen. Keine Wirtschaftsorganisation vor ihm hat in diesem Maße den Ressourcenüberschuß dem Wachstum der Produktivkräfte, d. h. des Systems zuführen können. In jeder sozialen Organisation wie in jedem lebenden Organismus wird der Überschuß verfügbarer Ressourcen aufgeteilt zwischen dem Wachstum des Systems und der reinen Verausgabung, die der Lebenserhaltung ebensowenig dient wie dem Wachstum. Aber gerade das Land, das beinahe daran zugrunde gegangen wäre, daß es unfähig war, einen ausreichenden Anteil dem Wachstum zukommen zu lassen, hat es fertiggebracht, durch eine abrupte Umkehrung seines Gleichgewichts den bisher dem Luxus und der Trägheit vorbehaltenen Anteil auf ein Minimum zu beschränken: es lebt nur noch für die maßlose Entwicklung seiner Produktivkräfte.

Viktor Kravchenko, der Ingenieur und Mitglied der Partei war, hat bekanntlich, nachdem er Rußland verlassen hatte, in Amerika ›sensationelle‹ Memoiren veröffentlicht, in denen er das Regime heftig anklagt.[63] Welchen Wert diese Angriffe immer haben mögen, aus

---

[63] V. A. Kravchenko, *J'ai choisi la liberté*, 1947 (deutsch: *Ich wählte die Freiheit*, 1949).
Ich zitiere dieses wichtige, natürlich tendenziöse, aber authentische Dokument, weil man ihm, unter Beachtung strenger kritischer Regeln, Züge der Wahrheit entnehmen kann. Aus seinen offensichtlichen Fehlern, Widersprüchen und Oberflächlichkeiten und dem allgemeinen Mangel an intellektueller Solidarität des Autors ist nichts über die Authentizität des Buches zu entnehmen. Es ist ein Dokument wie jedes andere und, wie jedes andere, mit Vorsicht zu genießen.

seiner Schilderung der russischen Industrieproduktion läßt sich die faszinierende Vision einer Welt gewinnen, die ganz von einer gigantischen Arbeit absorbiert wird. Der Autor bestreitet den Wert der angewandten Methoden. Sicher sind diese sehr hart. Sie führten um 1937 zu erbarmungsloser Unterdrückung und zu häufigen Deportationen, die angekündigten Errungenschaften waren manchmal nur eine Fassade für die Propaganda, die allgemeine Unordnung bewirkte, daß die Arbeit zum Teil vergeudet wurde, und die Kontrolle einer Polizei, die überall nur Sabotage und Opposition sah, demoralisierte die Führung und hemmte die Produktion. Diese Fehler des Systems sind hinlänglich bekannt (eher gab es später eine Tendenz, die *Säuberungen* dieser Epoche als übertrieben streng zu verurteilen): wir kennen jedoch nicht ihr Ausmaß, und es gibt keine ausreichend gesicherten Aussagen, die uns Genaueres mitteilen. Aber die Anklagen Kravchenkos können nicht vom Kern seiner Aussagen getrennt werden.

Eine riesige Maschinerie reduziert den individuellen Willen im Hinblick auf den größtmöglichen Ertrag. Kein Platz für irgendwelche Launen. Der Arbeiter erhält ein Arbeitsbuch und kann von nun an nicht mehr von einer Stadt zur anderen, einer Fabrik zur anderen überwechseln. Eine Verspätung von 20 Minuten wird mit Zwangsarbeit bestraft. Ohne Diskussion wird ein Fabrikleiter wie ein Soldat an irgendeinen verlassenen Ort Sibiriens beordert. Das Beispiel Kravchenkos selbst läßt uns eine Welt begreifen, in der es keine andere Möglichkeit als die Arbeit gibt: den Aufbau einer riesigen Industrie zugunsten künftiger Zeiten. Die Leidenschaft, ob glücklich oder nicht, ist nur eine kurze Episode, die wenig Spuren im Gedächtnis zurückläßt. Politische Verzweiflung und erzwungenes Schweigen führen schließlich dahin, daß, abgesehen vom Schlaf, die gesamte Zeit des Lebens dem Arbeitsfieber gewidmet wird.

Unter Zähneknirschen und Gesang, unter drückendem Schweigen oder im Lärm der Reden, in Armut und Exaltiertheit ist Tag für Tag eine riesige Arbeitskraft, die die Zaren brachliegen ließen, mit der Errichtung des Gebäudes beschäftigt, in dem sich der nutzbare Reichtum akkumuliert und multipliziert.

### 5. DIE KOLLEKTIVIERUNG DER LANDWIRTSCHAFT

Der gleiche Wille zur Reduktion wirkte sich auf dem Lande aus.

Allerdings ist die Kollektivierung der Landwirtschaft prinzipiell der anfechtbarste Teil der ökonomischen Strukturveränderungen. Es besteht kein Zweifel, daß sie das Regime teuer zu stehen kam, und sie gilt sogar als das unmenschlichste Moment eines Unternehmens, das sowieso nie zimperlich war. Aber bei der Beurteilung der Erschließung der russischen Ressourcen wird oft vergessen, unter welchen Umständen sie begonnen wurde und welchen Erfordernissen sie nachzukommen hatte. Man begreift nicht die Notwendigkeit einer Liquidierungsaktion, die nicht reiche Grundbesitzer traf, sondern die Klasse der Kulaken, deren Lebensstandard kaum den unserer armen Bauern übertraf. Es wäre klüger gewesen, scheint es, die Landwirtschaft nicht in dem Moment umzuwälzen, wo man an eine Industrialisierung heranging, die die Mobilisierung aller Kräfte verlangte. Es ist schwierig, aus so großer Entfernung ein Urteil zu fällen, aber die folgende Erklärung wird man nicht einfach zurückweisen können.

Zu Beginn des ersten Fünfjahresplans mußte man die *reale* Menge der Agrarprodukte berechnen können, die die Arbeiter konsumieren würden. Da der Plan von vornherein die Leichtindustrie hinter der Schwerindustrie zurückstellen sollte, mußte man die Lieferung der kleinen Industrieprodukte, die für den Landwirt notwendig sind, vernachlässigen. Dafür war vorgeschrieben, ihnen Traktoren zu verkaufen, deren Lieferung um so besser in das Plankonzept paßte, als die Einrichtungen zu ihrer Produktion notfalls auch zu Rüstungszwecken dienen konnten. Aber auf den kleinen Besitzungen der Kulaken konnte man mit Traktoren nichts anfangen. Also mußten ihre Privatbetriebe durch größere Betriebe ersetzt werden, die man assoziierten Bauern übertragen konnte. (Die notwendige und kontrollierbare Buchführung dieser Kollektivwirtschaften erleichterte andrerseits die Requisitionen, ohne die der bäuerliche Konsum kaum den Vorschriften eines Plans entsprochen hätte, der den Anteil der Konsumgüter überall einzuschränken suchte. Und jeder kennt das große Hindernis, das kleine landwirtschaftliche Unternehmen Requisitionen entgegensetzen.)

Diese Erwägungen hatten um so mehr Gewicht, als die Industrialisierung immer eine beträchtliche Verschiebung der Bevölkerung vom Land in die Stadt erfordert. Wenn die Industrialisierung langsam vor sich geht, vollzieht sich diese Verschiebung von selbst in ausgeglichener Weise. Die Mechanisierung der Landwirtschaft gleicht die Entvölkerung auf dem Lande reibungslos wieder aus. Aber eine sprunghafte Entwicklung schafft einen Bedarf an Arbeitskräften, der nicht gedeckt werden kann. Nur der landwirtschaftliche ›Kollektivismus‹ im Anschluß an die Ausrüstung mit Maschinen kann den Bestand und das Wachstum der Feldproduktion sichern, ohne die die Vermehrung der Fabriken zu einer unausgeglichenen Entwicklung führen würde.

Aber all das, sagt man, kann keine Rechtfertigung der Grausamkeit sein, mit der die Kulaken behandelt worden sind.

Es ist notwendig, diese Frage in ihrem Zusammenhang zu behandeln.

## 6. DIE SCHWÄCHEN DER KRITIK AN DEN HÄRTEN DER INDUSTRIALISIERUNG

In der Welt der Friedenszeit, in der die Franzosen aufwachsen, kann man sich nicht mehr vorstellen, daß Grausamkeit unvermeidlich scheinen kann. Aber diese bequeme Welt hat ihre Grenzen. Woanders gibt es Situationen, in denen Grausamkeiten gegenüber einzelnen zu Recht oder zu Unrecht belanglos scheinen angesichts des Unglücks, das man durch sie zu verhindern sucht. Betrachtet man den Vorzug einer Fabrikation von Traktoren gegenüber der von einfachen Werkzeugen isoliert, dann begreift man kaum, wieso dazu Exekutionen und Deportationen notwendig gewesen sind, deren Opfer in die Millionen gegangen sein sollen. Aber ein unmittelbares Interesse kann sich aus einem anderen ergeben, dessen lebenswichtiger Charakter nicht geleugnet werden kann. Heute ist leicht einzusehen, daß die Sowjets mit der Organisation der Produktion im voraus auf eine Frage von Leben und Tod reagierten.

Ich will nicht rechtfertigen, ich will nur verstehen, und deshalb scheint es mir oberflächlich, sich lange beim Abscheu aufzuhalten. Man kann leicht behaupten, nur weil eine Unterdrückung grauenhaft war und man Terror haßt, daß mit Milde mehr zu erreichen gewesen wäre. Kravchenko behauptet das einfach, ohne daß er es beweisen kann. Ebenso leichtfertig behauptet er, die Führung hätte mit menschlicheren Methoden den Krieg wirksamer vorbereiten können. Was Stalin bei den russischen Arbeitern und Bauern erreichte, lief zahlreichen Einzelinteressen entgegen und ganz allgemein sogar dem unmittelbaren Interesse jedes einzelnen. Wenn ich den Sinn des Unternehmens richtig wiedergegeben habe, so kann man sich nicht vorstellen, daß sich eine Bevölkerung einmütig ohne Widerstand einen so strengen Verzicht auferlegt. Kravchenko könnte seine Kritik nur aufrechterhalten, wenn er das Scheitern der Industriali-

## Die gegenwärtige Situation 201

sierung eindeutiger nachwiese. Er begnügt sich jedoch mit Erklärungen über Chaos und Schlamperei. Der Beweis für die Nichtigkeit der industriellen Erfolge läge in den demütigenden Niederlagen von 1941 und 1942. Dennoch vernichtete die Rote Armee die deutsche Wehrmacht. Natürlich auf Grund der westlichen Hilfe. Aber es unterläuft ihm folgender überraschender Satz: »Später übrigens, nach Stalingrad, kamen die amerikanischen Waffen und Ausrüstungen in Massen.«[64] In der Entscheidungsschlacht des Krieges war also die russische Ausrüstung, das Resultat der industriellen Anstrengung ausschlaggebend. Vor dem Kongreßausschuß für antiamerikanische Umtriebe in Washington macht Kravchenko außerdem folgende, nicht weniger überraschende Aussage: »Man muß verstehen, daß alles Gerede, die Sowjetunion könne keine Atombomben herstellen, wegen des Rückstands in der technischen Entwicklung der russischen Industrie gegenüber der amerikanischen oder englischen, nicht nur fehl am Platz ist, sondern auch gefährlich, weil es die öffentliche Meinung täuscht.«

Wenn wir uns nicht an die Absichten einer antistalinschen Propaganda halten, dann ist das Buch von Kravchenko von großem Interesse, obwohl es keinerlei theoretischen Wert hat. Soweit sie nicht die Sensibilität, sondern den Verstand des Lesers anspricht, ist die Kritik des Autors hinfällig. Er leistet Amerika heute einen Dienst, er warnt die Amerikaner (in seiner Aussage vor dem Ausschuß), die der Meinung sind, der Kreml habe seinen Plan einer Weltrevolution aufgegeben: dennoch verurteilt er am Stalinismus den Trend zur Konterrevolution. Auf jedes politische und ökonomische Problem des gegenwärtigen kommunistischen Systems hat er nur eine Antwort: Stalin und seine Leute sind für einen unannehmbaren Zustand verantwortlich. Das heißt, wo Stalin gescheitert sein soll, hätten andere Männer und

[64] Ebd., S. 483.

andere Methoden Erfolg gehabt. Er spricht jedoch nicht von der mühseligen Lösung des Problems. Die Sowjetunion – und Rußland ganz allgemein – hätte auf Grund des zaristischen Erbes offensichtlich nicht überleben können ohne einen massiven Einsatz der Ressourcen für die industrielle Ausrüstung. Wenn dieser Einsatz auch nur etwas weniger streng, etwas erträglicher gewesen wäre, als Stalin es verlangte, wäre Rußland wohl zugrunde gegangen. Diese Behauptungen lassen sich natürlich nicht absolut beweisen, aber alles spricht für ihre Richtigkeit, und demgegenüber wirkt das Buch von Kravchenko nicht überzeugend. Es ist vielmehr ein Beleg für die Notwendigkeit jenes massiven, strengen, schwer erträglichen Einsatzes, dessen schließliche Resultate es aufzeigt: in Stalingrad rettete sich Rußland mit seinen eigenen Mitteln vor dem Untergang.

Es wäre müßig, sich allzulange bei der Tatsache aufzuhalten, daß es Fehler, Chaos und Ertragsausfälle gegeben hat. Diese Tatsache ist unleugbar und wird vom Regime auch keineswegs bestritten, aber so groß diese Fehlerquote auch gewesen sein mag, ein entscheidendes Resultat wurde erreicht. Es bleibt nur noch die Frage, ob mit weniger kostspieligen Methoden ein rationellerer Ertrag möglich gewesen wäre. Die einen mögen sagen: wenn die Zaren weiter regiert hätten, wäre auch der kapitalistische Aufschwung gekommen. Andere mögen von Menschewismus sprechen. Und die am wenigsten Verrückten von irgendeiner anderen Form des Bolschewismus. Aber die Zaren und die herrschende Klasse, auf die sie sich stützten, waren für diese Operation, was die Möglichkeit des Entweichens – der Riß – für ein geschlossenes System ist. Der Menschewismus, der nach einer aufsteigenden Bourgeoisie verlangte, war ein Ruf in der Wüste. Der Trotzkismus bedeutet Mißtrauen gegenüber den Möglichkeiten des »Sozialismus in einem Lande«. Bleibt die Behauptung, daß ein weniger harter Stalinismus, der sich im voraus der Wirkung seiner

Handlungen bewußt gewesen wäre und die für ein solches System notwendige Einheit aus der spontanen Zustimmung gewonnen hätte, erfolgreicher gewesen wäre. In Wahrheit revoltieren wir nur gegen eine unmenschliche Härte. Und wir wären eher bereit, zu sterben, als Terror herrschen zu lassen; aber nur ein einzelner kann sterben, eine riesige Bevölkerung hat allein die Möglichkeit, zu leben. Die russische Welt mußte den Rückstand der zaristischen Gesellschaft aufholen, und das war zwangsläufig so mühsam, erforderte eine so große Anstrengung, daß das gewaltsame Vorgehen – das in jeder Hinsicht das kostspieligste ist – zum einzigen Ausweg wurde. Wenn wir die Wahl haben zwischen dem, was uns lockt, und dem, was unsere Ressourcen vermehrt, so ist es immer hart, zum Wohl zukünftiger Zeiten auf unser Verlangen zu verzichten. Leicht ist es höchstens, wenn es uns gut geht, dann stößt das rationale Argument auf kein Hindernis. Aber wenn wir erschöpft sind, vermögen nur Terror und Begeisterung ein Erlahmen zu überwinden. Ohne ein heftiges Stimulans konnte Rußland sich nicht wieder aufrichten. (Die gegenwärtigen Schwierigkeiten Frankreichs unter weniger ungünstigen Umständen lassen einen diese Zwangslage ermessen: unter der deutschen Besatzung war das Leben materiell relativ leicht wegen des Wegfalls der Akkumulation – nur mit großer Mühe wird es uns gelingen, für die Zukunft zu arbeiten.) Der Stalinismus hat nach seinen Kräften, jedoch immer mit Härte, auf die Angst und Hoffnung einer Situation reagiert, die ernst, aber voller offener Möglichkeiten war.

Die Kritik am Stalinismus ist übrigens darin gescheitert, daß sie die Politik der gegenwärtigen Führer als Ausdruck der Interessen, wenn nicht einer Klasse, so doch zumindest einer Gruppe hat hinstellen wollen, die sich den Massen entfremdet hatte. Weder die Kollektivierung der Landwirtschaft noch die Orientierung der Industriepläne entsprach den Interessen der Führer als einer Gruppe mit einer besonderen wirtschaftlichen Stellung. Selbst böswillige Autoren können die Qualitäten der Umgebung Stalins nicht leugnen. Kravchenko, der im Kreml die Leute der Führungsspitze persönlich gekannt hat, ist in diesem Punkt ganz klar: »Ich kann trotz allem bezeugen, daß die meisten Führungskräfte, mit denen ich Verbindung hatte, fähige Leute waren, die ihr Geschäft verstanden, dynamische und völlig ihrer Aufgabe ergebene Leute.«[65] Um 1932 stellte ich Boris Souvarine, der den Kreml vom ersten Tag an kannte, folgende Frage: »Aus welchem Grund spielte sich Stalin, Ihrer Meinung nach, derart in den Vordergrund und beseitigte alle anderen?« »Zweifellos hielt er sich für den einzigen«, antwortete er, »der nach dem Tode Lenins die Kraft hatte, die Revolution zu Ende zu führen.« Souvarine sagte das ganz ohne Ironie. Tatsächlich ist die Stalinsche Politik die strenge, sehr strenge Antwort auf eine vorgefundene ökonomische Notwendigkeit, die äußerste Strenge erforderte.

Das Merkwürdigste ist, daß man sie gleichzeitig als eine Politik des Terrors und des Thermidors beurteilt. Naiver kann man nicht bezeugen, welche Verwirrung eine unerbittliche Haltung im Geist der Opponenten anrichtet. Wahr ist, daß wir Terror hassen und gerne der Reaktion anlasten. Aber die Koppelung von Nationalismus und Marxismus war um keinen Grad weniger eine Frage von Leben und Tod als die riesige Industrialisierung: kaum überzeugte Massen hätten sich nicht einmütig für die kommunistische Revolution schlagen können. Wenn die Revolution ihr Schicksal nicht mit dem der Nation verbunden hätte, hätte sie zur Selbstaufgabe bereit sein müssen. Dazu die Erinnerung von W. H. Chamberlain an ein Ereignis, das ihn sehr beeindruckt hatte: »Es gab eine Zeit, in der der Nationalismus eine fast konterrevolutionäre Schmuggelware war. Ich erinnere

[65] Ebd., S. 533.

mich daran, wie ich in der Moskauer Staatsoper auf den unvermeidlichen Applaus wartete, der auf eine Arie der Mussorgski-Oper *Die Fürsten Chowansky* folgte, einer Oper über das alte Rußland. Diese Arie war ein Gebet, das Gott um die Entsendung eines Geistes zur Rettung der *Rus* anflehte, wie Rußland nach einer alten Bezeichnung hieß. Dieser Applaus ähnelte sehr stark einer Demonstration gegen das sowjetische Regime . . .«[66] Als der Krieg heranrückte, wäre es nicht sehr klug gewesen, so tiefe Reaktionen zu ignorieren, aber kann man davon auf eine Aufgabe des marxistischen Internationalismus schließen? Die Schilderungen über die geschlossenen Sitzungen des Parteikomitees des Sownarkom (der Regierung der RFSSR, der Russischen Föderativen Sozialistischen Sowjetrepublik), die Kravchenko gibt[66a], lassen dem Zweifel daran wenig Raum. Innerhalb des Kreml sprachen die Parteiführer ständig vom »Rückgang des Leninismus« als von einem »vorübergehenden taktischen Manöver«.

### 7. DER GEGENSATZ ZWISCHEN DEM WELTPROBLEM UND DEM RUSSISCHEN PROBLEM

Man muß blind sein, wenn man nicht sieht, daß die heutige Sowjetunion bei all ihrer Härte und Intoleranz nicht der Ausdruck eines Verfalls, sondern einer schrecklichen Spannung, einer Entschlossenheit ist, die vor nichts zurückgeschreckt ist und zurückschrecken wird, um die *realen* Probleme der Revolution zu lösen. Man kann den Tatsachen zwar eine moralische Kritik entgegenhalten und hervorheben, was sich in der Realität vom einst proklamierten ›Ideal‹ des Sozialismus, der individuellen

---

[66] W. H. Chamberlain, *L'Enigme russe*, Montreal 1946, S. 340.
[66a] Ebd., S. 560–566.

Interessen und des individuellen Denkens entfernt hat. Aber diese Umstände sind die der Sowjetunion – nicht die der ganzen Welt –, und man muß ebenfalls blind sein, wenn man nicht die Folgen eines *realen* Gegensatzes sieht zwischen sowjetischer Doktrin und Methode (die sich aus besonderen Bedingungen Rußlands ergeben) und und den wirtschaftlichen Problemen der anderen Länder.

Da das gegenwärtige System der Sowjetunion auf die Erzeugung von Produktionsmitteln ausgerichtet ist, läuft es den Arbeiterbewegungen der anderen Länder grundsätzlich entgegen, denn diese streben danach, die Produktion der Ausrüstung zu verringern und die der Konsumgüter zu erhöhen. Aber insgesamt entsprechen diese Arbeiterbewegungen der ökonomischen Notwendigkeit, die sie bedingt, nicht weniger als der sowjetische Apparat der seinen. Die ökonomische Situation der Welt wird ja von der Entwicklung der amerikanischen Industrie beherrscht, das heißt von einem Überschuß an Produktionsmitteln und Möglichkeiten ihrer Multiplikation. Die Vereinigten Staaten haben sogar grundsätzlich die Macht, verbündete Industrien auf lange Sicht dem Stand ihrer eigenen anzunähern. Daher verwandelt sich in den älteren Industrieländern (trotz gegenteiligen Anscheins) das ökonomische Problem von einem Problem der Absatzmärkte in ein Problem profitloser Konsumtion (da die Absatzfragen bereits weitgehend unlösbar geworden sind). Die juristischen Grundlagen der Industrieproduktion können bestimmt nicht aufrechterhalten werden. In allen Teilen und auf jede Weise verlangt die gegenwärtige Welt schnelle Veränderungen. Kaum jemals wurde die Erde von einer solchen Vielfalt schwindelerregender Bewegungen beherrscht. Aber sicher war der Horizont auch noch niemals von so großen und plötzlichen Katastrophen umdüstert. Müssen wir es aussprechen? Träten sie ein, dann wären die Methoden der Sowjetunion – mit einem bewundernswerten Schweigen der individuellen Stimme! – als einzige auf der Höhe einer ruinierten Unermeßlichkeit. (Es ist sogar möglich, daß die Menschheit dunkel danach strebt, sich auf eine so vollendete Negation der filzigen Unordnung zu gründen.) Aber ohne weiter mit dem Entsetzen zu spielen – da der Tod dem unerträglichen Leiden rasch ein Ende macht –, ist es Zeit, sich dieser Welt zuzuwenden und ihre vermehrten Möglichkeiten wahrzunehmen. Nichts ist demjenigen verschlossen, der einfach die materiellen Bedingungen des Denkens anerkennt. Und von allen Seiten und auf alle Arten fordert die Welt den Menschen auf, sie zu verändern. Zweifellos fühlt sich der Mensch dieser Hemisphäre nicht unbedingt gedrängt, dem bahnbrechenden Weg der Sowjetunion zu folgen. Zum allergrößten Teil verzehrt er sich heute in der Sterilität eines entsetzten Antikommunismus. Aber wenn es um die Lösung seiner eigenen Probleme geht, dann sollte er Besseres zu tun haben, als blindlings zu verfluchen und eine Misere zu beklagen, die von seinen vielfältigen Widersprüchen herrührt. Gelingt es ihm, die grausame Energie jener, die den russischen Boden aufwühlten, zu begreifen, oder besser noch, zu bewundern, wird er den Aufgaben, die auf ihn warten, näher sein. Denn *von allen Seiten und auf alle Arten will eine Welt, die in Bewegung ist, verändert werden.*

## II. Der Marshallplan

### 1. DIE KRIEGSDROHUNG

Außerhalb des kommunistischen Unternehmens und der kommunistischen Lehre nimmt der Mensch offensichtlich die Ungewißheit hin und begnügt sich mit kurzen Perspektiven. Nichts außerhalb der sowjetischen Welt, was einer aufsteigenden Bewegung gliche, was einen Aufschwung nähme. Übrig bleibt das ohnmächtige Durcheinander des Jammerns, des *Schonbescheidwissens*, der dreisten Bekundungen entschlossenen Nichtverstehens. Dieses Chaos begünstigt jedoch die Entstehung eines wirklichen *Selbstbewußtseins* eher als sein Gegenteil, und man könnte sogar sagen, daß ohne diese Ohnmacht – und zugleich ohne die Spannung durch die Aggressivität des Kommunismus – das Bewußtsein nicht frei, nicht *wach* wäre.

Die Situation ist tatsächlich so quälend, daß sie die Individuen aus ihrer Apathie reißen kann. Ein ›Schisma‹, ein vollständiger Riß zerreißt nicht nur die Geister, sondern den Geist schlechthin: denn zwischen den fraglichen Teilen ist anfangs alles gemein! Spaltung und Haß sind deshalb nicht weniger vollständig, und was sie ankündigen, ist allem Anschein nach Krieg: ein gnadenloser Krieg, unweigerlich der grausamste und kostspieligste der Geschichte.

Das Nachdenken an der Schwelle des Krieges steht übrigens unter besonderen Bedingungen, denn wie man ihn auch anfängt, man kann sich nicht vorstellen, daß man ihn, wenn er stattfindet, über einen Weltbrand hinaus fortsetzen kann.

Was bedeutete, wenn Rußland siegte, eine allgemein zerstörte Welt, in der die Vereinigten Staaten, weit davon entfernt, anderen Ländern helfen zu können, schlimmer verwüstet wären als Deutschland heute? Auch die Sowjetunion wäre dann verwüstet, und der in der Welt etablierte Marxismus hätte nichts mehr zu tun mit der Revolution, die die Entwicklung der Produktivkräfte erforderte. Was bedeutete die Vernichtung des Kapitalismus, die zugleich die Vernichtung der Werke des Kapitalismus wäre? Offensichtlich das brutalste Dementi, das der Hellsicht von Marx erteilt werden könnte. Die Menschheit, die das Werk der industriellen Revolution zerstört hätte, wäre die ärmste aller Zeiten: die Erinnerung an den kürzlich noch vorhandenen Reichtum würde sie vollends lebensunfähig machen. Lenin definierte den Sozialismus als »Sowjetmacht plus Elektrizität«. Der Sozialismus erfordert in der Tat nicht nur die Macht des Volkes, sondern auch Reichtum. Und niemand kann sich ernsthaft vorstellen, daß er auf einer Welt aufbaute, in der Barackenlager die Zivilisation abgelöst hätten, die Namen wie New York und London symbolisieren. Diese Zivilisation ist vielleicht hassenswert, sie scheint manchmal nur ein böser Traum zu sein, sie erzeugt mit Sicherheit ein Unbehagen und eine Nervosität, die ein Abgleiten in die Katastrophe begünstigen. Aber niemand kann sich vernünftigerweise bei etwas aufhalten, was nur die Anziehungskraft des Sinnlosen für sich hat.

Natürlich kann man sich auch einen Sieg der Vereinigten Staaten über Rußland vorstellen, der die Welt nicht vollständig verwüstet hätte. Aber das ›Schisma‹ wäre dabei um so weniger beseitigt, je weniger ein solcher Sieg den Sieger gekostet hätte. Offensichtlich würde die Weltherrschaft allein dem Inhaber der Entscheidungswaffen zufallen, *aber so wie das Opfer dem Henker*. Diese Aufgabe des Henkers ist so wenig beneidenswert, das Bewußtsein, daß eine so blutige Lösung das soziale Leben entschieden vergiften würde, ist so stark, daß es auf amerikanischer Seite keine dauerhafte Partei für einen kurzfristigen Krieg gibt. Dagegen ist klar, zumindest wahrscheinlich, daß die Zeit für Rußland spielt.

## 2. DIE MÖGLICHKEIT EINES NICHTMILITÄRISCHEN WETTBEWERBS ZWISCHEN DEN PRODUKTIONSMETHODEN

Betrachtet man auf der einen Seite das Schweigen des Kommunismus, das allenthalben durch Konzentrationslager erzwungen wird, und auf der anderen Seite die *Freiheit*, die die Kommunisten ausrottet, so kann es keinen Zweifel geben: für das Erwachen des Bewußtseins gibt es kaum eine bessere Situation.

Aber obwohl das erwachte Bewußtsein das Resultat der Bedrohung ist, und sei es auch einen Augenblick an das Gefühl einer nutzlosen Bemühung geknüpft, der schon verlorenen Partie, kann es auf keinen Fall sich der Angst überlassen: was in ihm überwiegt, ist vielmehr die Gewißheit des Augenblicks (der komische Gedanke, daß nur die Nacht die Antwort sein wird auf den Willen, zu sehen). Aber bis zum letzten Moment könnte es das *ruhige* Suchen nach der *Chance* nicht aufgeben. Es würde erst beim glücklichen Ausgang des Todes aufgeben.

*Was in der völligen Zerrissenheit einen davon abhält, den Krieg als unvermeidlich anzusehen, ist der Gedanke – um eine Formulierung von Clausewitz umzukehren –, daß die Ökonomie unter den gegenwärtigen Bedingungen seine Fortsetzung mit anderen Mitteln ist.*

Auf der Ebene der Ökonomie gerät die Welt der industriellen Entwicklung, der wachsenden Akkumulation, mit der Welt der entwickelten Industrie in Konflikt.

Grundsätzlich kommt die Kriegsgefahr von der Seite der überschüssigen Produktion: nur der Krieg kann, wenn der Export schwierig ist *und sich kein anderer Ausweg zeigt*, der Kunde einer überschüssigen Industrie sein. Die amerikanische Wirtschaft ist sogar die größte Explosivkraft, die es jemals auf der Welt gegeben hat. Ihr explosiver Druck wird zwar nicht, wie in Deutschland, zugleich von außen durch die Nachbarschaft dichter, militärisch gerüsteter Völker, und von innen durch ein Ungleichgewicht in der Entwicklung der Produktiv-

## Die gegenwärtige Situation

kräfte verstärkt. Die Vorstellung dagegen, daß diese riesige, von der Bewegung *unaufhaltsamen* Wachstums beherrschte Maschinerie funktionsfähig, ausgeglichen und rational sei, schließt die Gefahr äußerster Leichtfertigkeit in sich. Die Tatsache, daß sie sich in zwei Kriegen ausgetobt hat, kann nicht ganz beruhigen. Es ist jedenfalls schmerzlich zu sehen, wie eine dynamische Gesellschaft sich hemmungslos und kurzsichtig der Bewegung überläßt, die sie mit sich fortreißt. Es ist schmerzlich zu wissen, daß sie in ihrem Innern die Gesetze ihres Antriebs verkennt und produziert, ohne die Folgen der Produktion abgeschätzt zu haben. Diese Wirtschaft war zwei Kriegen gewachsen: welche plötzliche Zauberkraft könnte sie, nachdem ihr Wachstum sich weiter fortsetzt, auf das Maß des Friedens bringen? Diejenigen, die sie beherrschen, sind naiv davon überzeugt, kein anderes Ziel zu haben. Aber kann man sie nicht fragen, ob sie nicht unbewußt das Gegenteil dessen verfolgen, was ihr Bewußtsein annimmt? Die Amerikaner sind gewohnt, daß andere Krieg anfangen, und die Erfahrung zeigt ihnen den Vorteil des Abwartens.

Dieser pessimistischen Perspektive ist jedoch eine andere gegenüberzustellen, die auf der Konzeption eines weitläufigen, bereits begonnenen Projekts fußt. So wie man kaum sieht, daß die Vereinigten Staaten auf lange Sicht prosperieren können, ohne eine Hekatombe an Reichtümern, in Gestalt von Flugzeugen, Bomben und anderen militärischen Ausrüstungen, so kann man sich auch eine entsprechende Hekatombe für unblutige Zwecke vorstellen. Anders gesagt, aus der Tatsache, daß der Krieg für die amerikanische Wirtschaft notwendig ist, folgt noch nicht, daß er immer die traditionelle Form annehmen muß. Man kann sich sogar leicht eine von jenseits des Atlantik kommende Bewegung vorstellen, die mit der Routine entschieden bricht: ein Konflikt muß nicht notwendig militärisch sein, man kann einen weltweiten ökonomischen Wettbewerb in Betracht ziehen, der denjenigen, der die Initiative innehätte, Opfer im Ausmaß von Kriegen kosten würde und Ausgaben in der Höhe eines Kriegsetats erforderte, die durch keine Erwartung kapitalistischen Profits ersetzt werden könnten. Was ich von der Apathie der westlichen Welt gesagt habe, legt allerdings den einen Vorbehalt nahe, daß es in dieser Welt weder eine politische Strömung (im Sinne der Propaganda) noch eine geistige Bewegung gibt, die wirklich reaktionsfähig wäre. Aber ein bestimmtes Vorhaben antwortet dennoch auf den sowjetischen Druck. Der Marshallplan ist zwar eine isolierte Reaktion, aber er ist das einzige Unternehmen, das dem Streben des Kreml nach der Weltherrschaft eine systematische Perspektive entgegenstellt. Der Marshallplan gibt dem gegenwärtigen Konflikt sein eigentliches Gesicht: sein Prinzip ist nicht der Kampf um die Vorherrschaft zwischen zwei Militärmächten, sondern zwischen zwei Wirtschaftsmethoden. Der Marshallplan setzt der Akkumulation der Stalinschen Pläne eine Organisation der Überschüsse entgegen, und das schließt nicht mit Notwendigkeit den bewaffneten Kampf ein, der sowieso keine wirkliche Entscheidung herbeiführen könnte. Wenn die entgegengesetzten Kräfte ökonomisch von verschiedener Art sind, müssen sie auf der Ebene der wirtschaftlichen Organisation in Wettbewerb treten. Das scheint die Initiative des Marshallplans zu realisieren, die einzige Reaktion des Westens auf den Einfluß der Sowjets in der Welt.

Entweder werden die noch schlecht ausgerüsteten Teile der Welt nach sowjetischen Plänen industrialisiert, oder die Überschüsse Amerikas werden zu ihrer Ausrüstung beitragen. (Ohne jeden Zweifel bietet der Erfolg, das heißt die Verwirklichung der zweiten Lösung eine echte Hoffnung.)

## 3. DER MARSHALLPLAN

François Perroux, einer der originellsten unter den französischen Ökonomen, sieht im Marshallplan ein historisches Ereignis von außerordentlicher Bedeutung.[67] Für François Perroux ist der Marshallplan »der Beginn des größten Wirtschaftsexperiments im internationalen Maßstab, das je unternommen worden ist« (S. 82). Daher sind seine Folgen »im Weltmaßstab« geeignet, »die kühnsten und gelungensten Strukturreformen, wie sie von den verschiedenen Arbeiterparteien im nationalen Maßstab propagiert werden, weit zu übertreffen« (S. 84). Er wäre übrigens eine wahre Revolution, ja, »*die* Revolution, auf die es in dieser Saison der Geschichte ankommt« (S. 38). »Die revolutionäre Umwandlung«, die er einführt, verändert nämlich »die gewohnten Beziehungen zwischen den Nationen« (S. 184). »Denn es gehört mehr revolutionärer Geist dazu, die Kämpfe der Völker gegeneinander zu bannen, als sie im Namen des Klassenkampfes vorzubereiten« (S. 34). An dem Tage, an dem das Unternehmen General Marshalls »mit einem ersten Erfolg gekrönt sein wird, wird es durch seine Wohltaten die tiefsten und erfolgreichsten Sozialrevolutionen in den Schatten stellen« (S. 38).

Diese Ansicht stützt sich auf genaue Überlegungen. Der Marshallplan will das Defizit der europäischen Zahlungsbilanzen gegenüber den Vereinigten Staaten ausgleichen. Dieses Defizit ist im Grunde alt: »Exportüberschuß kennzeichnet den chronischen Befund der amerikanischen Zahlungsbilanz. Von 1919 bis 1935 ist er zu einem Gesamtumfang von 14 Milliarden 450 Millionen Dollar angewachsen...« (S. 215). Aber der größte Teil wurde durch Zahlungen in Gold wieder ausgeglichen, der Rest wurde durch einen Kredit gedeckt, der auf der

---

[67] François Perroux, *Le Plan Marshall ou l'Europe nécessaire au monde*, 1948.

Abschätzung der kalkulierbaren Interessen fußte. Diese Möglichkeiten sind heute verschwunden. Die Armut Europas hat einen äußerst dringenden Bedarf an amerikanischen Produkten erzeugt, ihr Import hat zwangsläufig ein wachsendes Defizit zur Folge, aber es fehlt an jeglichen Mitteln für einen Ausgleich. Nicht nur Gold und Kredit, sondern auch die europäischen Guthaben in den Vereinigten Staaten sind geschwunden. Der Wiederbeginn des Tourismus steckt erst in den Anfängen, und die teilweise Zerstörung der europäischen Handelsflotte hat ein Anwachsen der Dollarausgaben zur Folge. Der Ausfall eines intensiven Handels mit Gebieten wie Südostasien, deren Produkte in den Vereinigten Staaten sehr gefragt waren, beraubt Europa eines weiteren Mittels, den Überschuß seiner amerikanischen Importe zu verringern. Die Logik der Handelstätigkeit, die die Lieferung dem Profit des Lieferanten unterordnet, hätte folglich dem ruinierten Europa die Möglichkeit einer Rückkehr zu einer funktionierenden politischen Ökonomie genommen.

Was aber hätte ein derartiges Ungleichgewicht in der heutigen Welt bedeutet? Vor diesem Problem standen die Vereinigten Staaten. Entweder das Prinzip des Profits wurde blind aufrechterhalten, dann hätte man allerdings die Folgen einer unhaltbaren Situation zu tragen (man kann sich leicht das Schicksal Amerikas vorstellen, wenn es die übrige Welt dem Haß überliefert hätte), oder man brach mit dem Gesetz, auf dem die kapitalistische Welt fußte, das heißt, man lieferte Waren ohne Bezahlung, man *verschenkte* das Produkt der Arbeit.

Der Marshallplan brachte die Lösung des Problems. Er ist das einzige Mittel, Europa die Produkte zukommen zu lassen, ohne die das Fieber in der Welt steigen würde.

Vielleicht hat François Perroux recht, seine Bedeutung zu unterstreichen. Er stellt zwar, im vollen Sinn des

Worts, keine *Revolution* dar. Aber zu sagen, die revolutionäre Tragweite des Marshallplans sei zweifelhaft, ist auf jeden Fall ungenau. Man kann sich höchstens fragen, ob er wirklich die technische Bedeutung und die langfristige politische Tragweite hat, die der Autor ihm beimißt. Er berücksichtigt nämlich nicht die Auswirkung des Plans im internationalen politischen Kräftespiel zwischen Amerika und der Sowjetunion. Er sieht nur die ganz neuen ökonomischen Beziehungen, die er zwischen den Staaten einführt. Er behandelt weder die Veränderung dieser Beziehungen durch die konkrete politische Verwirklichung des Plans noch die Folgen dieser Veränderung für die Weltlage.

Auf diese Frage, die der Autor bewußt offen gelassen hat, werde ich noch zurückkommen. Aber zunächst ist zu zeigen, welches Interesse seine technische Analyse hat.

### 4. DER GEGENSATZ DER ALLGEMEINEN VERFAHREN ZUR KLASSISCHEN ÖKONOMIE

François Perroux geht von den Bretton-Woods-Vereinbarungen und von ihrem Scheitern aus. Er kann mühelos nachweisen, daß man in Bretton Woods nichts Entscheidendes beschlossen hatte, was nicht den Gesetzen der »klassischen Ökonomie« entsprach. Darunter versteht er »jene allgemeine Doktrin«, die »bei keinem der englischen Klassiker des 18. Jahrhunderts schon ganz ausgeprägt ist«, aber »bei ihnen ihren Ursprung hat und sich in bruchlosen Windungen von Adam Smith bis A. C. Pigou weiterentwickelt« (S. 127).[68] Für die Klassiker geht die rationale und normale Verwendung der Ressour-

---

[68] Der Autor präzisiert einige Zeilen weiter: »»Klassisch« hat hier also etwa die Bedeutung, die ihr J. M. Keynes auf den ersten Seiten der *General Theory* gibt.«

cen »von *isolierten* Kalkulationen« aus (S. 130).[69] Diese Kalkulationen »sind das Werk der Firmen« und »schließen grundsätzlich Operationen aus, die von einer Bündelung mehrerer Interessen ausgehen oder darauf hinauslaufen«. Mit anderen Worten, Kreditgeber und Kreditnehmer planen die Operationen »jeweils nach ihrem eigenen Interesse und ohne Berücksichtigung der Auswirkungen auf die Nachbarn« (S. 97). Unter diesen Umständen bleiben die Operationen jedem *allgemeinen* Interesse fremd, das heißt, politische Ziele, gemeinsame Interessen werden nicht in Betracht gezogen. Nur die Herstellungskosten, Erträge und Risiken zählen. Es gibt kein anderes Gesetz als den Profit der isolierten Einheiten, der an den Operationen beteiligten Firmen. Kredit wird gewährt, wenn dem Gläubiger sein bezifferbares Interesse nachgewiesen werden kann. Die Weltbank hat sich nun die Grenzen gezogen, die von diesen Grundsätzen festgelegt werden: »Anstatt die Anarchie der individuellen Anleihen durch eine kohärente und nach allgemeinen Kalkulationen koordinierte Investitionspolitik zu ersetzen, beabsichtigt sie, das Verfahren der Gewährung internationaler Kredite auf Grund individueller Initiativen zu verewigen« (S. 155). Sicher, »die bloße Existenz der Weltbank stellt einen ersten Versuch dar, wenn auch nicht den Gesamtbedarf, so doch wenigstens die Interessen der Partner, die Kreditvereinbarungen aushandeln wollen, zusammenzufassen« (S. 156). Aber eine Klausel ihres Statuts »macht es ihr zur Pflicht, jede Nachfrage *für sich* zu prüfen, ausschließlich unter Berücksichtigung ihres eigenen ökonomischen Interesses, ohne Korrelation zur Gesamtheit des Bedarfs oder der bereits ergangenen Nachfragen« (S. 155).

Man könnte also sagen, die Vereinbarungen von Bretton Woods haben genau die Sackgasse der internationalen Ökonomie beschrieben. Da sie im Rahmen der

---

[69] Hervorhebung durch den Autor.

kapitalistischen Welt auf dem Gesetz des *isolierten* Profits beruht – ohne den keine Operation *konzipierbar*[70] ist –, mußte sie entweder ihre Grundlagen aufgeben oder, wenn sie diese aufrechterhalten wollte, auf die Bedingungen verzichten, ohne die sie nicht bestehen kann. Die Unzulänglichkeit der Weltbank und des Internationalen Währungsfonds war die negative Folie, die den Marshallplan in positiver Weise bestimmt hat.

Das Paradoxe an der kapitalistischen Ökonomie ist, daß sie die allgemeinen Ziele, die ihren Sinn und Wert ausmachen, ignoriert und nie die Grenzen des isolierten Zwecks überschreiten kann. Ich werde weiter unten zeigen, daß sich daraus eine fundamental falsche Perspektive ergibt: die allgemeinen Ziele werden von uns nach dem Modell der isolierten Zwecke behandelt. Aber abgesehen von den praktischen Folgen ist es sehr interessant, diesen plötzlichen Übergang von einer Welt zur anderen, vom Primat des *isolierten* zu dem des *allgemeinen* Interesses zu beobachten.

François Perroux hat die Definition des Marshallplans treffend in dem folgenden Widerspruch zusammengefaßt: »eine Investition von globalem Interesse« (S. 160).

Bei dieser Operation würden »der Umfang und die Art der Risiken, das Ausmaß und das Schicksal des Einsatzes *genaue* Zinsberechnungen illusorisch machen«. Sie »ist vorbereitet und beschlossen worden und wird durchgeführt werden auf der Basis politischer Entscheidungen und makroskopischer Berechnungen, für deren Verständnis die klassische Analyse nahezu wertlos ist« (S. 172-173). Von nun an »beruhen die Nachfrage nach Krediten und ihre Vergabe auf kollektiven Berechnungen, die nichts mehr mit den isolierten Berechnungen zu

---

[70] Das *Resultat* der Operation kann ein Ausbleiben des Profits, ja sogar ein Verlust sein, dann hat sie eben nicht das Ergebnis gehabt, das man bei ihrer *Konzeption* errechnet hatte. Das Prinzip bleibt dennoch unangefochten.

tun haben, auf die sich der Liberalismus gerne stützte« (S. 99-100). Es gibt »ein kollektives Angebot gegenüber einer kollektiven Nachfrage«. Natürlich »steht diese Bündelung von Angeboten und Nachfragen in flagrantem Widerspruch zur klassischen Theorie und Praxis der Investition« (S. 167).

Die ökonomischen Großkomplexe, die in die globale Operation einbezogenen Staaten, sind dabei, vom Primat ihres *isolierten* Interesses zum Interesse regionaler Gemeinschaften überzugehen. Auf den Protektionismus der Industrien, der sich in Unkenntnis oder Leugnung der Interessen der Nachbarn vollzog, folgt die Notwendigkeit systematischer Vereinbarungen im Hinblick auf eine Arbeitsteilung. Aber die regionale Gemeinschaft ist selbst nur ein Schritt zur weltweiten Integration. Es geht nicht um die isolierte Einheit, die nur sich selbst und die Welt kennt – oder den Staat in der Welt, dessen Wirtschaft dominiert –, sondern um die allgemeine Bekämpfung der Isolierung. Eben die Bewegung, die »sie auf ihre Nachbarn stützt«, bezieht jede Ökonomie aufs Weltganze (S. 110).

Unter diesen Umständen ist »die Kreditvergabe kein *Gewerbe* mehr, sondern eine *Funktion*« (S. 157). Genauer, die Menschheit im ganzen verwendet den Kredit für Ziele, die sie festlegen kann, ohne noch dessen Interesse wahrzunehmen, ohne das begrenzte Interesse des Gläubigers berücksichtigen zu müssen. Die in einem *Manager* verkörperte Menschheit, einem Koordinator von Ökonomie, Kooperation und Administration, würde durch ständige Verhandlungen die Investitionen nach einem grundlegenden Gesetz verteilen, das die Negation des Profitgesetzes wäre. Die alte Formel dieses neuen Gesetzes ist bekannt. Einer Operation von globalem Interesse liegt notwendig und unbestreitbar das Prinzip zugrunde: Jeder nach seinen Fähigkeiten, jedem nach seinen Bedürfnissen.

## 5. VOM ALLGEMEINEN INTERESSE NACH FRANÇOIS PERROUX ZUM GESICHTSPUNKT DER ALLGEMEINEN ÖKONOMIE

So bizarr und (in jeder Hinsicht) deplaciert es sein mag, in diesem Zusammenhang von der grundlegenden Formel des Kommunismus zu sprechen: aber ein Marshallplan, eine »Investition von globalem Interesse«, die logisch ist, und selbst die verfehlte Andeutung dieser idealen Operation kann nicht anders gekennzeichnet werden. Selbstverständlich ist ein *anvisiertes* noch kein *erreichtes* Ziel, aber ob bewußt oder unbewußt, der Plan kann kein anderes Ziel haben.

Das wird natürlich zahlreiche Schwierigkeiten mit sich bringen, deren sich François Perroux sicher bewußt ist, die er jedoch, zumindest im Rahmen seines schmalen Buchs, nicht berücksichtigt.

Er spricht absichtlich nicht über die Ungesichertheit des Plans und die Ungewißheit seiner Rückwirkungen auf die allgemeine Politik.

Außerdem erwähnt er nicht, daß der Plan durch eine Kapitaleinlage gesichert werden muß. Er muß schließlich finanziert werden. Nach der Art dieser Finanzierung und der Mobilisierung von Reserven kann der Plan eingeschränkt und in seiner Bedeutung verändert werden.

Es ist vielleicht nützlich, den Charakter dieser Einlage durch eine Reihe theoretischer Überlegungen, die die Arbeit von François Perroux fortsetzen, näher zu bestimmen. Der Plan verlangt zunächst die Mobilisierung eines Kapitals, das dem allgemeinen Profitgesetz entzogen werden muß. Dieses Kapital ist nach François Perroux den Reserven »einer international dominierenden Ökonomie« zu entnehmen. Das erfordert eine Wirtschaft, die so weit entwickelt ist, daß die Bedürfnisse ihres Wachstums die überschüssigen Ressourcen nur mit Mühe absorbieren. Das erfordert weiterhin ein Nationaleinkommen, das gegenüber dem der anderen Länder so hoch ist, daß schon eine relativ geringe Abgabe für jede der schwachen Wirtschaften eine relativ große Hilfe bedeutet. Eine Zuwendung von Milliarden Dollar wäre ja für Europa von lebenswichtiger Bedeutung, obwohl eine solche Summe noch unter den Kosten des Alkoholkonsums der Vereinigten Staaten von 1947 läge. Die Summe, um die es geht, entspricht etwa den Kriegsausgaben für drei Wochen. Sie liegt bei 2 % des Bruttosozialprodukts.

Ohne den Marshallplan hätten diese 2 % zum Teil die unproduktive Konsumtion erhöhen können, aber da es vor allem um Ausrüstungsgüter geht, hätten sie letztlich dem Wachstum der amerikanischen Produktivkräfte gedient, d. h. der Vermehrung des Vermögens der Vereinigten Staaten. Das hat eigentlich nichts Schockierendes, und wer davon schockiert ist, kann es nur von einem moralischen Gesichtspunkt aus sein. Versuchen wir uns klarzumachen, was das *allgemein* bedeutet. Dieses Vermögenswachstum hätte der gleichzeitigen Berücksichtigung zahlreicher *isolierter* Interessen entsprochen. Kehren wir, über die von François Perroux vorgeschlagenen allgemeinen Operationen hinaus, zum Gesichtspunkt der allgemeinen Ökonomie zurück, so bedeutet *isoliertes* Interesse: jede *isolierte* Einheit auf der Erde, in der gesamten lebendigen Natur, strebt nach Wachstum und ist theoretisch dazu in der Lage. Jedes isolierte lebende Partikel kann den Ressourcenüberschuß, über den es unter durchschnittlichen Bedingungen verfügt, entweder zum Wachstum durch Reproduktion oder zu seinem eigenen Wachstum verwenden. Aber dieses Bedürfnis, zu wachsen und das Wachstum bis an die Grenzen des Möglichen fortzusetzen, ist Sache der *isolierten* Wesen, entspricht dem *isolierten* Interesse. Gewöhnlich behandelt man das *allgemeine* Interesse nach dem Modell des *isolierten* Interesses, aber die Welt ist nicht so einfach, daß man es immer tun kann, ohne eine falsche Perspektive einzuführen.

Diesen Fehler kann man leicht deutlich machen: insgesamt gesehen, kann das Wachstum der lebenden Partikel nicht unendlich sein. Es gibt einen Saturationspunkt des dem Leben offenstehenden Raumes. Dieser dem Wachstum der aktiven Kräfte offenstehende Raum kann zwar je nach der Art der Lebensformen variieren. Die Vogelflügel haben dem Wachstum einen weiteren Raum geöffnet. Ebenso die menschlichen Techniken, die mehrere Sprünge in der Entwicklung der energieverbrauchenden und -erzeugenden Lebenssysteme ermöglicht haben. Jede neue Technik ermöglicht selbst ein neues Wachstum der Produktivkräfte. Aber diese Bewegung des Wachstums stößt in allen Etappen des Lebens auf Grenzen. Sie wird ständig gestoppt und muß dann immer wieder auf eine Veränderung der Modalitäten des Lebens warten. Der Stillstand der Entwicklung beseitigt zwar nicht die Ressourcen, die das Volumen der Lebenskräfte hätten vergrößern können. Aber die Energie, die ein Wachstum hätte hervorbringen können, wird dann völlig umsonst verausgabt. Die Ressourcen, die, was die menschliche Tätigkeit angeht, in neuen Produktivkräften hätten akkumuliert (kapitalisiert) werden können, verpuffen auf irgendeine Weise. Ganz allgemein muß man davon ausgehen, daß Leben und Reichtum nicht unbegrenzt *fruchtbar* sein können und daß unweigerlich der Augenblick kommt, wo sie auf weiteres Wachstum verzichten und verausgabt werden müssen. Auf die intensiven Wucherungen der unsterblichen einfachsten Lebewesen folgt der Luxus des Todes und der geschlechtlichen Fortpflanzung, der eine immense Vergeudung zum Dauerzustand macht. Das gegenseitige Sichauffressen der Tiere bremst gleichfalls das allgemeine Wachstum. Und ebenso haben die Menschen, nachdem ihre Herrschaft über den verfügbaren Lebensraum auf Kosten der Tiere gesichert war, Kriege und tausend Formen nutzloser Konsumtion aufgebracht. Die Menschheit erschließt sich durch die Industrie, die die

Energie zur Entwicklung der Produktivkräfte nutzt, zugleich eine Fülle von Möglichkeiten für das Wachstum und die unendliche Leichtigkeit der Verzehrung im Sinn des reinen Verlusts.

Aber das Wachstum kann prinzipiell als Streben des isolierten Individuums betrachtet werden, das dessen Grenzen nicht ermißt, mühselig darum kämpft und sich niemals um die Folgen kümmert. Die Formel des Wachstums ist die des isolierten Kreditgebers: ›jeder nach seinem eigenen Interesse und ohne die Auswirkungen auf die Nachbarn in Rechnung zu stellen‹, geschweige denn *allgemeine* Auswirkungen. Nichtsdestoweniger gibt es (jenseits eines allgemeinen Interesses der Menschen, das, wie gesagt, völlig irrigerweise, nur als verfehlte Multiplikation des *isolierten* Interesses gesehen wird) einen *allgemeinen* Gesichtspunkt, unter dem das Leben in einem ganz anderen Licht erscheint. Dieser Gesichtspunkt bedeutet zwar nicht die Negation der Interessen des Wachstums, aber er stellt der individuellen Verblendung – und Verzweiflung – das Gefühl eines Reichtums gegenüber, das fremdartig, überschwenglich, zugleich segensreich und verheerend ist. Dieses Interesse ergibt sich aus einer Erfahrung, die der vom Egoismus beherrschten entgegengesetzt ist. Das ist nicht die Erfahrung des Individuums, das sich durch eine Entwicklung seiner persönlichen Kräfte durchzusetzen strebt. Es ist das entgegengesetzte Bewußtsein von der Eitelkeit des Strebens. Die Themen der Ökonomie erlauben es, die Art dieses Interesses zu präzisieren. Betrachtet man die isolierten Interessen der Kapitaleigner in ihrer Gesamtheit, so entdeckt man schnell den diametral entgegengesetzten Charakter dieser Interessen. Jeder Kapitaleigner erwartet von seinem Kapital Interessen in Form von Zinsen: das setzt eine unbegrenzte Investitionsentwicklung, das heißt ein unbegrenztes Wachstum der Produktivkräfte voraus. Was bei dem Prinzip dieser ihrem Wesen nach produktiven Operationen blindlings übersehen wird, ist die nicht unbegrenzte, aber beträchtliche Menge der völlig nutzlos konsumierten Produkte. Was bei diesen Berechnungen trauriberweise vergessen wird, ist vor allem, daß man sagenhafte Reichtümer in Kriegen verpuffen lassen mußte. Das läßt sich – paradoxerweise – noch deutlicher so ausdrücken: Die ökonomischen Probleme, die wie in der klassischen Ökonomie auf das Profitstreben beschränkt bleiben, sind *isolierte* oder *begrenzte* Probleme: im Rahmen des *allgemeinen* Problems aber taucht immer wieder die Bestimmung der lebenden Substanz auf, die unermüdlich einen Energieüberschuß vernichten (verzehren) muß.

Von daher ist die Bedeutung des Marshallplans jetzt leicht zu bestimmen. Er steht im Gegensatz zu den *isolierten* Operationen klassischen Typs, und zwar nicht nur durch die Bündelung eines kollektiven Angebots und einer kollektiven Nachfrage, sondern er ist eine allgemeine Operation, insofern er *in einem Punkt* auf das Wachstum der Produktivkräfte verzichtet. Er versucht die Lösung eines allgemeinen Problems, insofern seine Investition ein Verlustunternehmen ist. Trotzdem strebt er zugleich eine schließliche Nutzung für das Wachstum an (es versteht sich, daß der allgemeine Gesichtspunkt beide Momente umfaßt), aber er kann das nur dort, wo Zerstörungen – und technische Rückständigkeit – ein offenes Feld hinterlassen haben. Anders gesagt, sein Beitrag besteht in verurteiltem Reichtum.

Es gibt auf der Welt insgesamt einen Teil überschüssiger Ressourcen, der kein Wachstum mehr sichern kann, weil ihm der Raum (besser, die Möglichkeit dazu) fehlt. Weder der Teil, der geopfert werden muß, noch der Augenblick des Opfers sind jemals genau gegeben. Aber ein *allgemeiner* Gesichtspunkt verlangt, daß an einem nicht genau bestimmbaren Zeitpunkt und Ort das Wachstum aufgegeben, der Reichtum abgelehnt und seine mögliche Fruchtbarkeit, seine rentable Investition abgewiesen werden muß.

## 6. DER SOWJETISCHE DRUCK UND DER MARSHALLPLAN

Eine grundsätzliche Schwierigkeit bleibt jedoch bestehen. Wie kann man die Kapitaleinlage lockermachen? Wie kann man dem Gesetz des isolierten Profits fünf Milliarden entreißen? Wie kann man ein solches Opfer erreichen? Hier wirkt sich das konkrete politische Kräftespiel auf den Plan aus – das, wie gesagt, bei Perroux nicht behandelt wird –, von daher muß alles neu durchdacht werden. François Perroux hat den Plan so behandelt, als sei die Kapitaleinlage schon dem allgemeinen Profitgesetz entzogen, als sei das die Wirkung des gemeinsamen Interesses. In diesem Punkt habe ich ihm nicht ohne Vorbehalt folgen können. Der Plan kann eine »Investition von globalem Interesse« sein. Aber er kann auch von amerikanischem Interesse sein. Ich sage nicht, daß es so ist, aber diese Frage stellt sich zwangsläufig. Er kann auch im Prinzip »von globalem Interesse« sein und im amerikanischen Sinn umgebogen werden.

Theoretisch ist er eine völlige Negation des Kapitalismus: in diesem engeren Sinn bleibt der Gegensatz, den François Perroux in seiner Analyse dargelegt hat, bestehen. Aber wie steht es mit den Tatsachen?

Es gibt hier noch keine Tatsachen. Begnügen wir uns mit der Fragestellung: Es kann sein, daß der Kapitalismus in der Absicht, sich selbst zu negieren, gleichzeitig damit offenbart, daß er das zwar nicht hat umgehen können, aber nicht die Kraft dazu gehabt hat. Immerhin ist das für die amerikanische Welt eine Frage von Leben und Tod.

Dieser Aspekt der modernen Welt entgeht den meisten, die sie zu verstehen versuchen: paradoxerweise ist die Situation beherrscht von der Tatsache, daß es ohne die heilsame Angst vor den Sowjets (oder eine ähnliche Bedrohung) keinen Marshallplan gäbe. Die Diplomatie des Kreml hat tatsächlich den Schlüssel für die amerikanischen Tresore. Paradoxerweise bestimmt die Spannung, die sie in der Welt aufrechterhält, daß sie sich bewegen. Solche Behauptungen können leicht absurd wirken, und dennoch, ohne die Sowjetunion, ohne die Politik der Spannung, an die sie sich hält, könnte die kapitalistische Welt der Paralyse sicher nicht entgehen. Diese Wahrheit bestimmt die gegenwärtige Entwicklung.

Es ist nicht sicher, ob das sowjetische Regime gegenwärtig den ökonomischen Erfordernissen der Welt im allgemeinen entspricht. Man kann sich zumindest vorstellen, daß eine florierende Wirtschaft nicht notwendig eine diktatorische Organisation der Industrie erfordert. Aber die *politische Wirkung* der Sowjetunion und des Kominform ist für die Weltwirtschaft notwendig. Die Wirkung ist hier nicht nur die Folge eines Unterschieds im Überbau (im juristischen Ausdruck der Produktionsverhältnisse), sondern im ökonomischen Standard selbst. Anders gesagt, das politische Regime an einem Punkt, die russische Welt, gibt die Ungleichheit der Ressourcen (der Energiebewegung) wieder durch eine aggressive Agitation, eine extreme Spannung des Klassenkampfs. Diese Spannung begünstigt natürlich eine weniger ungleiche Verteilung der Ressourcen, eine Zirkulation der Reichtümer, die die wachsende Standardungleichheit blockierte. Der Marshallplan ist die Folge der Agitation der Arbeiter, der er durch eine Hebung des westlichen Lebensstandards entgegenwirken will.

Die kommunistische Opposition gegen den Marshallplan verlängert selbst die in Gang gesetzte Entwicklung. Indem sie versucht, dessen Verwirklichung zu verhindern, verstärkt sie entgegen allem Anschein eben die Entwicklung, die sie bekämpft. Sie verstärkt und kontrolliert sie; die Europahilfe schafft grundsätzlich die Möglichkeit, ja Notwendigkeit einer amerikanischen Einmischung, aber die sowjetische Opposition macht Regellosigkeit und Exzesse schwierig, die diese Einmischung in eine Eroberung verwandeln könnten. Sabotage könnte zwar eher deren Auswirkungen vermindern. Aber sie verstärkt dafür das Gefühl für die Zwangslage, wenn nicht für die Verzweiflung, das eine weniger zögernde Ausführung des Marshallplans sichert.

Die Bedeutung dieser Rückwirkungen kann man nicht genug unterstreichen. Sie tendieren zu einer tiefgreifenden Umwandlung der Ökonomie. Es ist nicht sicher, ob ihre Resultate ausreichen, aber diese paradoxen Austauschvorgänge beweisen, daß die Kontraktionen der Welt nicht notwendig durch Krieg gelöst werden müssen. Ganz allgemein fördert die sozialistische oder kommunistische Agitation die friedliche, nichtrevolutionäre Veränderung der ökonomischen Einrichtungen. Es wäre ein erster Irrtum, zu glauben, daß eine gemäßigte, reformistische Agitation allein dazu ausreichte. Wenn die Agitation auf Grund der revolutionären kommunistischen Initiative nicht eine bedrohliche Wendung nähme, gäbe es keine Evolution mehr. Es wäre aber falsch, sich vorzustellen, daß das einzige glückliche Ergebnis des Kommunismus die Machtübernahme wäre. Selbst im Gefängnis würden die Kommunisten noch die Welt verändern. Für sich allein genommen ist eine Auswirkung wie der Marshallplan zwar beträchtlich, aber man darf in ihm keine Grenze sehen. Der ökonomische Wettstreit, der von der subversiven Aktion herrührt, kann leicht, über Veränderungen in der Verteilung des Reichtums hinaus, zu einer tiefergehenden Strukturveränderung führen.

### 7. ODER DIE KRIEGSDROHUNG BLEIBT DAS EINZIGE MITTEL, DIE WELT ZU VERÄNDERN

Der Marshallplan zielt von vornherein auf eine Hebung des internationalen Lebensstandards ab. (Er kann sogar eine Hebung des sowjetischen Lebensstandards auf Kosten des Anwachsens der Produktivkräfte zur Folge haben.) Aber die Hebung des Lebensstandards ist unter kapitalistischen Verhältnissen kein ausreichendes Mittel, das ständige Anwachsen der Produktivkräfte zu hemmen. Der Marshallplan ist daher von vornherein auch ein Mittel zur Hebung des Lebensstandards, das *dem Kapitalismus fremd* ist. (In dieser Hinsicht ist es unwichtig, ob die Wirkung außerhalb Amerikas stattfindet.) So beginnt ein *Hinübergleiten* in eine Struktur, die sich nicht mehr so sehr von der sowjetischen unterscheidet, in eine relative Staatswirtschaft, die einzig mögliche in einer Situation, in der nach der Drosselung des Anwachsens der Produktivkräfte die kapitalistische Akkumulation und damit der Profit keinen ausreichenden Spielraum mehr hätten. Zudem ist die Form der Europahilfe nicht das einzige Indiz für eine Entwicklung, die von der Arbeiterbewegung ganz allgemein gefördert wird. Die Vereinigten Staaten schlagen sich mit unlösbaren Widersprüchen herum. Sie verteidigen das freie Unternehmertum, bauen aber eben dadurch die Macht des Staates weiter aus. Sie tun nichts anderes, als sich so langsam wie möglich auf den Punkt zuzubewegen, den die Sowjetunion im Sturmschritt erreichte.

Die Lösung der sozialen Probleme geht heute nicht mehr von Straßenaufständen aus, und wir sind weit entfernt von der Zeit, als die expandierenden Völker ohne ökonomische Ressourcen zur Invasion reicherer Gegenden gezwungen waren. (Die militärischen Umstände wirken sich heute zudem, anders als in der Vergangenheit, zugunsten der Reichen aus.) Daher sind die Folgen der Politik außerhalb der Kriege von erstrangigem Interesse. Wir können nicht sicher sein, daß sie uns vor der Katastrophe bewahren, aber sie sind unsere einzige Chance. Wir können nicht leugnen, daß Kriege oft die Entwicklung von Gesellschaften beschleunigt haben: abgesehen von der Sowjetunion sind wir selbst, unsere Geistesfreiheit, unsere weniger strengen sozialen Verhältnisse, unsere Industrien und unsere staatlichen Dienstleistungen das Ergebnis von zwei Kriegen, die ganz

Europa erschüttert haben. Ja wir gehen sogar aus dem letzten Krieg mit einer angewachsenen Bevölkerung hervor; selbst der allgemeine Lebensstandard verbessert sich weiterhin. Trotzdem können wir uns kaum vorstellen, was ein dritter Krieg uns brächte, außer der unheilbaren Rückversetzung des gesamten Erdballs auf den Zustand von Deutschland im Jahre 1945. Wir müssen also jetzt auf eine friedliche Entwicklung zählen, ohne die die Vernichtung des Kapitalismus zugleich die Vernichtung der *Werke* des Kapitalismus bedeutete, das Stehenbleiben der industriellen Entwicklung und die Verflüchtigung des sozialistischen Traums. Wir müssen jetzt von der *Drohung* eines Krieges erhoffen, was gestern vom Krieg selbst zu erhoffen unmenschlich, aber richtig gewesen wäre. Das ist nicht beruhigend, aber wir haben keine andere Wahl.

### 8. DER DYNAMISCHE FRIEDEN

Wir müssen unseren politischen Urteilen nur eines ganz klar zugrunde legen:

Wenn die Kriegsdrohung die Vereinigten Staaten dazu bringt, den größten Teil des Überschusses für militärische Zwecke zu verwenden, dann kann man nicht mehr von friedlicher Entwicklung sprechen; der Krieg wird einfach mit Sicherheit stattfinden. *Nur wenn diese Kriegsdrohung die Vereinigten Staaten veranlaßt, kaltblütig einen beträchtlichen Teil – ohne Gegenleistung – der Hebung des internationalen Lebensstandards zu widmen, wenn die Entwicklung der Ökonomie dem Überschuß erzeugter Energie einen anderen als militärischen Ausweg zeigt, wird die Menschheit einer allgemeinen Lösung ihrer Probleme auf friedlichem Wege entgegengehen.* Es kann nicht heißen, eine versäumte Abrüstung bedeutet Krieg; aber die amerikanische Politik schwankt zwischen zwei Wegen: entweder Europa mit Hilfe eines neuen Waffenlieferungsvertrags wiederzubewaffnen oder den Marshallplan, zumindest teilweise, zur militärischen Ausrüstung zu benutzen. Die Abrüstung ist unter den gegenwärtigen Umständen nur eine Sache der Propaganda, keineswegs ein Ausweg. Wenn aber die Amerikaner das Besondere am Marshallplan aufgeben, nämlich die Verwendung eines beträchtlichen Teils des Überschusses für nichtmilitärische Zwecke, wird dieser Überschuß dort in die Luft gehen, wo sie ihn verpulvern wollen. Im Augenblick der Explosion wird man sagen können: die Politik der Sowjets hat die Katastrophe unvermeidlich gemacht. Dieser Trost wird nicht nur lächerlich, sondern auch verlogen sein. Schon heute kann man vielmehr behaupten: dem Überschuß der erzeugten Kräfte nur den Ausgang des Krieges lassen heißt ihn wollen, die Verantwortung dafür tragen. Die Sowjetunion stellt die Vereinigten Staaten zwar auf eine harte Probe. Aber was wäre diese Welt, gäbe es nicht die Sowjetunion, um sie aufzuwecken, auf die Probe zu stellen und zu zwingen, sich zu verändern?

Ich habe die unumgänglichen Folgen einer beschleunigten Rüstung dargelegt, aber das geht darum noch keineswegs in die Richtung einer Abrüstung, deren Vorstellung allein schon irreal ist. Eine Abrüstung liegt derart fern des Möglichen, daß man sich nicht einmal deren Auswirkungen vorstellen kann. Man ermißt kaum, wie müßig es ist, dieser Welt eine Ruhepause anzuempfehlen. Ruhe und Schlaf wären höchstens die Vorboten des Krieges. Nur ein *dynamischer Frieden*[71] entspricht der eklatanten Notwendigkeit einer Veränderung. Das ist die einzige Formel, die dem revolutionären Willen der Sowjets entgegengestellt werden kann. Und *dynamischer*

---

[71] Um eine Formulierung von Jean-Jacques Servan-Schreiber aufzunehmen. Vgl. *L'Occident face à la paix*, eine Folge bemerkenswerter Artikel, erschienen in *Le Monde* vom 15., 16./17. und 18. Januar 1948.

*Frieden* bedeutet, daß dieser entschlossene Wille eine Kriegsdrohung aufrechterhält und daß die beiden gegnerischen Lager gerüstet sind.

### 9. DIE LÖSUNG DER PROBLEME DER MENSCHHEIT IST GEBUNDEN AN DIE DER PROBLEME DER AMERIKANISCHEN WIRTSCHAFT

Nach alledem versteht es sich von selbst, daß allein ein Erfolg der amerikanischen Methoden eine friedliche Evolution garantiert. Es ist das große Verdienst von Albert Camus, daß er ganz klar gezeigt hat: eine Revolution ohne Krieg ist nicht möglich, zumindest nicht eine klassische Revolution. Aber man braucht nicht in der Sowjetunion einen unmenschlichen Willen verkörpert und in der Politik des Kreml das Werk des Bösen zu sehen. Die Ausdehnung eines Regimes zu wünschen, das auf einer Geheimpolizei, der Knebelung des Denkens und zahlreichen Konzentrationslagern beruht, ist grausam. Aber es gäbe keine sowjetischen Lager auf der Welt, wenn eine riesige Massenbewegung nicht auf eine drängende Notwendigkeit geantwortet hätte. Jedenfalls ist es müßig, auf das *Selbstbewußtsein* zu pochen, wenn man nicht zuvor den Sinn, die *Wahrheit* und den entscheidenden Wert der Spannung erkennt, in der die Sowjetunion die Welt hält. (Wenn diese Spannung einmal fehlte, wäre es in jeder Hinsicht falsch, sich zu beruhigen, man hätte mehr Anlaß zur Furcht als je zuvor.) Wer sich von Leidenschaft verblenden läßt und in der Sowjetunion nur Maßlosigkeit sieht, ist in seiner Verblendung auch seinerseits maßlos: er verzichtet auf die vollständige Klarheit, die dem Menschen die Chance gibt, endlich zum *Selbstbewußtsein* zu gelangen. Das *Selbstbewußtsein* ist zwar deshalb in den Grenzen der sowjetischen Sphäre nicht weniger ausgeschlossen. Im übrigen kann es sich auf nichts berufen, was schon gegeben wäre. Unter der unmittelbaren Bedrohung erfordert es eine rasche Veränderung[72] und einen Erfolg des dominierenden Teils der Welt. Dafür ist es hinfort verknüpft mit einer *allerletzten* Entscheidung der amerikanischen Demokratie, und es kann nur auf einen Erfolg ohne Krieg bauen. Der nationale Standpunkt ist indiskutabel.[73]

## 10. DAS BEWUSSTSEIN VOM ENDZWECK DER REICHTÜMER UND DAS SELBSTBEWUSSTSEIN

Sicher ist es paradox, mit diesen ganz äußerlichen Bestimmungen eine so intime Wahrheit wie die des *Selbstbewußtseins* zu verbinden (der Rückkehr des Menschen zur vollen und unangreifbaren Souveränität[74]). Dabei läßt sich der tiefere Sinn dieser Bestimmungen – und dieses ganzen Buches – leicht erkennen, wenn man unverzüglich zum Wesentlichen zurückkehrt.

Zunächst wird das Paradox bis zum Äußersten getrieben, weil die Politik von der dominierenden internationalen Ökonomie aus nur eine Hebung des globalen Lebensstandards zum Ziel hat.[75] Das ist in gewisser Hin-

---

[72] Wie J.-J. Servan-Schreiber zeigt und die fortschrittlichen amerikanischen Intellektuellen anzunehmen scheinen, kann man eine nennenswerte und rasche Veränderung der inneren Situation der Vereinigten Staaten vom steilen Aufstieg einer neuen politischen Kraft erwarten, von den Gewerkschaften.

[73] Warum soll man leugnen, daß es außer der Sowjetunion oder den Vereinigten Staaten kein Land gibt, von dem eine entscheidende Initiative zur Unabhängigkeit zu erwarten ist? Sich dabei aufzuhalten, ist nur noch in der Alltagspolemik sinnvoll.

[74] Die Freiheit im Augenblick ist, unabhängig von einer zu erfüllenden Aufgabe.

[75] Ich sage bewußt *global:* insofern hat die letzte Orientierung der amerikanischen Politik, wie sie im Trumanplan zum Ausdruck kommt, noch mehr Sinn als der Marshallplan selbst. Eine Lösung des Kriegsproblems im Rahmen dieser ökonomischen Maßnahmen zu sehen, scheint natürlich verfehlt. Sie

sicht enttäuschend und deprimierend. Aber es ist der Ausgangspunkt und die Grundlage, nicht die Vollendung des *Selbstbewußtseins*. Das muß man sich deutlich genug vor Augen führen.

Wenn das *Selbstbewußtsein* seinem Wesen nach der volle Besitz der Intimität ist, so muß man wieder bedenken, daß jeder Besitz der Intimität auf eine Täuschung hinausläuft.[76] Ein Opfer kann nur ein heiliges *Ding* konstituieren. Das *heilige Ding* entäußert die Intimität: es macht außen sichtbar, was in Wirklichkeit innen ist. Deshalb verlangt das *Selbstbewußtsein* letztlich, daß sich im Bereich der Intimität nichts mehr ereignet. Es geht keineswegs darum, das Bestehende vernichten zu wollen, wer wollte das Kunstwerk oder die Poesie vernichten? Aber ein *Punkt* muß freigelegt werden, an dem die nüchterne Klarheit mit dem Gefühl des Heiligen zusammenfällt. Das setzt die Reduktion der heiligen Welt auf ein Element voraus, das dem *Ding* am reinsten entgegengesetzt ist, das heißt auf die reine Intimität. Im Grunde läuft das wie bei der Erfahrung der Mystiker auf eine geistige Kontemplation ohne Form und Modus hinaus, die das Gegenteil des verführerischen Scheins der Visionen, der Gottheiten und der Mythen ist. In einer grundsätzlichen Auseinandersetzung läßt sich damit, vom Gesichtspunkt dieses Buchs aus, eine Entscheidung fällen.

Die Wesen, die wir sind, sind nicht ein für allemal gegeben, sie sind für ein Wachstum ihrer Energiequellen bestimmt. Dieses Wachstum stellt die meiste Zeit, über die bloße Selbsterhaltung hinaus, ihren Daseinsgrund und ihr Ziel dar. Aber bei dieser Unterordnung unter das Wachstum verliert das Einzelwesen seine Autonomie,

---

würden, selbst wenn sie konsequent wären, letztlich nur die Notwendigkeit, nicht die Möglichkeit eines Krieges beseitigen; aber angesichts der schrecklichen Bedrohung durch die gegenwärtige Rüstung müßte das prinzipiell genügen. Jedenfalls kann man mehr nicht erreichen.

[76] Siehe oben: Vierter Teil, Kapitel II: *Die bürgerliche Welt*.

es ordnet sich dem unter, was es in Zukunft sein wird auf Grund des Wachstums seiner Ressourcen. Das Wachstum muß sich indes auf den Moment einstellen, wo es sich in reinen Verlust auflöst. Aber eben dieser Übergang ist das Schwierige. Das Bewußtsein wehrt sich dagegen, insofern es versucht, einen zu erwerbenden Gegenstand, *irgendetwas* zu ergreifen, nicht das *Nichts* des reinen Verlusts. Es geht darum, den Punkt zu erreichen, an dem das Bewußtsein nicht mehr Bewußtsein *von etwas* ist. Mit anderen Worten, sich der entscheidenden Bedeutung des Augenblicks bewußt zu werden, in dem das Wachstum (der Erwerb *von etwas*) sich in Verlust auflöst, und genau das ist das *Selbstbewußtsein*, das heißt ein Bewußtsein, *das nichts mehr zum Gegenstand hat*.[77]

Diese Vollendung, die da, wo die Klarheit ihre Chance hat, an die Entspannung einer erhöhten Angleichung des Lebensstandards gebunden ist, hat den Wert einer *Einrichtung* der sozialen Existenz. Diese *Einrichtung* wäre in gewisser Hinsicht dem Übergang vom Tier zum Menschen vergleichbar (oder genauer gesagt: sie wäre dessen letzter Akt). Bei einer solchen Betrachtungsweise geschieht alles so, als sei das Endziel gegeben. Alles richtet sich endlich ein und entspricht der zugewiesenen Rolle. Blind betriebe Truman heute die Vorbereitungen zur allerletzten – geheimen – Apotheose.[78]

[77] Außer der reinen Innerlichkeit, dessen, was kein Ding ist.
[78] Es käme die Zeit, wo die Leidenschaft kein unbewußter Faktor mehr wäre. Das kann nur ein Verrückter im Marshall- und Trumanplan erkennen, wird man sagen. Ich bin dieser Verrückte. Und zwar genau dann, wenn die folgende Alternative gilt: entweder scheitert die Operation, und der Verrückte, der ich bin, verliert sich in einer Welt, die nicht weniger verrückt ist als er selbst; oder sie hat Erfolg, dann wird nur der *Verrückte* zu dem *Selbstbewußtsein* gelangen, von dem ich spreche, weil die Vernunft, die das Bewußtsein ist, nur dann ganz Bewußtsein ist, wenn sie zum Gegenstand hat, was nicht auf sie reduziert werden kann. In diesem Zusammenhang muß ich noch erwähnen: der Verfasser dieses Buchs über Ökonomie

Aber das ist natürlich ein Trugbild. Der offenere Geist erkennt, statt einer veralteten Teleologie, die Wahrheit, die einzig das Schweigen nicht verrät.

bewegt sich sonst (in einem Teil seines Werks) in der Nachfolge der *Mystiker* aller Zeiten (aber ihm sind nichtsdestoweniger alle Voraussetzungen der verschiedenen Formen von Mystik fremd, denen er nichts als die Klarheit des *Selbstbewußtseins* entgegenhält).

# Anhang

# Kommunismus und Stalinismus

Isaac Deutscher: *Staline*, Paris 1953.
Joseph Staline: *Les Problèmes économiques du Socialisme en U.R.S.S.*, Paris 1952.*

In der Gegenwart ist der Kommunismus [1] wohl die vertrauteste Sache der Welt. Überall hat er die Aufmerksamkeit auf sich gelenkt: entweder als Tatbestand oder als Möglichkeit von fundamentaler Bedeutung. Nur wenige Menschen haben darüber nicht irgendeine Ansicht, manchmal mit Haß, manchmal mit Opfermut, selten mit Gleichgültigkeit verbunden. In einem Punkt herrscht Einmütigkeit: es handelt sich um eine Anfechtung des Privateigentums, die vor allem die Produktionsmittel der Industrieunternehmen betrifft. Dagegen erhebt niemand Widerspruch. Doch will man die Rolle dieser außerordentlichen Bewegung, ihren Stellenwert in der *Geschichte* der Menschheit, bestimmen, dann beschränkt sich die Meinungsverschiedenheit nicht auf die übliche Konfrontation von Anhängern und Gegnern. Nach dem Beispiel ihrer Führer bestehen die Anhänger nicht allein auf dem Prinzip der praktischen Wahrheit, der wirksamen Wahrheit, die sich zugleich mit dem propagandistischen Wert und dem Ergebnis verbindet. Sie verschweigen sogar

---

* Wir entnehmen die Zitate den deutschen Ausgaben: Isaac Deutscher: *Stalin*, Stuttgart 1962.
Josef Stalin: *Ökonomische Probleme des Sozialismus in der UdSSR*, Berlin 1952. (Anm. d. Übers.)

[1] Ich spreche hier vom Kommunismus im allgemeinen als einer politischen Doktrin in Aktion, die die Welt zu verändern sucht; im Unterschied zu den kommunistischen Theoretikern, sofern sie die kommunistische Endphase der Weltveränderung behandeln, in der jeder nach seinen Bedürfnissen befriedigt wird, anders als in der unmittelbar vorausgehenden sozialistischen Phase, in der die gesamte Produktion von der Allgemeinheit übernommen und organisiert wird.

den Teil der Wahrheit, welcher der Propaganda schadet; im Laufe von Säuberungsprozessen stellen sie Behauptungen auf, die ihnen zur Verurteilung jener politischen Freunde notwendig erscheinen, die mit ihnen nicht mehr einverstanden sind. Diese Praktiken sind nicht neu, sie waren stets der politischen Aktion immanent. Aber da hier die Aktion durch eine Ideologie gerechtfertigt wird, d. h. durch eine strenge Setzung von Wahrheiten, da sie sogar ausschließlich der historische Ausdruck dieser Wahrheiten ist, verbreitet die Haltung der kommunistischen Führer ein beträchtliches Unbehagen. Selbstverständlich übt dies auf die praktische Wirksamkeit keinen lähmenden Einfluß aus; aber allmählich entzieht sich die Realität des Kommunismus dem freien Spiel des menschlichen Denkens, das unmöglich wird, wenn es nicht mehr einem jeden zugänglich ist.

Es ist unvermeidlich, daß solche Betrachtungen von den Anhängern als unzeitgemäß und feindselig bezeichnet werden. Doch wenn die kommunistische Aktion gelänge, d. h. wenn die begonnene Revolution die Welt in sich aufnähme und ihre Aufgaben erfüllte, so würden sie am Ende zweifellos in dieser Form wiederauftauchen. Nehmen wir zum Beispiel die Unterschiede zwischen der Geschichte der revolutionären Ereignisse, wie sie zu Lenins Lebzeiten geschrieben wurde, und der vom stalinistischen Apparat fünfzehn Jahre später diktierten. Man muß sich für das eine oder andere entscheiden: Entweder wir gelangen, nach der von Marx bekundeten Hoffnung, aus der Welt der Notwendigkeit in die der Freiheit, dann ist es leicht, diese Veränderungen mit der später verschwindenden Notwendigkeit zu begründen, welche Stalin zwang, die historische Rolle seiner Gegner zu modifizieren. Oder aber der vollendete Kommunismus wird immer eine Welt der Notwendigkeit sein, was ein orthodoxer Anhänger so wenig zugeben kann, wie er vor seinem Gewissen Trotzkis Wirksamkeit im Jahre 1917 zu verbergen vermag.

Natürlich nennen die militanten Intellektuellen Fragen dieser Art nachrevolutionär, aber dies besagt doch nur, daß das Bemühen, den Kommunismus zu verstehen, selbst nachrevolutionär sei. Jetzt, da das Schicksal der Revolution auf dem Spiel stehe, handele es sich nicht darum, die Welt zu verstehen, sondern sie zu verändern. Wie auch immer, ein Kommunist sollte nicht überrascht sein, wenn der Wunsch nach dem Verständnis eines Tages als Konsequenz einer Aktion erscheint, in der praktisch, zumindest bis zu einem gewissen Grade, von den Handelnden verlangt wird, das Verstehen als zweitrangig und wenig zeitgemäß zu betrachten.

Durch das mangelnde Interesse der meisten Nichtkommunisten für das Verständnis des Kommunismus und durch das Engagement der Aktivisten in einer Kohorte, die fast diskussionslos Direktiven befolgt, deren Gesamtplan unbekannt bleibt, wurde der Kommunismus sozusagen eine Realität außerhalb der Welt der Reflexion. Die Entwicklung der Aktion vollzieht sich zu einem großen Teil in der Finsternis: diejenigen, die Kenntnis von den verborgenen Triebfedern besitzen, mußten darauf verzichten, sie anderen zu vermitteln, und selbst wenn ihre intensive Tätigkeit ihnen genügend Zeit zur Analyse ließe, könnten sie nicht freimütig die allgemeinen Perspektiven ihres Projekts bekanntgeben. Was Lenin innerhalb der Grenzen seiner Macht tat, könnte heute wahrscheinlich niemand auch nur versuchen. Lenin kannte jedenfalls nur die Morgendämmerung des endlosen Tages, über den das revolutionäre Experiment sich hinzieht, und seine Nachfolger zeigten keineswegs das intellektuelle Genie, das er besaß. Selbst jene, die die Opposition der Notwendigkeit enthob, ein verschwiegenes Spiel zu verbergen, und selbst in der relativ langen Periode, da sie über außerordentliche Informationsquellen verfügten, offenbarten letztlich eine wachsende Unfähigkeit zu einer vom Interesse der Aktion nicht getrennten Reflexion (deren andere Seite die Kritik der

Aktion ist). Trotzki ist gewiß der glänzendste kommunistische Theoretiker, den es seit dem Tode Lenins gegeben hat, aber seine einsichtigen Darstellungen wie auch die Richtigkeit mancher seiner Voraussagen wiegen die Tatsache nicht auf, daß die von ihm gedeuteten Ereignisse ihn beiseite gedrängt haben. Selbst wenn wir annehmen, sein relativer Wert als Theoretiker stehe im Zusammenhang mit seiner endgültigen Niederlage als Parteiführer, würde dies einfach die Überlegenheit der Praktiker gegenüber den Theoretikern zeigen, beseitigte dies nicht das offenkundige Ungenügen der trotzkistischen Theorien, gemessen an den Ereignissen, die offenbar ständig alle Beteiligten überholen.

\*

Tatsächlich scheint der Nichtkommunist auf diesem Gebiet zunächst unterlegen zu sein. (Ich sage »Nichtkommunist«, nicht Feind des Kommunisten oder Anhänger einer anderen Doktrin.) Im Prinzip fehlen dem handlungsunfähigen Geist nicht nur die Informationsquellen, sondern auch eine Erfahrung, die allein die Aktion ihm hätte geben können. Der einzige Präzedenzfall, den ich anführen kann, ist der Hegels, welcher dem Verständnis der französischen Revolutionsereignisse eine Dimension gab, die die Beteiligten nicht einmal ahnen konnten. Aber der Name Hegels ist nicht nur gefürchtet (bisweilen ermuntert die äußerste Schwierigkeit eher, als daß sie einschüchtert): er weist in die Richtung, die eine ungezwungene Reflexion einschlagen kann. Die Aufgabe besteht nicht mehr darin, Entwicklungen in ausgearbeitete intellektuelle Perspektiven einzufügen, um sie bis ans Ende zu führen, sondern, angesichts der sich vollziehenden Entwicklungen, eine Weltauffassung zu definieren, die ihnen einen Sinn verleiht. (Natürlich wäre dieser Standpunkt selbst sinnlos, verfehlte er, der ablaufenden historischen Aktion einen Sinn zu geben.)

Hier scheint es mir notwendig, auf die fundamentale Differenz, die Hegel von Marx unterscheidet, zu verweisen. Hegel betrachtet die Totalität des Gegebenen; alles, was geschehen ist, alles, was der Mensch für sich selbst im Laufe der Zeit, bis zu seiner Vollendung, geworden ist. Er spricht von einem Ganzen. Marx behält von der kohärenten Sicht Hegels nur einen Aspekt, den Klassenkampf, losgelöst vom gewaltigen Panorama, in das alle Möglichkeiten des Menschen (alle Möglichkeiten des Seins) sich einordneten. Marx ergreift die besondere Möglichkeit, die in der Veränderung der Welt kraft des Klassenkampfes liegt; das Ganze interessiert ihn nicht. Schließlich geriet Hegels Denken für lange Zeit in Vergessenheit. Und nach Marx hat niemand versucht, die Erfahrung der revolutionären Aktion in eine neue Gesamtsicht dessen, was ist, zu integrieren. Niemand zumindest bis auf den heutigen Tag.[2] Die kommunistische Aktion hat sich entwickelt, als ob alle Philosophie, alles Denken, das nicht sie zum zentralen Gegenstand hätte, bedeutungslos wäre.

\*

Ich kann hier keine neue Interpretation des Kommunismus entwickeln, die die Reflexion Hegels über die revolutionären Ereignisse seiner Zeit aufnähme, wie er sie in der *Phänomenologie des Geistes* von 1806 entwickelt hat. Nach der Lektüre eines bedeutenden Werkes, dessen französische Übersetzung Anfang dieses Jahres erschien, beschränke ich mich darauf, einige Anregungen zu unterbreiten.

Deutschers *Stalin* erregt Aufmerksamkeit dank einer Reihe außergewöhnlicher Gründe. Es ist das Werk eines Autors, dessen Distanz in vieler Hinsicht an die der Hi-

---

[2] Heute versuchen auf jeden Fall die Reflexionen von Alexandre Kojève und Eric Weil, zugleich die begrenzte Veränderung und den globalen Sinn der Welt zu erfassen.

storiker des römischen oder ägyptischen Altertums erinnert: offensichtlich bemühte sich Deutscher, zu verstehen und nicht auf die klar fixierten Forderungen der Anhänger und Gegner zu antworten. Dennoch ist es möglich, daß er die Wahrheit verfehlt hat. Die Wahrheit könnte letztlich noch antistalinistischer – oder noch stalinistischer sein. Wie dem auch sei, die Suche nach dem Wahren scheint in seinen Augen wichtiger zu sein, als der Wunsch, zu schaden oder zu loben. Dies ist sehr selten bei einem so brennenden Thema, vor allem wenn man berücksichtigt, daß Deutscher den Ereignissen zuerst sehr nahe stand. 1907 in Polen geboren, war er zunächst Kommunist. Er sprach gut russisch und reiste viel in Rußland. Erst 1932 wurde er aus der Partei ausgeschlossen. Indes ist ihm heute die kommunistische Feindseligkeit der nichtproletarischen Menschheit gegenüber fremd. Er scheint endgültig frei zu sein vom Willen, die Welt zu verändern: er ist ein Journalist wie andere auch. Aber wenn seine einstigen Ansichten seine Schriften nicht mehr bestimmen, so genießt er gleichwohl den Vorteil einzigartiger Kenntnisse, über die der erstbeste Nichtkommunist nicht verfügt. Von dieser wichtigen Grundlage aus konnte er zahlreiche russische Publikationen verwerten, die allein eine Erforschung der Einzelheiten erlauben. Seine kritischen Studien sind zugleich glänzend und vorsichtig: über manche Punkte wird man gewiß streiten, aber in der Dunkelheit, die die Wahrheit der Geschehnisse und ihrer Ursachen verhüllt, kann niemand, ohne böswillig zu sein, das zusammenhängende Ganze seiner Grundgedanken außer acht lassen. Kurz zusammengefaßt: Deutscher rechtfertigt Stalin, ohne die Grausamkeit seiner Politik zu verschleiern. Natürlich wird ihm jeder sagen können, solch eine Grausamkeit sei nicht zu rechtfertigen. Ob sich der Zustand der Welt durch Stalins Eingreifen verbessert hat, ist eine andere Sache. Aber Deutscher tut nichts weiter als zu zeigen, daß Stalin erfolgreich Projekte ausgeführt hat, die ihm offenbar eine unausweichliche Notwendigkeit auferlegte. Hätte er nicht mit einer vor nichts zurückschreckenden Energie gehandelt, hätte ihn nicht das Gefühl beherrscht, gewaltsame Lösungen seien unumgänglich, dann könnte ihm am Ende, so scheint es, der Boden unter den Füßen gefehlt haben. Selbstverständlich ist das im nachhinein leicht zu sagen, und niemals werden die Behauptungen der Neunmalklugen der Ironie entgehen. Aber die Logik dessen zu suchen, was zunächst eine unerklärliche Folge von Schrecken zu sein schien, ist nichtsdestoweniger die Aufgabe, die der Historiker implizit übernommen hat. Die Geschichtswissenschaft muß an erster Stelle in den Tatsachen den notwendigen Gang eines festgesetzten Spiels erkennen. Sie darf und kann sich nicht damit begnügen; aber wie wäre es möglich, ohne es versucht zu haben, weiter über die einzigartige Stellung Stalins in der Geschichte zu sprechen?

\*

Zunächst muß man konstatieren, daß Stalin dem Kommunismus ein unerwartetes Antlitz gegeben hat.

Will man den Kommunismus beurteilen, dann ist es unerläßlich, in erster Linie die Differenzen zwischen der von Marx vorhergesehenen und der tatsächlich erfolgten Entwicklung festzuhalten. Zwar ist es üblich, auf diese Differenzen mit anklägerischer Geste hinzuweisen, aber das scheint mir reichlich oberflächlich. Man kann eine Theorie wie die von Marx nicht für wertlos halten, wenn die Ereignisse, welche sie in vielen Punkten bestätigen, in anderen den Voraussagen widersprechen.

Wie dem auch sein mag, die entscheidende Abweichung der Geschichte von den Marxschen Thesen ist heute deutlich sichtbar. Dem Marxismus zufolge entsprach die sozialistische Revolution den Verhältnissen der Länder, die die höchste industrielle Entwicklung erreicht hatten. Das Lebensniveau der Proletarier jener

Länder konnte nicht fühlbar verbessert werden, solange die Revolution den Rahmen der kapitalistischen Gesellschaft nicht sprengte. Dagegen sind die industriell rückständigen Länder, die das feudale Gesellschaftsstadium noch nicht überschritten haben, reif für die bürgerliche, nicht für die sozialistische Revolution. Nun hat sich das Lebensniveau der Arbeiter in den am meisten entwickelten Ländern beträchtlich verbessert: infolgedessen war dort die revolutionäre Aktivität wenig oder überhaupt nicht wirksam. Sozialistische Revolutionen, angeführt von Aktivisten, die sich auf Marx berufen, gelangen statt dessen in Gesellschaften mit agrarisch-feudaler Struktur, wobei die Bauern eine entscheidende Rolle spielten. Die Vorgänge in China haben diese unerwartete und paradoxe Entwicklung noch einmal aufs deutlichste unterstrichen.

Dieser Aspekt der modernen Revolutionen ist bekannt. Aber heute ist es bemerkenswert, den Einfluß festzustellen, den der Glaube an die Unmöglichkeit solcher Entwicklungen ehemals ausübte. Isaac Deutschers Verdienst ist es, über Stalins Politik Einzelheiten einer revolutionären Aktivität mitzuteilen, deren tatsächliche Resultate von den Vorstellungen jener abweichen, die sie erzielten. Mit bemerkenswerter Klarheit konstatiert er: jeder hielt zunächst den politischen Kurs für absurd, den die politische Revolution in der Folge einschlagen sollte. Das Thema der Stalin-Biographie ist das Leben eines Politikers, der letztlich für den »Sozialismus in einem Lande« optierte und aus der russischen Kommunistischen Partei ein Instrument industrieller Investition machte. Will man den paradoxen Charakter dieser Situation Stalins beurteilen, dann muß man sich des politischen Klimas am Beginn unseres Jahrhunderts erinnern. In jener Zeit folgte der junge georgische Aktivist mit Treue Lenin. Es war selbstverständlich, schreibt Deutscher, »wenn die bewaffnete Erhebung Erfolg hatte, dann mußte der nächste Schritt die Bildung einer Provisorischen Revolutionären Regierung sein«. Aber »Rußland war nicht reif für den Sozialismus und deshalb würde auch die Provisorische Revolutionäre Regierung keine ›Diktatur des Proletariats‹ sein. Es würde aber auch keine parlamentarische Regierung sein, weil es unmöglich wäre, mitten in der Revolution eine solche Regierung zu bilden. Lenin umschrieb die Provisorische Regierung als ›eine demokratische Diktatur der Arbeiter und Bauern‹. Diese umständliche und höchst widerspruchsvolle Formel wurde niemals eindeutig kommentiert und erklärt, weder durch ihren Autor noch durch seine Schüler. Trotzdem bildete sie die Grundlage der bolschewistischen Propaganda in den Jahren zwischen 1905 und 1917.«[3] Stalin zufolge sollte die provisorische Revolutionsregierung 1905 folgende Aufgaben lösen: »die dunklen Kräfte der Gegenrevolution entwaffnen, ... im Bürgerkrieg die Führung übernehmen und eine Verfassunggebende Nationalversammlung berufen, die in allgemeinen Wahlen gewählt werden sollte. In der Zeit zwischen der Bildung der Provisorischen Regierung, die für ihre Machtausübung keine verfassungsmäßige Grundlage haben würde, und der Einberufung der Verfassunggebenden Versammlung müßte die Provisorische Regierung die Durchführung einer Anzahl radikaler Reformen dekretieren, von denen allerdings keine über die Grenzen hinausgreifen sollte, die einer bürgerlichen Demokratie gezogen sind. Diese Reformen würden folgende Maßnahmen einschließen: Proklamation der Presse- und Versammlungsfreiheit, Abschaffung aller indirekten Steuern, Einführung einer stark gestaffelten Gewinn- und einer Erbschaftssteuer, Schaffung revolutionärer Bauernkomitees zur Inangriffnahme der Bodenreform, Trennung von Staat und Kirche, Einführung des Achtstundentags, von Sozialunterstützungen, Arbeitsämtern und ähnliches mehr. Im ganzen genommen

[3] Deutscher, ebd., S. 89.

ist dieses Programm sehr viel gemäßigter als etwa das vierzig Jahre später durch die britische Labourregierung angenommene. In Rußland freilich, zu Beginn unseres Jahrhunderts und nur vierzig Jahre nach der Bauernbefreiung, bedeutete es einen radikalen Umsturz der bestehenden Verhältnisse.«[4] Deutscher fügt hinzu, Stalin sei der Meinung gewesen, »daß dieses Programm nur auf Grund eines Bündnisses der sozialistischen Arbeiterklasse mit der individualistisch denkenden Bauernschaft verwirklicht werden könne, denn die durch das liberale Bürgertum vertretene Stadtbevölkerung werde die Revolution nicht unterstützen. Es war ihm klar, daß auf weite Sicht die Arbeiterschaft und die Bauern verschiedene Ziele ansteuern würden und daß ihre Interessen und ihre Politik eines Tages zusammenstoßen müßten. Aber dieser Zusammenstoß würde sich erst dann ereignen, wenn die Sozialisten den Versuch machen würden, den Kapitalismus zu stürzen. Dies aber sei nicht die Aufgabe der Revolution in Rußland. Die ›demokratische Diktatur des Proletariats und der Bauern‹ müsse wirklich demokratisch sein, denn in ihrem Programm stecke nicht ein Quentlein eines reinen Sozialismus.«[5] Seltsamerweise war Trotzki, obwohl er (auf Grund organisatorischer Parteifragen) mit den Menschewiki verbunden war, damals der einzige Sozialist, der glaubte, daß eine in Rußland siegreiche Revolution zur proletarischen Diktatur und zum Sozialismus führen müßte.

Man weiß, daß Stalin, seit 1912 Mitglied des bolschewistischen Zentralkomitees, von Februar bis April 1917 die bolschewistische Politik in Petrograd leitete. Während dieser Zeit befolgte er das Programm, mit dem Lenin ehemals vollständig einverstanden war. Im April traf Lenin in der Hauptstadt ein und übernahm sogleich

[4] Deutscher, ebd., S. 90. Der Autor verweist auf Stalin, *Werke* (deutsche Ausgabe, Berlin 1950–1955). Bd. 1, S. 119 ff.
[5] Deutscher, ebd., S. 90. Das letzte ist Stalins eigene Formulierung.

die Führung der Bewegung. Als er in einer Rede die neue bolschewistische Politik definierte mit der Behauptung, die Revolution trete in eine sozialistische Phase ein, die Banken müßten in einer einzigen Staatsbank zentralisiert werden, zwar könnte man die Industrie nicht sofort sozialisieren, aber man müßte Produktion und Verteilung unter Arbeiterkontrolle stellen, waren seine Zuhörer ratlos. Ein nichtbolschewistischer Autor, der zufällig an dieser Konferenz teilnahm, schilderte später die Wirkung von Lenins Worten: »Nie werde ich diese Rede vergessen, die wie ein Gewitter über die Versammlung hereinbrach und nicht nur mich erschütterte und verwirrte, der ich ein Andersgläubiger unter den Zuhörern war, sondern auch die Gläubigen, alle, ohne Ausnahme. Ich versichere, daß niemand im Saal auf etwas Derartiges gefaßt war. Es war, als seien alle Elemente losgelassen, als steige der Dämon der Zerstörung aus seinen Abgründen auf, der Dämon, der keine Grenzen kennt und keine Zweifel, keine Schwierigkeiten und keine Bedenken. Es war, als brause es durch die Festsäle der Kschesinskaja über die Köpfe der verhexten Genossen weg.« [6] So klar bestimmt war das marxistische Prinzip, daß die sozialistische Revolution nur die Folge einer machtvollen Entwicklung der kapitalistischen Industrie sein könne! So wenig bereit waren harte wie weiche Marxisten 1917, an die wahnwitzige Möglichkeit zu glauben: die sozialistische Revolution würde in Rußland beginnen und in China sich fortsetzen.

Tatsächlich glaubte Lenin, der sich einer von Trotzki seit 1905 verfochtenen Theorie anschloß (was seine Getreuen zunächst ausrufen ließ: »Das ist Trotzkismus, kein Leninismus!«), genausowenig wie Trotzki an die Möglichkeit einer sozialistischen Revolution, die auf eine der feudalen Phase gerade entwachsene Gesellschaft be-

---

[6] Nach Deutscher, ebd., S. 159; N. Suchanow: *Memoiren über die Revolution* (russ.), Bd. 3, S. 26–27.

schränkt bliebe. Lenin und Trotzki glaubten an die bevorstehende Revolution in Westeuropa, und sie waren der Ansicht, daß der Aufbau des Sozialismus in Rußland ohne die Hilfe des siegreichen Proletariats in den entwickelten Ländern nicht weit vorankommen könnte. Allein die Zusammenarbeit im Weltmaßstab würde einer Arbeiterorganisation der Produktion ihre volle Entfaltung ermöglichen. Lenin und Trotzki (der erste bis 1921, letzterer bis zum Mißerfolg der deutschen Revolution 1923) starrten gebannt auf den westlichen Horizont in Erwartung des erlösenden Ausbruchs: der Ausbreitung der proletarischen Diktatur in ihrem vorherbestimmten Bereich. Aber die industrielle Welt blieb unerschüttert. Nimmt man die in Osteuropa von oben durchgeführten Revolutionen aus, so trug die proletarische Bewegung seitdem nur in China einen bemerkenswerten Sieg davon.

Nach dem April 1917 übernahm Stalin, getreu seiner Gewohnheit, Lenins Standpunkt. Gleichwohl vertrat er unter den kommunistischen Führern eine antiwestliche Tendenz, die sich lange Zeit vor seinem Entschluß bekundete, »den Sozialismus in einem Lande« aufzubauen. Schon im Juli zeigte er ein klares Verständnis für die Lage in den entwickelten Industrieländern, wobei sich zugleich eine grundsätzliche Ausrichtung ankündigte: »Die Möglichkeit ist nicht ausgeschlossen«, sagte er zu einem Opponenten, »daß gerade Rußland das Land sein wird, das den Weg zum Sozialismus bahnt... Die Basis unserer Revolution ist breiter als in Westeuropa, wo das Proletariat ganz allein der Bourgeoisie von Angesicht zu Angesicht gegenübersteht. Bei uns dagegen werden die Arbeiter von den ärmsten Schichten der Bauernschaft unterstützt... Der Staatsapparat funktioniert in Deutschland ungleich besser als der unvollkommene Apparat unserer Bourgeoisie... Man muß die überlebte Vorstellung fallen lassen, daß nur Europa uns den Weg weisen könne. Es gibt einen dogmatischen Marxismus und einen schöpferischen Marxismus. Ich stehe auf dem

Boden des letzteren.«[7] Deutscher schreibt: »Stalin vertrat damals noch nicht die Theorie des ›Sozialismus in *einem* Lande‹, das heißt, daß Rußland aus sich selber heraus und von der übrigen Welt isoliert das Gebäude des Sozialismus vollenden könne. Erst sieben oder acht Jahre später bekannte er sich zusammen mit Bucharin und gegen Trotzki zu dieser Formel. Aber schon damals lag in seinen Worten ein sehr viel stärkerer Nachdruck auf der sozialistischen Mission Rußlands als bei Trotzki oder auch bei Lenin.«[8] Vielleicht ahnte er auch besser das fast unüberwindbare Hindernis, dem eine proletarische Bewegung in Ländern begegnet, deren feudaler Rahmen zerbrochen wurde, deren Bauernschaft den Großteil des bebauten Bodens besitzt: eine Isolierung der Interessen, die die geschickteste Propaganda in den entscheidenden Augenblicken nicht wirksam zu verschleiern vermag. Wie Deutscher es darstellt, war die Differenz zwischen Stalin und den anderen unbeträchtlich. Erst sehr viel später entschloß sich Stalin, die Schwelle zum »Sozialismus in einem Lande« zu überschreiten. Doch auch dann war er noch vorsichtig genug, trotz aller Unwahrscheinlichkeit, die Fiktion des Glaubens an die morgige allgemeine Revolution zu bewahren. Insgesamt kann man sagen, daß Stalin, über seine Abneigung gegen Europa hinaus, durch seinen pragmatischen Realitätssinn, seine Ablehnung dogmatischer Ansichten zur Führung einer Revolution befähigt war, deren Lauf notwendig die von der Theorie vorgezeichnete Richtung verlassen mußte.

1924 befand Stalin sich allein, dem Elend eines ungeheuren zurückgebliebenen Landes überlassen, dessen Bauern das Grundbesitzereinkommen nicht mehr in die Städte sandten, indes es diesen nicht mehr möglich war, alle lebenswichtigen Agrarerzeugnisse mit industriellen Produkten zu bezahlen. Er konnte die Unmöglichkeit

---

[7] Nach Deutscher, ebd., S. 173; Stalin: *Werke*, Bd. 3, S. 172 f.
[8] Deutscher, ebd., S. 173.

ermessen, den russischen Boden zu verteidigen ohne eine beträchtliche Erhöhung der industriellen Ressourcen. Indes auch dann war er von der traditionellen marxistischen Theorie noch so beeinflußt, daß er am Anfang des Jahres in den *Problemen des Leninismus* schrieb: »Aber der Sturz der Macht der Bourgeoisie und die Begründung der Macht des Proletariats in einem bestimmten Lande bedeutet noch nicht, daß der Sieg des Sozialismus völlig verbürgt ist. Die wichtigste Aufgabe des Sozialismus, die Organisation der sozialistischen Produktion, harrt noch ihrer Lösung. Kann diese Aufgabe gelöst werden, kann der Endsieg des Sozialismus in einem bestimmten Lande gesichert werden ohne die gemeinsamen Anstrengungen der Proletarier in anderen fortgeschrittenen Ländern? Nein, das kann nicht geschehen! Die Kräfte eines bestimmten Landes mögen ausreichen, um die Bourgeoisie zu stürzen. Dies ist durch die Geschichte der russischen Revolution erwiesen. Für den Endsieg des Sozialismus, für die Organisation der sozialistischen Produktion, reichen die Anstrengungen eines Landes, besonders eines vorwiegend agrarischen Landes wie Rußland es ist, nicht aus. Hierfür müssen sich die Proletarier verschiedener fortgeschrittener Länder gemeinsam einsetzen.« [9] Schließlich formulierte er im Herbst 1924 zum erstenmal seine Ideen über den ›Sozialismus in einem Lande‹. »Der Glaube an den ›Sozialismus in einem Lande‹ wurde bald darauf der wichtigste Prüfstein der Loyalität gegenüber Partei und Staat.« Aber zunächst ging es um einen zweitrangigen Punkt, den Stalin fast nachlässig vorgetragen hatte. »Mehrere Monate lang, genau bis zum Sommer des nächstfolgenden Jahres, dachte keiner von Stalins Rivalen, weder die beiden anderen Mitglieder der Troika noch Trotzki, diese These sei es wert, sich mit ihr zu beschäftigen.« [10]

[9] Nach Deutscher, ebd., S. 304.
[10] Deutscher, ebd., S. 303.

Überdies hatte die Formel keineswegs die Bedeutung, die wir ihr beizumessen versucht wären. Sie bewirkte keinen industriellen Kurs, der von Trotzkis Vorschlägen abwich. »Trotzki hatte seit dem Ende des Bürgerkriegs das Politbüro immer und immer wieder gedrängt, Verwaltungseinrichtungen für eine Wirtschaftsplanung zu schaffen; und er war es gewesen, der bereits in jener frühen Zeit die meisten Gedanken skizzierte, die später im Fünfjahresplan wieder vorkamen.«[11] Die Formel hatte nur einen großen praktischen Wert. Niemand hätte von den Arbeitern die notwendige gewaltige Anstrengung verlangen und zugleich hinzufügen können: ›Aber das versteht sich von selbst: die Anstrengungen eines einzelnen Landes sind ungenügend.‹ Zumindest die Vorstellung des Volkes erforderte Perspektiven, die der Lehre von Marx entgegengesetzt waren.

\*

Seit langem besitzt die Doktrin des ›Sozialismus in einem Lande‹ offiziellen Charakter. In unserer Gegenwart ist sie eine fundamentale Wahrheit, deren Wert die Praxis erwiesen hat. Aber wenn Theorie und Erfahrung auch erfolgreich waren, so hatten sie doch nur geringe Folgen: selbst Stalin zog daraus keine Lehre.

Deutscher sagt dazu: »Er kam zu dieser Formel tastend und im Dunkel tappend, wie wenn er einen neuen Kontinent anlaufen würde, indes er, Kolumbus gleich, der Meinung war, er segle nach ganz anderen Küsten.«[12] Das kann wahr sein, sofern man festhält, daß Stalin und seine Gefolgsleute Amerika den Namen Indiens beließen. Hätte man die russische Lektion verstanden, dann wäre es leicht gewesen, in China eine revolutionäre Situation auszumachen: was Stalin persönlich angeht, so tat er

---

[11] Deutscher, ebd., S. 308.
[12] Deutscher, ebd., S. 304.

gerade das Gegenteil. Stalin unterstützte Tschiang Kaischek, da er an die Möglichkeiten der chinesischen Kommunisten nicht glaubte. Er schlug eine Kompromißformel vor, die der ähnlich war, die er selbst bis 1917 für ein Agrarland wie Rußland verteidigt hatte. Die Affäre hatte bedauerliche Folgen. Tschiang kehrte sich gegen seine Verbündeten und zerschlug sie. Dagegen verhinderte Stalin in der Folgezeit eine Verständigung zwischen Kommunisten und Sozialdemokraten in Deutschland, die allein dem Vordringen der Nationalsozialisten hätte widerstehen können. Die Arbeiterklasse allein schien noch Möglichkeiten revolutionärer Agitation zu besitzen, und zwar in solchem Ausmaß, daß eine reaktionäre Bewegung keine Besorgnis erregte. Die seltsame Theorie des Sozialfaschismus, die in der gleichen Anklage Sozialisten und Nazis vereinte, war sinnvoll nur angesichts einer aufsteigenden kommunistischen Bewegung, wie sie in einem hochindustrialisierten Land natürlich sein mochte. Auf dem revolutionären Schachbrett erschien China damals um so bedeutungsloser, als die Kommunistische Partei, zuerst in den Städten verwurzelt, unter Mao Tse-tungs Einfluß sich in eine Partei der Bauern, eine breite Bewegung ländlicher Guerillas verwandelt hatte. Nichts ist paradoxer und vor allem harmloser vom marxistischen Standpunkt aus, auf den sich Mao gleichwohl berief. Zweifellos macht das deutlich, warum Stalin die Perspektiven einer kommunistischen Bewegung weiterhin verwarf, deren Schwerpunkt eine agrarisch-feudale Gesellschaft, nicht eine industriell entwickelte Nation bildete, und warum er im August 1945 mit Tschiang Kai-schek verhandelte, der 1927 seine kommunistischen Genossen ermordet hatte und sich anschickte, Maos Truppen zu vernichten. Deutscher, der sich auf James Byrnes beruft, schreibt sogar, daß er kurz zuvor in Potsdam noch weiterging. »Er desavouierte die chinesischen Kommunisten, die damals in Opposition zu Tschiang Kai-schek standen, und erklärte, daß die

Kuomintang die einzige politische Macht sei, die fähig wäre, China zu regieren.«[13]

\*

Ich beabsichtige nicht, allzusehr auf Irrtümern zu bestehen. Gewiß, der in Deutschland während der Machtergreifung Hitlers verfolgte Kurs, die in China bis kurz vor dem Erfolg Mao Tse-tungs durchgehaltene Linie: das sind schwache Punkte in der Politik Stalins. Dennoch muß man ihm, nach Deutschers Formel, »einen ersten Platz unter den Herrschern zuerkennen, die im Laufe der Geschichte Rußland groß gemacht haben«.[14] Wobei anzumerken ist, daß Stalin dazu neigte, die Interessen Rußlands mit denen des Kommunismus zu vermischen.

Mein Thema ist diametral von solchen individuellen Aspekten entfernt. Ich möchte hier deutlich machen, daß Stalins Handeln dem Kommunismus ein unerwartetes Antlitz gegeben hat: das einer Bewegung, deren Schwerpunkt in industriell zurückgebliebenen Agrarländern mit einer ziemlich feudalen juridischen Struktur liegt. Stalin hat daraus keine klare Lehre gezogen, aber bei seinem Tode hinterließ er eine Welt, in welcher der Kommunismus, dank oder trotz seiner Berechnungen, diesen Sinn angenommen hatte.

Aber diese erste These ist an sich nicht entscheidend. Allein wichtig ist, daß der Kommunismus von hier aus für die armen Länder ein Mittel darstellt, um jene »industrielle Revolution« durchzuführen, die die reichen Länder schon seit langer Zeit vollzogen haben.

Das wesentliche Werk Stalins – Deutscher hat es dargestellt – erinnert unvermeidlich an die Periode der in-

---

[13] Deutscher, ebd., S. 556; J. F. Byrnes, *In aller Offenheit*, Frankfurt/M. 1947, S. 304 f.
[14] Deutscher, ebd., S. 363.

tensiven »ursprünglichen Akkumulation« in England, deren Auswüchse und Grausamkeiten Karl Marx im letzten Kapitel des ersten Bandes des *Kapital* geschildert hat. »Die Analogien«, sagt Deutscher, »sind ebenso zahlreich wie verblüffend.« Marx beschreibt »den ersten gewaltsamen Prozeß, durch den eine bestimmte Gesellschaftsklasse die Produktionsmittel an sich reißt, während gleichzeitig andere Klassen um ihren Grund und Boden und damit um ihre Existenzgrundlage gebracht und auf den Stand von Lohnarbeitern der Industrie herabgedrückt werden«. Den Prozeß, der in den dreißiger Jahren in Rußland stattfand, könnte man als »ursprüngliche Akkumulation« des Sozialismus in einem Lande bezeichnen. »Karl Marx schildert die ›Arrondierungen‹ und ›Landbereinigungen‹, durch die der Landadel und die Industrieherren die britische Yeomanry, die ›unabhängige Bauernschaft‹, expropriierten. Eine Parallele zu diesen englischen ›Arrondierungen‹ findet sich in dem Sowjetgesetz, das Stalin dem XVI. Parteikongreß vorlegte und das den Kollektivfarmen die Möglichkeit gab, Land ›einzubeziehen‹ oder ›abzurunden‹, so daß die Kolchose eine geschlossene Bodenfläche darstellen könne. Auf diese Weise wurden die bisherigen privaten Eigentümer entweder gezwungen, sich den Kolchosen anzuschließen, oder sie wurden, wenn sie das nicht wollten, enteignet. Karl Marx schildert die ›blutige Disziplin‹, mit der die freien Bauern Englands zu Lohnarbeitern gemacht wurden, und er charakterisiert diesen Vorgang als ›schmutzige Haupt- und Staatsaktion, die mit dem Exploitationsgrad der Arbeit die Akkumulation des Kapitals polizeilich steigert‹.«[15] Ich denke nicht daran, die von Stalin durchgeführte Revolution moralisch zu beurteilen: ich glaube, sie beruhte nicht weniger auf einer Verkettung von Fakten als die englische industrielle Revolution. Deutscher hat das Verdienst, dies deutlich zu machen.

[15] Deutscher, ebd., S. 364 f.

Ganz gewiß erforderte dies grausame Maßnahmen, aber es scheint, daß die gleichen Maßnahmen ohne Grausamkeit unwirksam gewesen wären. Aus der Darlegung ergibt sich, daß jede Akkumulation grausam ist; daß jeder Verzicht auf die Gegenwart zugunsten der Zukunft grausam ist. Da die russische Bourgeoisie nicht akkumuliert hatte, mußte das Proletariat es tun. Desgleichen ist das chinesische Proletariat gezwungen, es zu tun. Wir werden sehen, daß dem Proletariat die Aufgabe der Akkumulation der Ressourcen für die Industrie dort zufällt, wo die Bourgeoisie nicht zu handeln verstand, und daß die neue Rolle des Proletariats Veränderungen bewirkt, die Marx nicht vorhersehen konnte: sie scheinen nicht einfacher Art zu sein, aber ihre ungewöhnlichen Folgen dürften alle Kräfteverhältnisse neu bestimmen.

*

Die Kommunisten, durch die Straffheit und beherrschte Gewalt der Aktion in steter Anspannung gehalten, sind – wie sie offen zugeben – gezwungen, wenig Rücksicht auf den kapriziösen und krummen Verlauf der Geschichte zu nehmen, die ihr Ziel auf Seitenwegen erreicht. Nicht daß sie unfähig wären, selbst solche Wege einzuschlagen (so begannen sie 1939, über Polen hinweg, einen Todeskampf mit dem Hitlertum). Aber in diesem Fall können sie nicht sprechen. Und wenn sie für ihre Aktionen wütend Begründungen liefern, so erinnern sie sich zum Beispiel ungern des Unterschieds zwischen der Sprache der Revolutionäre von 1793 und der Veränderung der Produktionsverhältnisse, die sich diskret im Verborgenen, weit weg von den Ausbrüchen der Rednertribünen, vollzog. Natürlich glauben sie, nach Marx, sich der realen Veränderungen, um die es geht, vollständig bewußt zu sein. Ich sage nicht, es sei falsch, aber es geschieht bisweilen, daß die Geschichte sich verirrt. Und jenen, die ihr mit einem selbstsicheren Kommentar vorangehen, ist nicht immer die Folge von Irrtümern gegenwärtig, denen selbst die Einsichtigsten zum Opfer fielen. Gäbe die Geschichte am Ende dem Denken recht, so tut sie es dennoch nicht, ohne schweigsame und schwierige Lektionen denjenigen zu erteilen, die sich anmaßten, ihre Motive und Ziele präzis zu definieren. Auf diese Weise könnte der handelnde Mensch – der der Geschichte befehlen wollte – entdecken, daß der Nichthandelnde, der Wartende in einem Sinne zwar feige und lächerlich sein mag, aber im Grunde das ihn erschreckende Geheimnis vielleicht viel ernster genommen hat: wer wartet, ohne zu handeln, mißachtet die unmittelbaren Ziele, denen nie die ganze noch die genaue Bedeutung zukommt, welche die Aktion ihnen beimißt.

Es wäre also heute wieder einmal möglich – und sogar gut –, etwas zu sehen, was die Aktion zu sehen verhindert. Darauf sagt man: Wenn das jeder täte! Wenn niemand handelte! ... Als wenn es unstatthaft wäre, daß ein Mensch der betäubenden Menge entflieht, um zu versuchen, freier und weiter zu sehen als die laut Redenden. Das Geschehen wird immer nur schwer von denjenigen erkannt, die nichts als ihre Wünsche wahrnehmen. Entspricht das Geschehen etwa den fertigen Ideen, die in einer Epoche erarbeitet wurden, in der niemand das Monströse, Furchtbare und zugleich Verlumpte und Verflachte unserer heutigen Existenz hätte ahnen können? Ich weiß nicht, ob es berechtigt ist, der künftigen Menschheit eine ›strahlende Zukunft‹ anzukündigen; aber es lohnt durchaus, nicht die Augen vor einer Wahrheit zu verschließen, deren Sicht der Kampf ›für eine strahlende Zukunft‹ bisweilen verbirgt. Die Momente dieser Wahrheit, deren künftige Ergebnisse noch unbekannt sind, können nur dann entdeckt werden, wenn man seine Meinung ohne Rücksicht auf Gefolgsleute äußert.

Selbstverständlich impliziert ein solcher Standpunkt andere Werturteile als die des Marxismus. Er setzt sogar

## Kommunismus und Stalinismus

eine Kritik an dessen Urteilen voraus. Diese Kritik, so scheint es, könnte sich zunächst aus den unerwarteten Formen, die der gegenwärtige Kommunismus angenommen hat, ergeben.

Weiter oben haben wir den paradoxen Charakter der in Rußland und in China begonnenen Entwicklung des Kommunismus dargestellt. Diese Länder mit ähnlicher Gesellschaftsstruktur besaßen am Anfang im wesentlichen eine Agrarwirtschaft, ihre schwach entwickelte Industrie gründete zumeist auf dem Auslandskapital. Den Perspektiven des Marxismus zufolge schienen beide Länder, die auf Grund ihrer Ausdehnung und Absonderung eine Welt für sich bildeten, allein die Entwicklung einer bürgerlichen Revolution zu erlauben. Es hatte den Anschein, daß sie nicht reif wären für eine proletarische Revolution. So sahen wir, wie Stalin (vor 1933 selbst ein provisorisches Bündnis der KPD mit der SPD ablehnend, weil das industrialisierte Deutschland für die bolschewistische Machtergreifung reif zu sein schien) noch 1945, ungeachtet des katastrophalen Experiments in China 1927, die Kuomintang unterstützte, weil sie allein ein im wesentlichen agrarisches Land verändern könnte. Stalin weigerte sich bis zuletzt, die Affinität der kommunistischen Revolution mit den Ländern feudaler Struktur anzuerkennen. Die Möglichkeit einer kommunistischen Revolution in Deutschland 1933 ließ ihn die Gefahr des Hitlertums unterschätzen, dagegen veranlaßte ihn die Unzweckmäßigkeit einer solchen Revolution in China 1945, Tschiang Kai-schek Hilfe zu gewähren.

Ich kann diese eigenartigen Aspekte hier nur unterstreichen: ich möchte in der Tat, sowohl gegen den klassischen wie gegen den heutigen Marxismus, auf die Verbindung hinweisen zwischen *allen* großen Revolutionen (angefangen mit der englischen und französischen Revolution) und einer in Zersetzung befindlichen Feudalordnung. Es hat niemals eine große Revolution gegeben, die eine etablierte bürgerliche Herrschaft stürzen sollte.

Alle Umwälzungen entstanden aus einer gegen die feudale Gesellschaft gerichteten Revolte.

*

Ich gehe vom grundlegenden Wert des Feudalismus aus: der Souveränität. Die moderne Negation dieses Werts hat zu Vereinfachungen geführt, die erfordern, daß man darauf zurückkommt. Wir können uns fragen, ob die hauptsächliche Sorge der vorrevolutionären Epochen, nämlich die *Souveränität*, gegen die alle großen Revolutionen sich erhoben, das mangelnde Interesse in unserer Zeit verdient, in der man ihre ursprüngliche Rolle in den entscheidenden politischen Krisen (die Gabe, den Blitz hervorzurufen) nur schlecht versteht.

Die feudale Welt hat eine Vorliebe für die *souveräne* Verwendung, die unproduktive Verwendung des Reichtums. Die Vorliebe der bürgerlichen Welt gehört dagegen der *Akkumulation*. Das in der Bourgeoisie vorherrschende Wertgefühl veranlaßte die reichsten Leute, sich der Produktion zuzuwenden, um ihre Ressourcen der Einrichtung von Werkstätten, Fabriken oder Bergwerken zu widmen. Die feudale Welt errichtete Kirchen, Schlösser, Paläste, die *Bewunderung* erwecken sollten. Die bürgerlichen Werke entsprachen dem Willen, die Produktionsmittel zu vermehren. Ein so gewaltiges Werk wie das Schloß von Versailles ist vielleicht die bemerkenswerteste Form – obwohl sie in menschlicher Hinsicht nicht sehr bedeutend sein mag –, die das Prinzip einer adligen, der Verachtung nützlicher Tätigkeit gewidmeten Existenz erhalten hat. Man stelle sich zum Beispiel eine so spektakuläre Leistung unserer Zeit wie das Stauwerk von Donzère-Mondragon vor, dessen einziger Nutzen die jährlichen Unterhaltskosten wären: das würde sicher am Ende die Revolution unvermeidlich machen.

Ich will keineswegs behaupten, daß die Revolution gegen Versailles unrecht gehabt hätte. Aber ich sehe auch keinen Grund, Versailles für eine Verirrung zu halten, statt nach dessen genauem Sinn zu suchen. In uns bleibt ein Verlangen, dessen Negation die bourgeoise Haltung ist. Gewiß ist Versailles ein entstellter, vielleicht sogar hassenswerter Ausdruck dieses Verlangens; aber nichtsdestoweniger erlaubt es, die Anziehungskraft zu ermessen, in deren Bann die Welt noch heute ihre Bahn zieht. Versailles ist keineswegs das einzige Beispiel dieser Kraft. Aber wer die Bedeutung solchen Glanzes nicht zu sehen vermag, für den wird die Menschheit diesen sonnenhellen, durchsichtigen und unwiderruflichen Aspekt der Souveränität nie besitzen.

Versailles ist tatsächlich das Symbol jener Ordnung, die sowohl die bürgerlichen wie die proletarischen Revolutionen beseitigen wollten. Alle großen Revolutionen dienten der Abschaffung der feudalen Ordnung, deren Sinn die Souveränität ist und der Versailles eine universelle Form gab.

\*

Natürlich kann die Souveränität – ökonomisch die Verwendung der Ressourcen für unproduktive Zwecke – nicht als Ziel der Geschichte betrachtet werden. (Ich werde sogar am Ende das Gegenteil darstellen: Hat die Geschichte irgendein Ziel, dann kann es nicht die Souveränität sein, und die Souveränität kann nichts anderes mit diesem Ziel zu tun haben, als sich davon zu unterscheiden.) Ich glaube eher, daß ganz im Gegenteil ein solches Ziel provisorisch die klassenlose Gesellschaft ist. Dies ist zumindest die von der Geschichte heute eingeschlagene Richtung. Obwohl noch unbewußt, hört die ungeheure Mehrheit der Menschen auf, das Vorhandensein privilegierter Klassen zu dulden. Offensichtlich ist der Punkt, dem wir, mitgezogen von einer dem Wasser analogen Schwerkraft, zustreben, die undifferenzierte Menschheit. Stalins letzte Schrift, die an den Kampf seiner Partei »für die strahlende Zukunft der Völker« erinnert, unterstreicht mit besonderer Eindringlichkeit die »Aufhebung des Gegensatzes zwischen Stadt und Land, zwischen geistiger und körperlicher Arbeit, sowie die Frage der Beseitigung der Unterschiede zwischen ihnen«.[16] Wie könnte man besser die Flußbewegung kennzeichnen, die langsam, unaufhaltsam alle Wasser vermischt und auf den gleichen Stand bringt? Es ist nicht allein nutzlos, dagegen zu sein, es ist zweifellos sehr wünschenswert, daß die Differenzen ausgelöscht werden; es ist sehr wünschenswert, daß sich eine wirkliche Gleichheit, eine wirkliche Undifferenziertheit herstellt. Wie Stalin in der gleichen Schrift zeigt[17], erfordert dies den Einsatz neuer Mittel. Aber wenn es möglich ist, daß sich die Menschen in Zukunft immer weniger für ihre Differenzierung untereinander interessieren, so bedeutet das nicht, daß sie aufhören, sich für das zu interessieren, was souverän ist. Das Souveräne widersetzt sich tatsächlich dem Bürgerlichen oder Servilen, genauso wie der Genuß der Produktion gegen die Akkumulation (d. h. die Produktion von Produktionsmitteln) gerichtet ist.

Vielleicht ist es sogar möglich zu zeigen, daß die Souveränität, da sie im allgemeinen die Sache eines jeden Menschen ist, weder unzeitgemäß noch unbedeutend ist. Nachdem ihr in der Geschichte der Revolutionen die Hauptrolle zukam, stellt sie noch eine diskrete, aber entscheidende Frage am Ende einer Debatte, die von doppelter Maßlosigkeit beherrscht ist: der nahezu wahn-

---

[16] Stalin: *Ökonomische Probleme* ..., S. 26. Ich habe genau die Überschrift des 4. Abschnitts im Hauptteil der Broschüre wiedergegeben. Tatsächlich präzisiert Stalin, es handle sich nicht um *alle*, sondern um die wesentlichen Unterschiede. In dieser Schrift behandelt er, im Zusammenhang mit den Diskussionen über den Entwurf des *Lehrbuchs der politischen Ökonomie*, einige bedeutende Fragen, denen die Marxisten gegenwärtig auf wirtschaftlichem Gebiet und im Rahmen der UdSSR konfrontiert sind.
[17] Ebd., S. 70.

sinnigen Beschleunigung des technischen Fortschritts und der militärischen Organisation der revolutionären Spannung...

\*

Wie ich ausgeführte habe, ereigneten sich die Revolutionen in Gesellschaften feudalen Typs, in denen die Verwendung des Reichtums noch nicht für die Akkumulation der Produktivkräfte bestimmt war.

Die Marxisten haben es sich zur Gewohnheit gemacht, unter den Begriff des Feudalismus recht unterschiedliche gesellschaftliche Verhältnisse zu subsumieren, die man genaugenommen vielleicht auseinanderhalten sollte. Die klassischen Historiker zogen in vielen Fällen die Begriffe Königtum, Monarchie, Reich vor. Als feudales Regime bezeichneten sie die Gesellschaft des abendländischen Mittelalters, im äußersten Falle die diesem Modell nahestehenden Gesellschaften des alten China oder des vorindustriellen Japan.

Hier möchte ich nur in einem Punkt die Gründe ergänzen, die Marx und Engels bewogen haben, als *feudal* die Gesamtheit der juridischen Strukturen zu definieren, die den überwiegend bürgerlichen Gesellschaften vorausgingen und die eine auf dem Agrarbereich beruhende ökonomische Aktivität, ein auf der Vormacht der Grundbesitzer beruhendes gesellschaftliches Leben kennzeichneten. Die feudale Welt, so scheint mir, weist nicht allein auf den Grundbesitz, der heute noch in den Händen bürgerlicher Eigentümer sein kann, die einen Teil ihres Vermögens auf dem Lande investieren; sie bezieht sich wesentlich auf ein Regime, das zumindest einen gewissen Grad an Souveränität des Besitzers impliziert. Ich kann die Tatsache nicht übergehen, daß das Wort Souveränität, insofern es eine dem *Sakralen* verwandte Form bezeichnet, der beträchtlichen Anzahl jener, die über eine banale Sicht der Ökonomie verfügen, unverständlich bleibt: es bezieht sich auf einen archaischen Zustand, dessen Grundcharakter für sie die Willkür ist. In ihren Augen hatte dieser Zustand als eigentlichen Sinn nur das nackte Interesse seiner Nutznießer. Tatsächlich ist dieser Standpunkt gerechtfertigt durch das Vorhandensein einer nicht auf Arbeit beruhenden Einkommensquelle. Aber sollte es nicht einen Teil des Einkommens geben, der grundsätzlich nicht der Arbeit entstammte?

In jedem Fall muß man festhalten: Wäre das Grundbesitzeinkommen das Produkt der Arbeit des Besitzers – der Viehzucht und *a fortiori* der Feldarbeit –, könnte von der Souveränität dieses Besitzers nicht gesprochen werden. Denn die Arbeit ist das genaue Gegenteil der souveränen Haltung. Für Hegel ist die Arbeit, nach einer Seite seines Denkens, an die Marx anknüpfte, ein Ausdruck des Menschen, der, statt frei zu *sterben*, in der Knechtschaft zu *leben* vorzieht.[18] Das bedeutet nicht, daß sich eine endgültige Erniedrigung mit der Arbeit verbindet; im Gegenteil, Hegel erkannte, daß allein die Arbeit den erfüllten Menschen hervorgebracht hat und daß folglich der erfüllte Mensch arbeitet. Aber unabhängig vom Denken Hegels betone ich einen Punkt: unsere souveränen Augenblicke, wo nichts zählt als das, *was da ist*, was *in der Gegenwart* empfunden wird und entzückt, sind das Gegenteil von Zukunftserwägungen und Berechnungen, die die Basis der Arbeit bilden. So impliziert der Grundbesitz, der Feudalbesitz die Souveränität des Besitzers nur in dem Maße, als er ihn von der Arbeit befreit.

Wenn man die Jagd ausnimmt, die nie als Arbeit angesehen wurde, sowie bis zu einem gewissen Grade sogar die Viehzucht, die weniger eng als der Ackerbau

---

[18] Ich behaupte nicht, daß Marx in diesem bestimmten Punkt Hegel folgte, aber eine Linie verbindet die Dialektik von Herr und Knecht mit der Theorie des Klassenkampfs. Schon bei Hegel bildet der Klassenkampf die Grundlage der Geschichte, in der Form der Dialektik von Herr und Knecht.

mit der Profitsuche verbunden ist[19], setzt die souveräne Beziehung des Menschen zum Boden Arbeiter im Dienst des Besitzers voraus. Aber trotz der Unterdrückung, die gewöhnlich dank der Nutznießung mit dem Bodenbesitz verbunden ist, kann man nicht übersehen, daß die Souveränität die ursprüngliche, fundamentale Stellung des Menschen ist. Scheint die freie Arbeit diese Stellung auch einzuschränken, verkehrte die gewaltsam auferlegte Arbeit sie auch ins Gegenteil, in Sklaverei, so ist sie dennoch im Grunde unantastbar. Die tiefe Souveränität eines menschlichens Wesens, jedes menschlichen Wesens bleibt selbst in der servilsten Gestalt erhalten. Überdies kann die Arbeit, die ihre Negation ist, die Souveränität nicht vernichten, da sie, über eine genügend lange Zeit und auf einem genügend großen Territorium, stets mehr als die notwendigen Subsistenzmittel erzeugt, und da die Akkumulation niemals vollständig sein kann. Es besteht immer ein Überschuß, und es ist dieser Überschuß, der letztlich dem Grundbesitzer zufällt. Gewiß beraubt die Unterdrückung den Sklaven seines Anteils am Überschuß, aber es gilt darum nicht weniger, daß der Besitzer, dank des vorhandenen Überschusses, einen Teil der in der Welt erreichbaren Souveränität genießt. Ökonomisch drückt die souveräne Haltung sich in der Verwendung des Überschusses für unproduktive Zwecke aus. Der Boden ist Zeichen und Äquivalent des jahreszeitlichen Überschusses: dessen, was der Mensch nicht ohne Arbeit, aber über seine Arbeit hinaus erhält, genauer über die für den Arbeiter zur Produktion seiner

---

[19] In der Jagd überwiegt das Spielelement: die edle und gefahrvolle Jagd besitzt einen vom Interesse unabhängigen Anreiz. Der unmittelbare Reiz der Viehzucht ist ebenfalls nicht unbedeutend: es kann eine Zucht nach unproduktiven, ästhetischen Maßstäben geben. Der ästhetische Aspekt ist sehr wichtig in der Viehzucht, die häufig militärischen Zwecken dient: in der kriegerischen Aktivität ist das Spielelement nicht weniger bedeutsam als in der Jagd.

Arbeit erforderlichen Existenzmittel hinaus. Man mag den Tatbestand beschreiben, wie man will, daß eine organisierte Autorität den Überschuß einem anderen als dem Arbeitenden zuteilt, aber die Bindung der Souveränität an den Grundbesitz hat nichtsdestoweniger einen genauen Sinn. Wir können uns in einer rückständigen Gesellschaft eine Anzahl von ausreichend bebauten Gütern vorstellen: aber in diesem Rahmen ist die mögliche Akkumulation entweder gleich null oder unwesentlich. Anders verhält es sich mit den Industrieunternehmen einer vorgeschrittenen Gesellschaft: ihr Besitz verpflichtet zwar nicht zur Akkumulation, aber er veranlaßt dazu. So waren Grundbesitz und Souveränität historisch stets miteinander verbunden.

Im allgemeinen scheint dies Band direkt auf der von den Besitzern ausgebeuteten Arbeitskraft zu beruhen. Aber die Souveränität ist kein Resultat der Sklaverei, die Sklaverei, die sie gewöhnlich begleitet, ist nicht ihre Vorbedingung. Die Sklaverei bereichert die Formen der Souveränität, aber sie schafft sie nicht. Die Souveränität ist primär.

\*

Die Souveränität desjenigen, der einen Wehrlosen zur Arbeit zwingt, unterscheidet sich natürlich von der ursprünglichen Souveränität, wie sie, in der Gleichheit der Clan-Mitglieder, Jäger oder Hirten besaßen. Aber dieser Unterschied ist weniger wichtig als es scheint. Erst danach, auf Grund seiner Erfahrung, stören einen Menschen die Folgen der souveränen Laune. Ein solcher Unterschied wird demjenigen sichtbar, der sich bemüht, durch seine souveräne Haltung nicht die mögliche Souveränität eines andern zu zerstören. Aber ohne das endgültige Scheitern der unmittelbaren, durch nichts begrenzten Souveränität bliebe diese unglückliche Souveränität unvorstellbar. Die ursprüngliche Souveränität war naiv, von der der Sklavenbesitzer und Könige unterschied sie sich allein durch mangelnde Gelegenheiten. Wir müssen überdies in der grenzenlosen Bekundung der Souveränität eine Kraft erkennen, die verzaubert, die nicht nur den Souverän hindert, dem Leiden seiner Untergebenen Aufmerksamkeit zu schenken. Diese Handlung hindert sogar die Untergebenen, ihre Erniedrigung zu ermessen. Sie verbreitet eine Resignation, die oft sogar angenehm ist, sofern sie eine Möglichkeit bietet, am Ruhm teilzuhaben, dessen Gestalt fasziniert. Gibt es etwas Allgemeineres als das besondere Leben eines Menschen, den die Verehrung eines ganzen Volkes erhöht? Die Übereinstimmung aller verleiht der unvergleichlichen Würde eines einzelnen ihre tiefe Wahrheit. Der Wunsch, die Souveränität möge sich an einem Punkt ohne jede Begrenzung offenbaren, in der Erwartung, im Schweigen und Zittern der Untertanen, ist bisweilen so gebieterisch, daß letztere sich nicht mehr dessen bewußt sind, daß sie dem König jene Vollmacht übertrugen, die sie selber hätten beanspruchen müssen, auf die sie nicht hätten verzichten dürfen. Manchmal ist es gar nicht mehr wichtig, selbst souverän zu sein, sondern daß die Souveränität des Menschen existiert und die Welt erfüllt, wo es dann nicht mehr darauf ankommt, daß jene servilen Arbeiten sich vollziehen und fortsetzen, die eine durch Haßausbrüche erniedrigte Menschheit hassenswert machen. Aber die Souveränität eines anderen kann sogar erfreulich für den sein, der in Wahrheit nicht das Ding oder der Sklave des Souveräns ist, und dennoch ist sie auf die Dauer unbefriedigend. Selbst wenn der Untertan kein Ressentiment verspürt, kann er nicht verhindern, daß in ihm eine stumme Forderung wachbleibt. Er erwartet für sich selbst einen begrenzten Teil der Gnade, die er unbegrenzt jenem zubilligt, dessen Vorrang er anerkennt. Der Diener des Souveräns erbittet nicht nur eine Landzuteilung, sondern auch, kraft der alternierenden Kondensations- und Diffusionsbewegungen, einen

Anteil an der vom Souverän ausstrahlenden sakralen Existenz.

Da diese Vollmacht sich zunächst in einer Person kondensiert, ist es nur logisch, daß alle souveränen Ressourcen des Volkes, daß alles Eigentum, welches ihr Prinzip und ihre Quelle darstellt, dem Oberhaupt gehören. Der Grundbesitz, tatsächlich der Besitz des gesamten Bodens, ist gewissermaßen mit der souveränen Würde identisch. Der Pharao entlohnte die in seinem Dienst stehenden Priester und Verwalter hauptsächlich mit Landzuteilungen. Aber das wesentliche Kennzeichen dieser Belohnung war eine Verschiebung, durch die der Konzessionär sich bemühte, zwischen dem Boden und ihm ähnliche Bande herzustellen wie die, welche ursprünglich diesen Boden mit dem Pharao vereinten. Es handelte sich darum, ein *Benefizium*, im Sinne des feudalen mittelalterlichen Rechts, aus dem zu machen, was zunächst das Attribut einer Funktion, eines *Offiziums*, war. Der Übergang vom *Offizium* zum *Benefizium*, ein Prinzip jeder Feudalität, ist im wesentlichen der Übergang von der Unterordnung im Dienste des Souveräns zur Souveränität des Lehnsträgers. Natürlich ist das nicht die vollständige Souveränität, die vielleicht nie erreicht wird, weil sie nie ein reines *Benefizium* (eine reine Nutznießung) ist, weil sie stets, selbst von seiten des Lehnsherrn, ein wenig *Offizium*, ein Dienst ist.[20] Aber sobald die Konzession erblich wird, ist das *Offizium* wirklich ein *Benefizium*, gibt es wirklich eine Feudalität, eine zumindest relative Souveränität der Grundbesitzer. Der »Adel« ist wenigstens die unauslöschliche Spur der souveränen Gnade, bewahrt von den Nachkommen derer, die in ihren Genuß kamen.

\*

[20] Allerdings handelt es sich dabei um eine Idee jüngeren Datums, die das Königtum als Funktion des Königs, der Diener des Volkes sei, auffaßt.

## Kommunismus und Stalinismus

Die Übertragung der diffusen Souveränität auf eine einzige Person zieht stets eine mehr oder weniger ausgeprägte Zerstreuung nach sich. Der Zerstreuung folgt eine neue Kondensation. Die Dinge vollzogen sich auf diese Weise, wenigstens seitdem die XII. Dynastie der ägyptischen Monarchie, nach einer Phase von Revolutionen und vor allem von anarchistischen Revolten, die großen Feudalen entmachtet hatte. In den Gesellschaften, in denen die souveränen Werke Vorrang besitzen, ist diese Bewegung von Systole und Diastole unvermeidlich: die Verschwendung gebietende Macht wird unaufhörlich hierarchisiert und geteilt, geordnet und wieder aufgelöst. Aber wesentlich ist die ökonomische Herrschaft einer Grundbesitzerkaste, die mit der Souveränität verbunden ist, entweder durch Dienst für den Souverän oder durch vererbte Rechte; wesentlich ist die fehlende Akkumulation, die ständige Verzehrung vorhandener Ressourcen für unproduktive Zwecke.

Alle großen Revolutionen der modernen Zeit verfolgten im Kampf gegen den Feudalismus die Absicht, sich diesen aufwendigen, für unsinnig gehaltenen Ausgaben zu widersetzen. Getragen wurden sie von den Massen, die Verständnislosigkeit einte angesichts der Verschwendungssucht der meisten Grundbesitzer. Dort, wo die Bourgeoisie ganz neue Systeme errichtete, gegründet auf die Akkumulation eines bedeutenden Teils der Ressourcen mit dem Ziel industrieller Ausrüstung, haben die Massen sich nie zum Sturz der bestehenden Ordnung vereint. Die Massen vermochten sich nur in einer radikalen Feindschaft gegen das Prinzip der Souveränität zusammenzuschließen. Die Bourgeoisie kann sie enttäuschen, aber für unproduktive Zwecke verwendet sie keinen so großen Teil der Ressourcen, um eine allgemeine Umwälzung auszulösen: eine solche Umwälzung fand immer nur in den von einer Feudalkaste beherrschten Ländern statt.

Ist die Bourgeoisie, wie in England oder Frankreich,

stark genug, dann kann sie die Macht ausüben. Aber ist die bürgerliche Klasse schwach gegenüber der Grundbesitzerklasse, besitzt sie nicht die Kraft, ihre Prinzipien den Nachkommen der souveränen Gesellschaft aufzuerlegen, dann erhält die besitzlose Klasse die Macht. Diese Thesen würden sich rasch durchsetzen ohne das Prestige des traditionellen Marxismus, dessen die heutigen Marxisten sich nicht zu entledigen vermögen. Wie dem auch sei, man braucht die Analyse nicht sehr weit voranzutreiben, um zu entdecken, daß kein Ereignis ihrer Aussage widerspricht. Natürlich schließt dies nicht aus, daß andere Faktoren auftreten können, die die Lage verändern. Aber verständlich wird die Enttäuschung, die auf die Erwartung der Ereignisse entsprechend den Marxschen Schemata folgte; begreifbar werden die oben wiedergegebenen Behauptungen Stalins: »Die Möglichkeit ist nicht ausgeschlossen, daß gerade Rußland das Land sein wird, das den Weg zum Sozialismus bahnt... Die Basis unserer Revolution ist breiter als in Westeuropa, wo das Proletariat ganz allein der Bourgeoisie von Angesicht zu Angesicht gegenübersteht. Bei uns dagegen werden die Arbeiter von den ärmsten Schichten der Bauernschaft unterstützt... Der Staatsapparat funktioniert in Deutschland ungleich besser als der unvollkommene Apparat unserer Bourgeoisie...« [21]

Tatsächlich war der Staatsapparat in Deutschland allmählich in die Hände der Bourgeoisie geraten. Nunmehr besaß sie eine ungeheure Kraft und Sicherheit, und die Volksmassen konnten sich nicht zu der Macht des Umsturzes verbinden. Seitdem die Bourgeoisie die herrschende Klasse in Westeuropa geworden ist, hat sie noch nie eine revolutionäre Dynamik bewirkt, die der Rußlands oder Chinas vergleichbar wäre.[22] Die Junitage 1848, die

---

[21] Vgl. oben S. 248.
[22] Was wir von der revolutionären Aktivität in Rußland vor 1917 wissen, geht in die gleiche Richtung wie die von 1917.

Kommune 1871 und Spartakus 1918–1919 sind die einzigen gewalttätigen Aktionen der Arbeitermassen im Kampf gegen die Bourgeoisie. Aber diese Bewegungen verdankten sich einer Zweideutigkeit. Die Arbeiter irrten sich angesichts der ein wenig früher vorgefundenen günstigen Umstände, als eine große Anzahl der mit ihnen gefühlsmäßig verbundenen Bourgeois sich gegen die Repräsentanten des Feudalismus, der allgemeinen Ärger hervorrief, erhoben hatte. Dem bürgerlichen Repressionsapparat fiel es nicht schwer, mit Aufständen fertig zu werden, die sich gegen Kräfte richteten, deren Fähigkeit zu regieren der eigenen unterlag. Die russische Bourgeoisie wurde besiegt, bevor sie gekämpft hatte. Nachher leisteten allein die Feudalen den Kommunisten einen konsequenten Widerstand. Dagegen hatte die Kuomintang Zeit genug, um ihre Unfähigkeit zu demonstrieren, ohne die Hilfe der Grundbesitzerklasse regieren zu können: allein weil die Kuomintang die feudale Ordnung repräsentierte, erhoben sich gegen sie überlegene Kräfte.

\*

So unterscheiden sich die Revolutionen des 20. Jahrhunderts nicht allzusehr von denen des 17. oder 18. Jahrhunderts (noch von der antifeudalen bürgerlichen Subversion, die der Protestantismus des 16. Jahrhunderts zum Teil darstellte). Alle bereiteten im wesentlichen die Wege für die radikale Veränderung der Wirtschaftsstruktur, die unter dem Namen der ›industriellen Revolution‹ bekannt ist. Seit ihrem Beginn im 18. Jahrhundert

Hinsichtlich Chinas beschwören Malraux' Romane *Les conquérants* und *La condition humaine* eine Welt, deren Fieber der unseren mit ihrer relativen Unbeweglichkeit entgegengesetzt ist. Ähnlich wie China und Rußland hat nur das feudal strukturierte Spanien eine äußerste revolutionäre Spannung gekannt: aber aufgrund fehlender Rohstoffe war eine bedeutende Akkumulation auf der Basis proletarischer Herrschaft unmöglich.

erschütterte diese umfassende Revolution die am meisten vorgeschrittenen Gesellschaften; in der Gegenwart dehnte sie sich nach Rußland aus, morgen kann sie sich in China ausbreiten. Sie ist die Folge eines Umsturzes der die ökonomische Aktivität bestimmenden Prinzipien, eines Übergangs vom Primat souveräner Werke, gegründet auf überwiegende Landwirtschaft und Feudalordnung, zum Primat der Akkumulation. Die wesentliche Bestimmung im Überbau einer Gesellschaft betrifft die Verwendung der nach der Produktion der Produktionsmittel verbleibenden Ressourcen. Es geht weniger darum festzustellen, ob die Produktionsmittel das individuelle Eigentum der Bourgeois oder das kollektive Eigentum der Arbeiter sind: wichtig ist zuerst die *Vermehrung* der Produktionsmittel, das Wachstum der globalen Summe der Produktivkräfte eines Landes. Im Bereich der ökonomischen Struktur ist es der entscheidende Unterschied zwischen der feudalen und der industriell entwickelten Gesellschaft.

\*

Das Eigentum an den Produktionsmitteln ist ebenfalls sehr wichtig, aber erst in zweiter Linie. An der Basis hängen Einkommen und Löhne vom Eigentumssystem ab, jedoch erfolgt die Verteilung der erzeugten Produkte, nachdem die Ressourcen jedes einzelnen einmal gegeben sind, entsprechend dem Wertgesetz. Im großen ganzen ist der Unterschied nur in einem Punkt gravierend: im System der kollektiven Staatsakkumulation wird die Produktion der Produktionsmittel nicht durch das Wertgesetz begrenzt. Das wollte Stalin in seiner letzten Schrift präzisieren. Wenn in einer reinen Warenwirtschaft, so bemerkt er, der Wert der hergestellten Produkte entscheidet, dann muß man die verschiedenen Produktionszweige nach der Rentabilität jedes Unternehmens entwickeln. Aber er fährt fort: »Völlig falsch ist auch die Behauptung, daß in unserer gegenwärtigen ökonomischen Ordnung, in der ersten Phase der Entwicklung der kommunistischen Gesellschaft, das Wertgesetz angeblich die ›Proportionen‹ der Verteilung der Arbeit zwischen den verschiedenen Produktionszweigen reguliere. Wenn das stimmte, dann ist es unverständlich, warum bei uns nicht die Leichtindustrie als die rentabelste mit aller Macht entwickelt wird, warum ihr nicht der Vorrang gegeben wird vor der Schwerindustrie, die oftmals weniger rentabel und bisweilen überhaupt nicht rentabel ist... Wenn das stimmte, dann ist es unverständlich, warum bei uns die Arbeiter aus den wenig rentablen, aber für die Volkswirtschaft sehr notwendigen Betrieben nicht in rentablere Betriebe übergeführt werden im Einklang mit dem Wertgesetz...« Aber wenn dem so wäre, fügt er hinzu, wäre es notwendig, daß wir »uns von dem Primat der Produktion von Produktionsmitteln lossagen müßten zugunsten der Produktion von Konsumtionsmitteln. Was aber bedeutet, sich von dem Primat der Produktion von Produktionsmitteln lossagen? Das bedeutet, unserer Volkswirtschaft die Möglichkeit des ununterbrochenen Wachstums zu nehmen, denn es ist unmöglich, das ununterbrochene Wachstum der Volkswirtschaft zu gewährleisten, ohne zugleich das Primat der Produktion von Produktionsmitteln zu gewährleisten.«[23] So sichert das Kollektiveigentum an den Produktionsmitteln, das selbstverständlich nicht als einziges System ökonomisches Wachstum zu gewährleisten vermag, allein die Kontinuität dieses Wachstums. Das Privateigentum an den Produktionsmitteln kann die Akkumulation behindern, weil es die Berücksichtigung der Rentabilitätsgrenzen eines einzelnen Unternehmens notwendig macht, indes das Kollektiveigentum allein die globale Rentabilität aller Unternehmen einer Nation beachten muß. Die periodischen Überproduktionskrisen

---

[23] Stalin: *Ökonomische Probleme*..., S. 24.

bilden in der Folge eine Art Rentabilitätskontrolle. In seiner Absicht, das »ökonomische Grundgesetz« des Sozialismus dem Grundgesetz des Kapitalismus entgegenzustellen, besteht Stalin auf dem Wesentlichen: dem Gegensatz zwischen kontinuierlicher Kraft auf der einen Seite und alternierender Form auf der anderen: »... statt Entwicklung der Produktion mit Unterbrechungen von Aufschwung zu Krise und von Krise zu Aufschwung – ununterbrochenes Wachstum der Produktion«.[24] Das ist das Kennzeichen des Sozialismus.

\*

Die Bourgeois, welche gegenüber der feudalen Verschwendung die gleiche Haltung einnehmen wie die Arbeiter, sind somit nicht in der Lage, den Primat der Akkumulation mit so strenger Konsequenz anzuwenden. Ihr Individualismus, der sie zur Suche nach maximalem Profit veranlaßt, widersetzt sich dem.

Die Bourgeoisie steht dem Feudalismus gewiß näher als das Proletariat. So treibt der bürgerliche Individualismus »den Monopolkapitalismus zu so riskanten Schritten wie Versklavung und systematische Ausplünderung der Kolonien und anderer rückständiger Länder, Verwandlung einer Reihe unabhängiger Länder in abhängige Länder, Organisierung neuer Kriege, die für die Hauptmacher des modernen Kapitalismus das beste ›Business‹ sind...«[24a] Dieser Individualismus, der sich allseitig der wütenden Profitsuche verschrieben hat, verhindert die bürgerlichen Industriellen, das ökonomische Wachstum

---

[24] Ebd., S. 41. Aber diese unbestreitbare Definition ist leider mit einer anderen gekoppelt, die vielleicht nicht unbegründet ist, aber nicht das Verdienst hat, wie es seine Absicht war, grundlegende Aspekte, die folglich auf gleicher Ebene liegen müssen, gegeneinanderzusetzen: »Statt Sicherung von Maximalprofiten – Sicherung der maximalen Befriedigung der materiellen und kulturellen Bedürfnisse der Gesellschaft...«

[24a] Ebd., S. 40.

mit rationeller Gleichmäßigkeit zu gewährleisten. Im allgemeinen begnügte sich die bürgerliche Opposition gegen den Feudalismus, die noch in der Epoche der Französischen Revolution gewalttätig war, wenn nicht mit halben, so doch mit unvollkommenen Maßnahmen. Sprechen wir nicht von der Gerechtigkeit, die die Bourgeois, sofern sie nicht selbst geschädigt waren, nie eindringlich interessierte: in ihren Augen zählte nichts anderes als die Entwicklung der Produktivkräfte und die Beseitigung der Feudalherren als einer politischen Kraft. Die Bourgeoisie konnte nur dann ihr Ziel erreichen, wenn sie den Adel der Möglichkeit beraubte, Gesetz und Grenze der Welt zu bleiben. Weder materiell noch moralisch vermochte sie die souveränen Werke zu ertragen, die sie lähmten und negierten. Aber sie antwortete nur zaghaft auf die Negation, mit der die Gesellschaft der Souveränität ihr hart begegnet war. Wenn die souveräne Haltung sie nicht mehr bedrückte, wurden die Bourgeois inkonsequent, unverständig und tolerant; sie trieben ihre Inkonsequenz soweit, bis sie oftmals eine Art schamhafter Reue zeigten.[25]

Allein die Arbeiter vollziehen mit letzter Konsequenz ihre Mißbilligung all dessen, was in der Folge der Zeiten versuchte, souverän zu erscheinen. Aber ihre Sprache unterscheidet sich nicht sehr von der, an die uns die Bourgeoisie gewöhnt hat. Über das Wesentliche reden die Arbeiter ohne Anmaßung, ihr Interesse gilt »der Erweiterung der Produktion, der Entwicklung des Bildungswesens, des Gesundheitsschutzes, der Organisierung der Verteidigung...«[26] Behandeln die Kommunisten die Motivationen der menschlichen Aktivität, dann ist ihr Wortschatz uns wohlbekannt: diese Sprache ohne

---

[25] Die sichtbarste Form einer solchen Reaktion ist der Snobismus. Dieser Begriff entstammt der Bezeichnung *sine nobilitate* im Namensregister der englischen Universitäten, was abgekürzt *s. nob.* ergab.
[26] Stalin: *Ökonomische Probleme...*, S. 19.

Reiz und voller Banalitäten ist durch und durch vom
Haß auf den feudalen Lyrismus erfüllt. Der begrenzte
Wortschatz, der die Mißbilligung von Ruhm- und
Prunksucht, wie sie der Souveränität eignet, impliziert,
kennzeichnet die Politiker der Bourgeoisie wie des Proletariats. In der sowjetischen Welt ist er nur noch härter,
sein Sinn noch präziser. Stalin betrachtet die Tätigkeit
des Arbeiters: in der kapitalistischen Gesellschaft zerfällt
die Arbeit, Marx zufolge, in zwei Teile. Mit Hilfe des
ersten, allein notwendigen Teils sichert der Arbeiter
seine Existenz und die seiner Familie; mit Hilfe des
zweiten, der *Mehrarbeit*, sichert er den Profit des Unternehmers. Aber in der Sowjetgesellschaft wäre es »sonderbar..., von ›notwendiger‹ Arbeit und ›Mehr‹arbeit
zu sprechen«. Denn unter den von der Diktatur des Proletariats geschaffenen Bedingungen ist »die Arbeit der
Arbeiter, die für die Gesellschaft geleistet wird und die
der Erweiterung der Produktion, der Entwicklung des
Bildungswesens, des Gesundheitsschutzes, der Organisierung der Verteidigung usw. gilt«, ebenso wichtig »wie
die Arbeit, die für die Deckung des persönlichen Bedarfs
des Arbeiters und seiner Familie verausgabt wird«. Marx
definiert als Mehrarbeit im wesentlichen den vom Unternehmer einbehaltenen Überschuß, den er nach seinem
Gutdünken entweder für unproduktive persönliche Ausgaben oder für die Akkumulation verwendet. Aber in der
sozialistischen Gesellschaft verschwindet die freie Verfügbarkeit. Das Produkt der vom Arbeiter über seine
persönlichen Bedürfnisse hinaus geleisteten Arbeit ist
kein Überschuß mehr. Die Notwendigkeit, der er entspricht, ist zwar kollektiver Art, aber ihr zwingender
Charakter ist nichtsdestoweniger unbestreitbar. Die militärischen und hygienischen Funktionen, das Erziehungswesen unterscheiden sich grundsätzlich von den
entsprechenden feudalen Tätigkeiten, deren beherrschender Aspekt stets Ruhm, unproduktive Kultur,
Prunksucht oder freiwillig ausgeübte Barmherzigkeit

war. Die Entwicklung der kapitalistischen Gesellschaft verläuft in derselben Richtung wie die sozialistische, aber nichts ist hier gehemmt. Nur in Stalins präziser Sprache erscheinen die Dinge als gehemmt. Zunächst geht es vor allem um Akkumulation, nicht zufällig wird sie an erster Stelle genannt (»Erweiterung der Produktion«). Für die Bourgeois war die Akkumulation das Ergebnis einer Entscheidung. Die Bourgeois waren und sind *frei*, ihre Ressourcen in produktiven Unternehmen zu investieren oder sich wahnwitzigen Ausgaben zu überlassen. Die Akkumulation seitens der Arbeiter unterstreicht die *Notwendigkeit*, der die Akkumulation entspricht: auf diese Weise verwerfen sie – zumindest provisorisch – die Möglichkeit, den jetzigen Augenblick dem morgigen Tag vorzuziehen.

Es versteht sich von selbst, so muß man handeln, wenn es als wahnsinnig gilt, seine Ressourcen zu genießen, ohne sich um deren Vermehrung zu kümmern. So bedeutet die Freiheit des Individuums in der bürgerlichen Gesellschaft die Freiheit, unvernünftig zu sein. Aber im Sozialismus steht allein das Schicksal der Gesamtheit auf dem Spiel, und definitionsgemäß entspricht die Mehrzahl der Vernunft; grundsätzlich entspricht nur die sozialistische Strenge der Vernunft.

\*

Ohne Zweifel erwies sich der Kommunismus, oder wenn man will der Stalinismus, als das konsequenteste Mittel, um die Produktivkräfte eines Landes zu entwickeln. In diesem Sinne setzt er die Notwendigkeit an die Stelle des Zufalls, und daher opfert er die freie Initiative. Doch die Akkumulation kann auf verschiedene Weise erfolgen, es gibt verschiedene Wege, um rasch voranzukommen. Wir können uns fragen, ob die proletarische Revolution, die einen der bürgerlichen Revolution analogen Wandel, nur schneller und tiefer, verwirklicht, nicht andere Bedingungen voraussetzt als jene, die bürgerliche Regime hervorbrachten.

Tatsächlich eignet sich die kommunistische Methode für Länder mit sehr geringen Ressourcen, sofern die Möglichkeit besteht, sie zu vermehren. In relativ reicheren Ländern (ohne von solchen zu sprechen, die wenige Rohstoffe besitzen und wenige Mittel zu ihrer Beschaffung), ist es keineswegs so töricht, wenn man sich für den Primat der Produktion von Produktionsmitteln nicht oder zumindest nicht im gleichen Ausmaß interessiert. Es ist nicht immer töricht, *den jetzigen Augenblick dem nächsten Tag vorzuziehen*. In einer günstigen Situation begnügt man sich leicht, scheint es, mit unvollkommenen Maßnahmen. Mangelhafte Verteilung der Produkte, hinkende Gerechtigkeit und Gleichheit haben ganz sicher nicht jene Bedeutung, die man ihnen gemeinhin beimißt. Jedenfalls gehen diese Mängel einher mit einer weniger erzwungenen Akkumulation – das heißt, mit einem relativ bequemeren Leben, nicht allein für die Privilegierten, sondern auch für die Gesamtheit des Volkes.

Auf die allgemeine Frage nach der Zweckmäßigkeit der Methode kann selbstverständlich keine einfache Antwort gegeben werden. Vielleicht könnte man mit ökonomischen Begriffen Situationen definieren, die einer individuellen oder kollektiven Akkumulation entsprechen. Aber es scheint mir besser, mich darauf zu beschränken, die Resultate *post festum* zu beurteilen. Die Zukunft schließt zu viele Faktoren ein, die erst später sichtbar werden; andererseits bestärken, unter den gegenwärtigen Umständen, zahlreiche Gründe meine feste Absicht, das Prinzip der nichtengagierten Reflexion zu befolgen.

Dagegen scheint es mir möglich, vom Vorteil der kollektiven Akkumulation in jenen Ländern zu sprechen, die sie annahmen, von ihren Erwartungen im Ausgleich mit den ertragenen Entbehrungen.

Ich habe bemerkt, daß die wesentlichen Ziele der Anstrengung im kommunistischen Regime auf den ersten Blick nicht über die erlittene Notwendigkeit hinauszuweisen scheinen. Es heißt nicht, Bedürfnisse zu befriedigen, die sich jenseits des Bedürfnisses zu produzieren erstrecken, wie es *Luxus*bedürfnisse sind, sondern Bedürfnisse, die *notwendig* befriedigt werden müssen. Mit gutem Grund definiert Stalin als Notwendigkeit das Bedürfnis, die Produktion, den Gesundheitsschutz, die Verteidigung oder das Bildungswesen zu entwickeln. Aber könnte man glauben, das *Ziel* der Anstrengung beschränke sich auf die Befriedigung dieser Bedürfnisse? Wie vermag man zu übersehen, daß solche Ziele Mittel sind? So ist zum Beispiel im kommunistischen Verständnis das Bildungswesen nur ein Mittel, genauso wie die »Produktion der Produktionsmittel«. Das Bildungswesen selbst ist ein Produktionsmittel, und es versteht sich, daß auch die Produktion nichts anderes als ein Mittel sein kann. Wir könnten also versucht sein anzunehmen, daß die Konzeption des sowjetischen Lebens der von Menschen ähnelt, die geringe Ressourcen, aber einen festen Charakter besitzen. Schließlich erinnert sie an die Lage der Proletarier in den kapitalistischen Ländern, deren Unternehmer ihnen für die geleistete Arbeit nur die Möglichkeit des Überlebens gewährten: das Eigentum an den neu erzeugten Produktionsmitteln würde die Konzeption nicht notwendig verändern. Aber in der bürgerlichen Gesellschaft wird nicht die gesamte Mehrarbeit für die Akkumulation der Kapitalisten verwendet, der Profit gelangt nur zum Teil in die Investition, zum anderen Teil ist er die Voraussetzung des Luxus... Sollte das proletarische Bewußtsein tatsächlich jeden Luxus ausschließen, sollte es nichts dulden, was über die Notwendigkeit hinausginge?

In Wahrheit wäre es oberflächlich, sich eine Welt vorzustellen, in der eine solche Verkettung alles verriegeln würde. Man könnte einfach sagen, es sei eben so, aber das hieße, das Wesentliche verfehlen. Stalin zufolge hat die sozialistische Produktion ein *Ziel*, das er vom *Mittel*, das sie ist, unterscheidet, weil »die Menschen nicht um der Produktion willen produzieren, sondern um ihre Bedürfnisse zu befriedigen«.[27] Entsprechend kritisiert er scharf den ziemlich konfusen sowjetischen Wirtschaftswissenschaftler Jaroschenko, für den »die Produktion aus einem Mittel zum Zweck« wird und der nicht anerkennen will, daß es »das Ziel der sozialistischen Produktion« ist, die »maximale Befriedigung der ständig wachsenden materiellen und kulturellen Bedürfnisse der gesamten Gesellschaft« sicherzustellen.[28] Jaroschenko weigere sich zu sehen, daß der Mensch und folglich dessen Bedürfnisse das Ziel seien.

Hier beginnt eine unvermeidliche Schwierigkeit. Tatsächlich erfordert ein Teil der Bedürfnisse die Erfüllung nützlicher Funktionen wie Ernährung, technischer Unterricht, Gesundheitsschutz usw. Und wenn Stalin »die Befriedigung der materiellen und kulturellen Bedürfnisse« anführt, ist es schwierig, solchen Funktionen nicht ihre Priorität beizumessen. Aber sind der Mensch und die Befriedigung seiner Bedürfnisse in Stalins Aussage etwas anderes als »Produktionsmittel«? Selbst wenn er meint, die Bedürfnisse würden unaufhörlich wachsen, ist dem Gedanken nicht zu entgehen, daß dies Wachstum die Wirkung des unaufhörlichen Wachstums der Produktivkräfte sein könnte... Das trifft zweifellos teilweise zu, aber – und das ist wichtig genug – nicht vollständig.

In seiner Schrift hat Stalin sich bemüht, »die Grundbedingungen für die Vorbereitung des Übergangs zum Kommunismus« zu definieren.[29] Demzufolge setzt die-

---

[27] Ebd., S. 77.
[28] Ebd., S. 79.
[29] Ebd., S. 70. Hier ist die gesellschaftliche Entwicklungsphase anvisiert, die nach Marx dem Sozialismus folgen soll. Für den Sozialismus gilt die Formel: »Jeder nach seinen Fähigkeiten, jedem nach seiner Leistung.« Die kommunistische Formel lautet: »Jeder nach seinen Fähigkeiten, jedem nach seinen Bedürfnissen.«

ser Übergang »ernste Veränderungen in der gegenwärtigen Lage der Arbeit« voraus. »Dazu ist es vor allem notwendig, den Arbeitstag mindestens bis auf sechs und später bis auf fünf Stunden zu verkürzen.« Es handelt sich jedoch nicht darum, den Arbeitern Freizeit zu gewähren, damit sie den gegenwärtigen Augenblick genießen können. Die Arbeitszeitverkürzung, so heißt es weiter, ist notwendig, »damit die Mitglieder der Gesellschaft genügend freie Zeit erhalten, um eine allseitige Bildung zu erwerben«. Da ist wieder die Klippe der Bedürfnisse, die letztlich nur nützliche Produktionsfunktionen sind. Überdies hat Stalin die Ziele der zusätzlichen Ausbildung deutlich gemacht, indem er vorschlägt, »den allgemeinen obligatorischen polytechnischen Unterricht einzuführen, *damit die Mitglieder der Gesellschaft die Möglichkeit erhalten, ihren Beruf frei zu wählen, und nicht Zeit ihres Lebens an irgendeinen Beruf gefesselt sind*«.[30]

Diese letzten von mir hervorgehobenen Worte scheinen zunächst bedeutungslos zu sein. Indes bringen sie in die Verkettung untergeordneter Bedürfnishandlungen, die Funktionen sind, ein Element, das nicht auf ein Mittel reduziert ist. Vielleicht hat Stalin die Notwendigkeit berücksichtigt, über Techniker mit vielfachen Fähigkeiten für die wechselnden Produktionsbedürfnisse zu verfügen. Aber von meinem Standpunkt aus geht es gar nicht um die Betrachtung des praktischen Werts dieser Konzeptionen. Sie können utopisch oder sachgerecht sein. Ich bilde mir nicht ein, es zu wissen, und in einem gewissen Sinn ist es auch gleichgültig. Doch wäre es ein ernster Irrtum, wollte man die beharrliche Absicht, die sozialen

---

[30] Entsprechend seiner Gewohnheit bei ihm wichtig erscheinenden Fragen wiederholt Stalin fast wörtlich den gleichen Satz auf der gleichen S. 70: »... damit sie die Möglichkeit erhalten, ihren Beruf frei zu wählen und nicht infolge der bestehenden Arbeitsteilung Zeit ihres Lebens an irgendeinen Beruf gefesselt sind.«

Differenzen zu verleugnen und abzuschaffen, für bedeutungslos halten.

*

Die soziale Differenzierung ist die Basis der Souveränität. Indem die Menschen der Frühzeit die Souveränität begründeten, öffneten sie den Fächer für eine weite Differenzierung: entwickelte Souveränitätsformen schufen grundsätzlich die zwischen Personen größtmögliche Differenz. Im Bereich der Souveränität besitzt die Beseitigung der Differenzen zuerst einen wesentlich negativen Wert. Stalins radikaler, zentraler Wille, sie zu beseitigen, ist ein diskreter Beitrag zum Verständnis einer Ansicht, deren Tragweite womöglich Entscheidendes betrifft. Der Wille, die Differenzen abzuschaffen, geht nicht auf Stalin zurück. Von Anfang an ist dies ein Thema des Marxismus, aber Stalin gab dem eine deutliche Form: die unerwartete, unscheinbare und nüchterne, die ich geschildert habe. Die These des über die absolute Macht verfügenden Staatsmannes überrascht durch das Fehlen der in solchen Fällen üblichen eigenartigen Feierlichkeit. Wir könnten sogar – aber wohl zu Unrecht – an eine gewisse Ahnungslosigkeit des Autors denken. Eher findet man einen Willen, der sich weigert, bei einem in ferner Perspektive erspähten Punkt zu verweilen. Die Tatmenschen denken gewöhnlich nicht allzusehr an ihr Ziel: bei ihnen ersetzt täglich das Interesse für die Aktion, irgendwie im Licht des Ziels ausgerichtet, das Interesse für das Ziel *in der Gegenwart*. Unaufhörlicher, unauslöschlicher Haß auf souveräne Formen, auf das, was willkürlich die persönliche Souveränität eines Herrn ausdrückt und gewährleistet, scheint die Grundlage der revolutionären Strenge Stalins gebildet zu haben (wie er gewiß auch alles Unwiderstehliche, Durchdringende und letztlich Niederschmetternde der Arbeiterbewegung dargestellt hatte).

Stalins Vater war »als Ackersklave irgendeines georgischen Grundherrn geboren«.[31] Auch seine Mutter war die Tochter eines Leibeigenen. Das Leben des Menschen unter der Knute eines Feudalherrn war ihm durchaus vertraut. Sein Vater hatte versucht, dieser Existenz zu entfliehen, vergeblich wollte er Kleinbürger werden. Stalin haßte diesen Vater, einen Trunkenbold, dessen Opfer seine Mutter und er selber waren.[32] Als Klassenerster lernte er mit Leichtigkeit, sein Einfluß bekundete sich frühzeitig. Aber gerade angesichts seiner Begabung konnte allein die revolutionäre Aktivität ihm eine zugängliche Position in dieser Welt verschaffen. Die Autorität, auf die er stieß, war gewalttätig; es war die der Feudalherrschaft. Er konnte sich nicht unterwerfen, daher begann er – im Gegensatz zum parlamentarischen

---

[31] Deutscher: *Stalin*, S. 17.
[32] Deutscher zitiert Stalins Jugendfreund Iremaschwili: »Unverdiente und grausame Schläge machten den Knaben so hart und herzlos, wie es sein Vater war.« (S. 19) Über den Eindruck, den der soziale Aufstiegsversuch des Vaters bei ihm hinterließ, heißt es bei Deutscher: »In einer seiner frühen Schriften erläutert Stalin einen Punkt der marxistischen Theorie an Hand der Erfahrungen, wie sie sein eigener Vater hatte erleben müssen. ›Man stelle sich einen Schuhmacher vor, der eine winzige Werkstätte besessen hat, aber nicht mit den großen Unternehmern konkurrieren konnte, seine Werkstätte zugemacht und sich, sagen wir, in die Schuhfabrik von Adelchanow in Tiflis verdingt hat. Er ist in Adelchanows Fabrik eingetreten, aber nicht, um zu einem ständigen Lohnarbeiter zu werden, sondern um zu Geld zu kommen, sich ein kleines Kapital zusammenzusparen und dann seine Werkstätte wieder aufzumachen. Wie man sieht, sind die Verhältnisse dieses Schuhmachers bereits proletarisch, sein Bewußtsein ist vorläufig aber noch kein proletarisches, sondern ein durch und durch kleinbürgerliches.‹ Es kann keinen Zweifel darüber geben, an welchen Schuhmacher Stalin dachte, als er dieses Beispiel wählte. Die kleine Werkstatt, das Geschäft, das nicht geht, selbst der Name des Arbeitgebers sind Wirklichkeiten aus dem Leben Wissarions (des Vaters).« Dieser starb »im Jahre 1890, als sein Sohn elf Jahre alt war«. (S. 20)

Kampf westlicher Politiker – einen Kampf auf Leben und Tod.

Für einen solchen Menschen bedeutet die Beseitigung der Differenzen sowie ihrer entscheidenden Konsequenz, der Souveränität, in höchstem Maße die Wiedererlangung einer Souveränität, die auf Abschaffung aller Formen von Souveränität seitens anderer beruht. Das Ziel beseitigter Differenzierung hat nicht nur den negativen Sinn einer Abschaffung souveräner Werte. Es kann im Gegenzug sehr wohl auch einen positiven Sinn haben. Ist jeder Mensch für die vollkommene Undifferenziertheit ausersehen, dann beseitigt er radikal die Entfremdung in sich selbst. Er hört auf, ein Ding zu sein. Oder vielmehr: er wird so vollständig zum Ding, daß er nicht mehr *ein* Ding ist. Indem er durch die *poly*technische Ausbildung zur Vervollkommnung des Dings, zur Vollendung der Nützlichkeit und folglich der Knechtschaft gelangt, hört er auf, auf ein *besonderes* Element reduzierbar zu sein, wie es die Dinge sind. Ein Ding ist *entfremdet*, es ist immer nur *in Beziehung* auf etwas anderes vorhanden. Aber steht es in Beziehung auf die *Totalität* des Möglichen, dann ist es weder determiniert noch entfremdet. Es ist so wenig ein Ding, wie es das wäre, was ich mir gerade vorstelle und was ich nicht benennen könnte: weder Tisch noch Bach, könnte es nach Gutdünken Bach, Tisch oder irgend etwas anderes sein...

Wäre die vollständige Ausbildung, die Stalin dem vollendeten Menschen des Kommunismus geben wollte, ihres Namens einigermaßen würdig, dann käme dieser Mensch in einer Zeit, in der die Werke der materiellen Zivilisation nicht aufgegeben werden können, jener Art Souveränität am nächsten, die, verknüpft mit der freiwilligen Achtung der Souveränität des anderen, die vorzeitlichen Hirten und Jäger auszeichnete. Wenn freilich die letzteren die Souveränität des anderen achteten, so taten sie es nur faktisch.

\*

Natürlich kann die Perspektive der Undifferenziertheit als Ziel der Geschichte angegeben werden. Aber die Souveränität selbst ist grundsätzlich und von Anfang an kein Ziel (ganz im Gegenteil): die Undifferenziertheit ist sogar zuallererst die Negation der Souveränität. Soweit wir von einem Ziel sprechen, handelt es sich darum, die Undifferenziertheit durch *poly*technischen Unterricht zu verwirklichen. Die Souveränität dagegen kann man nicht als eine Form ansehen, welche die Geschichte verwirklichen würde. Sobald sie in historischer Perspektive erscheint, ist sie bereits gegeben; die Geschichte beschränkt sich darauf, die Menschen von dem zu befreien, was ihnen unmöglich machte, sie zu finden. Es bedarf keiner Erläuterung, daß diese Perspektive in Stalins Vision nur durch einen dichten Nebel sichtbar wird. Man muß an diesem fernen und schwer erkennbaren Punkt die Winkelzüge der historischen Bewegung voraussehen, deren Komplexität gewiß größer ist, als Stalin dachte.

Ich spreche nicht allein von den Schwierigkeiten jener menschlichen Veränderungen, die einen vollkommenen Zustand anvisieren und unter unvollkommenen Bedingungen vor sich gehen. Außer dem allgemeinen Hindernis der Schwerkraft zeigen die geschichtlichen Winkelzüge die verwirrendsten Aspekte.

Stalin selbst hätte ermessen können, wie schrecklich die Umwege der Geschichte letztlich sind. Zunächst wäre es ein Leichtes gewesen, den paradoxen Charakter der von Marx definierten Befreiung des Arbeiter-Sklaven zu entdecken, wenn sie zu Undifferenziertheit und polytechnischen Kenntnissen führt. Wie entging ihm das Beunruhigende der vollkommenen Disposition menschlicher Möglichkeiten, welche die Beseitigung der persönlichen Entscheidungsfreiheit jedes Menschen voraussetzt? Ungeachtet einer langen Erfahrung, ist man überrascht, folgender These zu begegnen: Nach dem erschöpfenden Werk der sowjetischen Industrialisierung die Verminderung der täglichen Arbeitszeit auf fünf oder sechs Stunden erwägen, um die damit erworbene Freizeit dem *obligatorischen* polytechnischen Unterricht zu widmen!

Ohne Entsetzen noch ohne ungewöhnliche Bewunderung möchte ich sagen: Stalins Schicksal enthüllt ein Element bestürzender Maßlosigkeit. Dieses Schicksal ist keinem anderen vergleichbar. Der dem Tode nahe Parteiführer definierte den von der Souveränität des anderen und von der Differenzierung befreiten Menschen (künftiges, aber noch fernes Resultat einer Anstrengung, zu der er ein gewaltiges Volk verpflichtet hatte), indes er sich selber die Vorrechte eines Souveräns gab![33] Wie wäre es möglich, sich einen längeren Umweg vorzustellen, vermittels dessen die Geschichte die Entwicklung der menschlichen Möglichkeiten sichert (oder zu sichern berufen sein soll). Wir können Stalins Aufrichtigkeit nicht bezweifeln, aber die auf allen Gebieten monströsen Folgen seiner Aktion verlangten eine beispiellose Nervenkraft.[34] Wenn wir dieses Leben und dessen morali-

---

[33] Im genauen Sinn war Stalin nicht souverän; eher das Gegenteil, weil er der drückendsten Arbeit unterworfen war. Vor allem blieb er bis zum Schluß der radikale Feind jeder eigentlichen Souveränität, was die von mir angeführte Schrift unter anderem bezeugt. Aber die Souveränität erreichte ihn, gegen seinen Willen, sozusagen von außen kraft seiner absoluten Macht und seines Terrors. Ein Satz Alexander Weissbergs, der drei Jahre in den sowjetischen Gefängnissen zubrachte (*Hexensabbat*, Frankfurt/M. 1951), gibt auf eindringliche Weise die Ausdehnung des Terrors wieder: »Hätte die GPU ein Mittel besessen, um das Gewissen der Menschen der UdSSR zu erforschen, dann hätte sie jeden Staatsbürger verhaften müssen. Aber dann hätten die GPU-Leute als erste ins Gefängnis wandern müssen, denn sie wußten besser als jeder andere, was im Lande geschah.« Es wäre falsch, wollte man ignorieren, daß Stalin mithilfe der Prozesse und der großen Säuberung eine völlig neue Welt schuf: auf diese Welt kann man sich nur einlassen oder wenigstens versuchen, sie *bis ans Ende* zu erkennen.

[34] Deutscher schreibt über Stalins Aufenthalt im Gefängnis von Baku: »Verurteilte, die auf die Vollstreckung der Todesstrafe warteten, wurden oft mit andern Gefangenen zusam-

sche Konsequenzen betrachten, müssen wir sogar selbst einer außergewöhnlichen Distanz fähig sein. Die Reflexion, immer wieder der Gefahr der Vereinfachung ausgesetzt, muß stets komplexen, oft grandiosen und fast ständig verwirrenden Perspektiven konfrontiert werden. Auf jeden Fall drückte niemand nachhaltiger das zweideutige und klebrige Element der Geschichte aus, die in dem Maße, wie sie sich in Kämpfe verstrickte, sehr rasch das historistische Denken in eine unkontrollierte Mechanik verwandelte.

\*

Stalin selbst war außerstande, die Probleme, die die ungeheure Tragweite seines Handelns mit sich brachte, zu lösen; er begriff nicht, daß Marx' Thesen über die Revolution der entwickelten Völker vom realen Verlauf der Geschichte wegführten. Er begriff nicht, daß eine solche Revolution im Gegenteil das Vorspiel für eine endgültige Konfrontation zwischen armen und reichen Ländern wäre, die, nachdem die feudale Welt einmal ruiniert war, die armen Proletarier und die reichen Bourgeois gegeneinander aufbringen würde.

Seine Treue zum marxistischen Schema verführte ihn in einem ungewöhnlich wichtigen Fall zu einer wahren Wunderlichkeit. Es geht um eine These Lenins, die freilich nur dann sinnvoll ist, wenn nichts die *marxistische*

men eingesperrt. Die Hinrichtungen erfolgten auf dem Hof des Gefängnisses. Man kann sich denken, daß die Nerven bis zum Zerreißen gespannt waren, wenn die Männer sehen mußten, wie ihre Kameraden, mit denen sie vielleicht eben noch diskutiert hatten, zum Galgen geführt wurden. Wenn man einem Augenzeugen glauben darf, dann konnte Koba (Stalin) in Augenblicken einer solch unerträglichen Spannung ruhig einschlafen und damit seine Kameraden in höchstes Erstaunen über seine eisernen Nerven versetzen.« (S. 120–121) Man könnte sagen, daß sein ganzes Leben eine Folge analoger Beispiele bildet.

Doktrin über die Revolution in den Industrieländern stört. Die einzige Passage der Schrift Stalins, die bisher Aufmerksamkeit erweckte, ist der 6. Abschnitt des ersten Teils, mit der Überschrift »Die Frage der Unvermeidlichkeit von Kriegen zwischen den kapitalistischen Ländern«. Auf paradoxe Weise behauptet Stalin, »Lenins These, daß der Imperialismus unvermeidlich Kriege hervorbringt« [35], sei keineswegs veraltet. Selbst nach dem Zweiten Weltkrieg wäre der Antagonismus zwischen verschiedenen kapitalistischen Ländern stärker als der Antagonismus zwischen Kapitalisten und Kommunisten. Jeder denkt, in der gegenwärtigen Welt könnte man keine anderen konsequenten Kriege vorhersehen als die zwischen Bourgeois und Proletariern. Aber Stalin denkt das nicht: »Und als Hitlerdeutschland der Sowjetunion den Krieg erklärte, schloß sich der englisch-französisch-amerikanische Block nicht nur nicht Hitlerdeutschland an, sondern war im Gegenteil gezwungen, eine Koalition mit der UdSSR gegen Hitlerdeutschland einzugehen.« [36] Stalin zufolge hat sich daran nichts geändert!

Dieser Standpunkt, sinnvoll in einer Zeit, als das Schwergewicht aller kapitalistischen Länder der kommunistischen Macht gegenüber noch weit stärker war, drückt zweifellos die Logik einer Situation aus, die Stalin unausweichlich schien. Er versuchte, »einen neuen Weltkrieg« mit Hilfe der »Friedensbewegung« zu verhindern. Es wäre zwecklos, seine Absichten zu bezweifeln. Aber diese Bewegung, erklärt er, »setzt sich nicht das Ziel, den Kapitalismus zu stürzen und den Sozialismus zu errichten – sie beschränkt sich auf die demokratischen Ziele des Kampfes für die Erhaltung des Friedens ... Es ist möglich, daß ... der Kampf für den Frieden sich hier und da zum Kampf um den Sozialismus entwickelt...« Aber vor allem: wenn die Friedensbewegung vielleicht auch

[35] Stalin: *Ökonomische Probleme...*, S. 37.
[36] Ebd., S. 36.

einen »*bestimmten* Krieg« verhindern kann, so »genügt das nicht, um die Unvermeidlichkeit von Kriegen zwischen den kapitalistischen Ländern überhaupt zu beseitigen«.[37]
Meiner Meinung nach läßt sich folgende Schlußfolgerung ziehen. Stalin dachte an eine Wiederholung eines Krieges zwischen Imperialisten, wie es der Hitlerkrieg war, in den die UdSSR erst am Ende eingreifen würde. Das entspricht einem Prinzip, das Stalin schon 1925 angenommen hatte im Hinblick auf den kommenden Krieg, der unvermeidlich wäre – so erklärte er –, »nicht morgen noch übermorgen, aber in einigen Jahren«. Heute kennen wir Stalins fundamentales Schema, auf Grund des Textes seiner geheimen Rede vor dem Zentralkomitee der KPdSU im Jahre 1925, der 1947 veröffentlicht wurde. Hier ist die entscheidende Stelle: »Die Fahne des Friedens bleibt, wie in der Vergangenheit, unsere Fahne. Aber wenn der Krieg ausbricht, können wir kaum mit verschränkten Armen sitzenbleiben. Wir müssen daran teilnehmen, aber wir müssen als letzte daran teilnehmen, um das entscheidende Gewicht in die Waagschale zu werfen.« Dieses Prinzip entspricht natürlich nicht ganz der Haltung Stalins während des Zweiten Weltkriegs, jedoch ist der einzige Unterschied auf Hitler zurückzuführen, der Stalin früher, als er es vorgesehen hatte, ins Spiel hineinzog. Überdies können wir mit größter Präzision Stalins Gedanken über den Dritten Weltkrieg kennenlernen. Auf dem 19. Parteitag der KPdSU verlas Malenkow am 5. Oktober 1952, anstelle Stalins, einen Bericht, der, teilweise von den *Ökonomischen Problemen des Sozialismus* geprägt, das Thema der »Unvermeidlichkeit von Kriegen zwischen den kapitalistischen Ländern« wiederaufnimmt: »Die Konsequenz des Ersten Weltkriegs war die Loslösung Rußlands vom kapitalistischen System. Die Konsequenz des Zweiten Weltkriegs be-

---

[37] Ebd., S. 37. Die Hervorhebung stammt von Stalin.

wirkte, daß eine Reihe europäischer und amerikanischer Länder sich vom kapitalistischen System losgelöst haben. Man kann durchaus annehmen, daß ein Dritter Weltkrieg den Zusammenbruch des Weltkapitalismus heraufbeschwören würde.« Man konnte solch einen Standpunkt erwarten; aber es ist nicht ohne Belang, daß der gegenwärtige Regierungschef der UdSSR Stalins Denken diesen Schluß gab.

\*

Dieses Denken, in dem Verblendung so häufig der Scharfsicht folgte, setzte sich, nach einem dauerhaften Experiment, fort, als wäre nichts geschehen. Stalin starb, ohne die Teilung der Welt in zwei homologe Hälften zu bemerken, die einander weit ähnlicher sind, als er es annahm und als die Mehrzahl es noch heute annimmt. Er ließ außer acht, daß die ökonomischen Mechanismen der beiden Welthälften sich glichen, und er übersah, daß ihr entscheidender Gegensatz der zwischen relativer Armut und Reichtum war. Manchmal befreite er sich von der Enge des traditionellen Marxismus, aber nur in dem Maße, als sie sein persönliches Handeln behinderte. Die Ergebnisse dieses Handelns hätten letztlich einen radikalen Wandel seiner Auffassungen bewirken können, aber dem entzog er sich. Sein Immobilismus nötigte ihm schließlich eine abwartende Position auf, deren letzter Aspekt einigermaßen bestürzt. Er verstand den Kommunismus nicht als Mittel zur Entwicklung armer Länder. Er sah nicht, daß der Kommunismus im Grunde dem militärischen Gegensatz zwischen armen und reichen Ländern seine letzte Form gab, was den Klassenantagonismus nur auf sehr entstellte Weise fortsetzt.

# Die Ökonomie im Rahmen des Universums

Der Reichtum ist wesentlich Energie: die Energie ist Grund und Zweck der Produktion. Die Feldpflanzen, die wir anbauen, und die Tiere, die wir züchten, sind Energiesummen, die die Landarbeit verfügbar gemacht hat. Wir nutzen, wir verzehren diese Tiere und Pflanzen, um die Energie zu erlangen, die in der Gesamtheit unserer Arbeiten verausgabt wird. Sogar unsere leblosen Produkte – ein Stuhl, ein Teller, ein Gebäude – entsprechen den Notwendigkeiten eines dynamischen Systems. Der Gebrauch meiner Muskelenergie schließt eine Ruhezeit ein, in der ich auf einem Stuhl sitze: der Stuhl hilft mir, die Energie zu schonen, die ich soeben schreibend verausgabe . . .

### ABHÄNGIGKEIT DER ENERGIEÜBERSCHÜSSE VON DER TÄTIGKEIT DER SONNE

Es ist nicht schwierig für mich, die Energie aufzufangen, die ich für mein Leben benötige. Ich verfüge sogar gewöhnlich über beträchtliche Überschüsse, und zumindest die Menschheit insgesamt verfügt über eine unermeßliche Überfülle.

Es ist aber ein Irrtum, wenn man, wie es üblich ist, unseren überschüssigen Reichtum den neuen Erfindungen zuschreibt, der Entwicklung der modernen Werkzeugtechnik. Die Summe produzierter Energie ist stets größer als die Summe, die notwendig war für die Produktion. Das ist das Prinzip des Lebens selbst, das die Tätigkeit der Pflanzen und Tiere durchgängig bestätigt. Die produktive Tätigkeit einer Pflanze kann einerseits als Verausgabung von Energie betrachtet werden, andererseits aber als Erwerb. Wenn der Erwerb nicht größer wäre als die Verausgabung, könnte keine Pflanze wachsen. Ebenso ist es bei den Tieren (das Wachstum der Tiere gestaltet sich schwieriger und setzt oft die Fürsorge von Elterntieren voraus: in diesem Fall ist es das Ensemble von Eltern- und Jungtieren, dessen Masse zunimmt). Dieses Grundgesetz des Lebens überrascht nicht. Die nützlich verausgabten Summen gestatten dem Leben, die Sonnenenergie aufzufangen, und diese schafft mühelos die Überschüsse der Lebenswelt herbei.

Die grünen Teile der Pflanzen des Festlands und des Meeres bewirken die unaufhörliche Aneignung eines bedeutenden Quantums der Lichtenergie der Sonne. Auf diesem Wege erzeugt und belebt uns das Licht, die Sonne, und bringt unsere Überschüsse hervor. Diese Überschüsse, diese Belebung sind ein Ergebnis des Lichts (wir sind im Grunde nichts als ein Ergebnis der Sonne).

Praktisch, aus dem Gesichtspunkt des Reichtums betrachtet, zeichnet sich die Sonnenstrahlung durch ihren einseitigen Charakter aus: *sie verliert sich ohne Berechnung, ohne Gegenleistung.* Die *Sonnenökonomie* gründet auf diesem Prinzip. Unsere *gewöhnliche* Ökonomie pflegt man so zu untersuchen, daß man sie isoliert. Aber diese ist nur eine Folgeerscheinung von jener, die sie hervorbringt und die sie beherrscht.

Wenn wir versuchen, von diesem Prinzip aus die ökonomischen Antriebe zu begreifen, die uns bewegen, so gewahren wir zugleich den Überschuß der Produktion über die benötigte Energie und die allgemeine Auswirkung dieses Überschusses: wenn wir mehr produzieren, als wir zum Produzieren verausgabt haben, dann muß der produzierte Energieüberschuß sich irgendwie zu erkennen geben. Benutzt werden kann er nur für das Wachstum des Systems, das ihn produziert hat. Ansonsten muß er zerstört werden. Auch wenn wir es verkennen: die Energie, die unser Tun durchwirkt, ist nicht frei von ihren Ursprüngen geworden. Was sie in uns herbeiführt, ist nur ein Übergang. Wir können die Sonnenstrahlen aufhalten, aber nur eine Zeitlang. Die Sonnenenergie, die wir sind, ist eine Energie, *die sich verliert*. Verzögern können wir das wohl, aber die Bewegung, die will, daß sie sich verliert, können wir nicht aufheben. Das System, zu dem wir gehören, kann die Strahlung aufhalten, indem es sie im Wachsen akkumuliert, *aber es kann nicht endlos wachsen*. Zu einen gegebenen Zeitpunkt, wenn das Wachstum des Systems seine Grenze erreichen wird, wird die aufgefangene Energie nicht anders können, als ihren Lauf wiederaufnehmen und *sich verlieren*. Der Sonnenstrahl, *der wir sind*, findet am Ende die Natur und den Sinn der Sonne wieder: er muß sich verschenken, *sich ohne Berechnung verlieren*. Ein lebendes System wächst, oder es verschwendet sich *grundlos*.

INDIVIDUELLE VERWENDUNG DER
ÜBERSCHÜSSE

Aus diesem neuen Gesichtspunkt muß man die Lebenswelt im ganzen betrachten. Wenn man nur einen Teil ins Auge faßt, ist auch die äußerste Grenze seines Wachstums nur von relativer Bedeutung. Daß ein individueller Organismus sein Maximum erreicht hat und nicht mehr weiterwachsen kann, begrenzt auf der Erde weder das Versacken der Sonnenstrahlen noch die langsame Zunahme der versackten Energiemasse. Die Grenze, auf die das Tier stößt, wenn es sich dem Maximum seines Wachstums annähert, erlaubt jedoch zu beobachten, was sich herausbildet, sobald die Entwicklung eines Individuums nicht mehr voll und ganz den Überschuß an verfügbarer Energie absorbiert. Dann tritt nämlich die sexuelle Explosion ein und setzt ein großes Quantum an Energie frei. Aus dem Gesichtspunkt der Lebenswelt betrachtet, sichert diese Freisetzung die Dauer und Ausdehnung des Lebens. Für das Individuum ist es ein einziger Verlust.

Die sexuelle Aktivität entgeht zumindest für die Zeit eines Blitzstrahls dem Versacken der Energie und setzt die Tätigkeit der Sonne fort. Die menschliche Subjektivität weist in dieser Hinsicht Merkmale auf, die im Einklang mit den Grundlagen der *allgemeinen Ökonomie* stehen. Es besteht ein

Bruch zwischen dem unmittelbaren Antrieb und seinem Resultat. Für den Menschen ist der eine Bereich verfemt, während die Fortpflanzung, das Wachstum der Gattung der Gegenstand einer dominierenden Sorge ist.

### VERWENDUNG DER ÜBERSCHÜSSE BEI DER AUSDEHNUNG DER LEBENSWELT UND GRENZEN DIESER VERWENDUNG

Im Vergleich zur Sonnenstrahlung hat die Aktivität der lebenden Masse auf der Erdkugel nur eine provisorische und untergeordnete Bedeutung. Ihr Widerstand gegen die Bewegung des Sonnenstrahls ist aber dennoch beharrlich und für sie selber das Entscheidende. Es ist das Prinzip dieser lebenden Masse, die Überfülle an Energie, die ihr die Sonne mitteilt, dazu zu benutzen, sich im höchsten Maß über die Erdoberfläche zu verbreiten. Die Grenze des Wachstums ist die des Möglichen. Die Ausdehnung hört erst auf, wenn das Leben den zugänglichen Bereich erobert und erfüllt hat. Nicht nur nimmt jede Pflanzen- und Tierart für sich den ganzen Raum in Besitz, in dem sie leben kann. Sondern die lebendige Natur vermehrt ihre Formen in so gewaltigem Umfang, daß sie schließlich einen Zugang zum Unzugänglichen findet (zu dem, was bis dahin versagt war): die Bäume haben mit ihren Stämmen und Zweigen das grüne Laub über die Kräuter hinausgehoben, die geflügelten Insekten und die Vögel haben die Lüfte mit Leben erfüllt. Die gleiche Durchdringung vollzog sich in den Gewässern, in den Ablagerungen des Meeresbodens und sogar unterhalb der Erdoberfläche. Es gibt keine andere Grenze als ein Maximum der Besetzung, und das Leben verfehlt nicht, diese Grenze zu erreichen. Wenn es sie aber erreicht und schon wenn es ihr nahekommt, befindet es sich im Zustand des Individuums, das seinen konstanten Energieüberschuß nicht mehr für das Wachstum verausgaben kann: der Überschuß bildet sich immer noch, doch die Energie erlangt ihre ursprüngliche

Freiheit wieder. Das Leben, das sie nicht endlos nützlich anlegen kann, verzehrt sie, indem es sie *dem reinen Verlust preisgibt*.

VERWENDUNG DER ÜBERSCHÜSSE VOR
DEM AUFTAUCHEN DES MENSCHEN

Es ist schwierig, den Spielen der Energie in den Zeiten nachzugehen, die vor dem Auftauchen des Menschen liegen. Zumindest erfordert das genaue Bild einer Gesamtheit von Verläufen die Verarbeitung verschiedenartigster Erkenntnisse, deren Fundamente zweifellos existieren, deren Grundzüge aber noch zu bestimmen sind. Lange bevor es den Menschen gab, dürfte der Leben ermöglichende Bereich erfüllt worden sein, dürfte das Leben ungefähr seine Grenzen erreicht haben. Wie war unter diesen natürlichen Voraussetzungen die Vergeudung des Überschusses sichergestellt? Diese Frage wäre allein durch eindringliche Studien verschiedener Biologen zu beantworten. Ich muß mich hier mit allgemeinen Thesen begnügen. Der Überschuß ist der unbestreitbare Ausgangspunkt. Der Überschuß kann nicht mehr angelegt werden, sobald die Ausdehnung nicht mehr möglich ist. Das schließt a priori ein, daß große Energiemengen dem zur Verfügung standen, der die Kraft hatte, sie zu vergeuden. Ein deutlicher Vorzug kam derart den Raubtieren zu. Die Fleischfresser unter den verschiedenen Tierarten hatten nicht nur gegenüber den Pflanzenfressern eine privilegierte Stellung: diese entsprachen nur schlecht den Notwendigkeiten eines Systems, das ein unbegrenztes Wachstum ausschloß. Eine Welt von Pflanzenfressern, in der die Entwicklung kein anderes Hindernis als die Knappheit angetroffen hätte, ist unverständlich. Die Knappheit als Dauerzustand kann nicht aus einer Überfülle hervorgehen. Und in Gestalt des Fleisches wurde der Überfluß dem gegeben, der ihn haben wollte. Unter der Bedingung allerdings. daß er ihn *vergeudete*. Wenn die fleischfressenden Tiere ökonomisch orientiert gewesen wären, wenn sie die Energie, derer sie sich bemächtigten, maximal genutzt hätten, indem sie umfangmäßig von ihr denselben Ertrag erwarteten, den die gefressenen Tiere durch Aufnahme der gleichen Energiemenge erzeugt hätten, so wäre die Wirkung geringfügig gewesen.

Es ist jedoch klar, daß die Vergeudungen der Raubtiere auf die Dauer nicht genügen konnten: indem sie sich nur langsam vermehrten, konnten sie nicht endlos dem Bedürfnis der lebendigen Erdkugel nachkommen, alles zu verschenken und zu verlieren, was sie nicht halten kann.

### BEDEUTUNG UND SCHWIERIGKEIT DES PROBLEMS DER VERAUSGABUNG

Indem ich derart das ökonomische Problem gegen den Strich kehre, rufe ich sicher Bedenken hervor. Nicht zufrieden damit, den gewohnten Blickwinkel umzudrehen, treibe ich ein Prinzip ins Absurde, indem ich so weit gehe, zu behaupten: *die Erdkugel hat ein Bedürfnis, zu verlieren, was sie nicht halten kann.* Wenn man nicht behalten kann, ist es leicht, zu verlieren ... Noch nie ist eine so törichte Frage gestellt worden.

Ich muß also jetzt mein Vorhaben so stichhaltig definieren, wie ich kann. Man hat bis heute nicht die rechten Folgerungen aus einem derart einfachen Prinzip gezogen. *Jedes System, das über eine bestimmte Energiemenge verfügt, muß sie verausgaben.* Darin ist die unmittelbare Sehweise der Menschen beständig. Es ist schwierig, zu erwerben, es ist immer leicht, beliebige Ressourcen zu verausgaben, über die wir verfügen – z. B. das Geld, das nur eine Form der Energie ist. Soweit »schwierig« und »leicht« geläufige Reaktionen definieren, ist das richtig. Doch ist die Anstrengung des Kurzstreckenläufers nicht weniger offensichtlich als die des Erdarbeiters. In der Praxis bedeutet das Prinzip, das ich definiert habe, das folgende: angenommen, eine bestimmte

Menge an Kalorien wird jeden Tag von mir absorbiert und assimiliert, dann ist ein gewisser Anteil notwendig zur Fristung meines Lebens, während der Überschuß, wenn ich nicht dicker werde, vollständig verausgabt werden muß. Ich kann kommen und gehen, reden, pfeifen, arbeiten oder lachen. Mein Geld kann ich auf die Seite legen, aber nicht meine Lebensenergie. Nur eine kleine Weile trennt mich von dem Termin, an dem ich den Überschuß notgedrungen verlieren oder verloren haben werde. Mein Wille entscheidet über die Modalität, nicht über die Quantität des Verlusts.

Daß einer gegebenen Summe assimilierter Kalorien unvermeidlich eine bestimmte Verausgabung von Energie entspricht, ist zweifellos eine Tatsache von grundlegender Bedeutung. Wenn sie gewöhnlich vernachlässigt wird, so nicht, weil die Sache nicht klar gewesen wäre; vielmehr verstand sie sich so sehr von selbst, daß es schien, man brauche sich nicht mit ihr zu beschäftigen. Gerade ihre (unvermeidbare) Notwendigkeit erlaubte, daß man sie außer acht ließ. Von seiten des Erwerbs schließen die Probleme die Möglichkeit des Mißlingens ein, von seiten der Verausgabung aber, da sie unvermeidlich ist . . . Doch ist sie darum noch keineswegs immer glücklich. Auf jeden Fall muß man einen Unterschied zwischen den *aktiven* und den *passiven* Lösungen machen, da die letzteren in der Regel dem, der sie erduldet, zum Schaden gereichen (z. B. die Lösung des Fleischfressers aus dem Gesichtspunkt des Pflanzenfressers). Gesteht man generell das Interesse aktiver Lösungen zu, so ist die Verausgabung – wenn der Überschuß nicht ins Wachstum investiert werden kann – ebenso wichtig und ebenso schwierig wie der Erwerb (die »Flaschenhälse« von Keynes illustrieren dieses Prinzip). Der Gesichtspunkt des Energieüberschusses – der die *allgemeine Ökonomie* charakterisiert und sie insbesondere von der klassischen politischen Ökonomie unterscheidet – gewinnt so seine Bedeutung, nicht nur für die Wissenschaft vom Menschen, sondern für die allgemeine Evolutionstheorie. Der Gesichtspunkt der Ausdehnung des Bereichs, der dem Leben zugänglich ist, ist vor nicht allzu langer Zeit in die Biologie eingeführt worden. Das muß auch mit dem Gesichtspunkt der Überschüsse geschehen, zumal der erstere, wie man gesehen hat, nur die Konsequenz des letzteren ist.

DER MENSCH ALS ANTWORT AUF DAS
PROBLEM DER AUSDEHNUNG

Der Menschen gab die entscheidende Antwort auf das allgemeine Problem des Überschusses. Er brachte der Lebenstätigkeit einerseits die Möglichkeit einer beträchtlichen Ausdehnung, wozu er einen Teil der verfügbaren Energie benutzte. Andererseits zog er zahlreiche und bedeutende Ausgaben von dem provisorischen Ziel der Ausdehnung ab. Aber damit, daß er eine Antwort gab, ist wenig gesagt: die Antwort ist der Mensch selber. Die Ansammlung der Sonnenenergie an einem kritischen Punkt ihrer Folgewirkungen ist die Menschheit.

Der Mensch ist ein Ergebnis des Energieüberschusses: vor allem der extreme Reichtum seiner höheren Aktivitäten darf als glanzvolle Freigabe des Überflusses definiert werden. Die freie Energie blüht auf in ihm und demonstriert fortwährend ihre nutzlose Herrlichkeit. Aber der Energieüberschuß hätte nicht freigegeben werden können, wenn der Mensch nicht zuvor von ihm Besitz ergriffen hätte. Die Zusammenballung war notwendig für die Verausgabung. Die menschliche Tätigkeit beutet die Reichtümer der Erde mit neuen Hilfsmitteln aus. So erweitert sie den Bereich des Lebens. Die Menschen begnügten sich nicht wie die Bäume oder die geflügelten Tiere damit, bis dahin freie Räume zu besetzen. Überdies gab es bei ihrem Auftauchen keinen Raum, der nicht bis zum Rand mit Leben erfüllt gewesen wäre. Indem sie aber über neue Hilfsmittel verfügten, investierten sie beträchtliche Mengen an Energie in Apparaturen, die ihre Macht vermehren. Sie erweiterten und erweitern die lebendige Natur um Einrichtungen toter Materie, die letztlich als eine der Modalitäten der Ausdehnung des Lebens betrachtet werden müssen.

### DER MENSCH ALS ANTWORT AUF DAS PROBLEM DER VERAUSGABUNG

Man kann aber dem Vermögen des Menschen, den Bereich des Lebens noch weiter auszudehnen, kein ausschlaggebendes Gewicht beilegen – weil nämlich dieses Vermögen *in steigendem Maße* selber den Überschuß vermehrt. Sicher gibt es noch Perioden der Investition, letztendlich können sie jedoch die Dinge nur beschleunigen. Die kapitalistische Akkumulation war bestrebt, die Luxusausgaben des Feudalismus einzuschränken. Auch heute kann die Akkumulation noch weit von ihren Grenzen entfernt sein, doch weist das Übel der Arbeitslosigkeit (die *passive* Lösung) darauf hin, daß die Investition der Energie für Zwecke der Ausdehnung schon nicht mehr genügt, den Überschuß aufzufangen. So stellt sich das entscheidende Lebensproblem, das der Mensch zu lösen hat – auf aktive Weise, wenn möglich, oder wenn nicht, auf passive Weise –, bereits zu unseren Lebzeiten in seinem ganzen Ausmaß.

Die Krise ist umso heftiger, als die Menschen sich im selben Maß, in dem sie sich verschärfte, von ihren aktiven Lösungsmöglichkeiten abgewandt haben. Die Luxusausgaben sind bei der Menge verpönt: sie werden gewöhnlich von einer Minorität übernommen, der allgemeinen Not zum Trotz. Man ist noch heute der Meinung, daß die Welt arm und die Arbeit notwendig sei. Die Welt krankt jedoch an ihrem Reichtum. Die entgegengesetzte Ansicht hält sich an die Ungleichheit der Verhältnisse, die uns urteilen läßt, daß Peter fehle, was in Wahrheit Paul im Überfluß besitze. Im übrigen ist die gegenwärtige Armut die Folge einer Energieverpulverung. Es ist sicher schwierig, schlicht zu sagen: »Wenn Ihr arbeitet, dann deshalb, weil Ihr sonst nicht wißt, was Ihr mit den Energiesummen anfangen sollt, über die Ihr verfügt. Ihr könnt in Erwägung ziehen, weniger zu arbeiten, aber Ihr könnt nicht aufhören mit der Arbeit und Euch ausruhen. Ihr seid, Ihr solltet das wissen, nichts als explodierende Energie. Ihr werdet es nicht ändern. All diese Menschenwerke um Euch herum sind selber nur überschäumende Lebensenergie. Angesichts dessen, daß Ihr über alle Ressourcen der Erde verfügt, da sie nun einmal nicht endlos der Ausdehnung dienen können, solltet ihr sie *aktiv verausgaben, aus keinem anderen Grund als dem Verlangen, das Ihr danach habt*. Andernfalls müßt ihr den passiven Weg von der Arbeitslosigkeit bis zum Krieg gehen. Ihr könnt es nicht leugnen: das Verlangen ist in Euch, und es ist lebhaft; Ihr werdet es nie vom Menschen trennen können. In erster Linie hat der Mensch die Aufgabe, ruhmvoll zu verausgaben, was die Erde anhäuft, was die Sonne verschwendet. In erster Linie ist er ein Lachender, ein Tanzender, ein Festgeber.« Diese Sprache ist eindeutig die einzig seriöse. Die naive Menschheit, die die Praktiken der ruhmvollen Verausgabung befolgte, sah die Größe und die Bedeutung des Menschen in tragischer Weise mit ihnen verknüpft. Die menschliche Natur ist von vornherein auf gewaltige Freigaben von Energie eingestellt. Die, die dessen inne werden, sollten sich diesen Freigaben zuwenden. Nachdem die strahlende Sonnenenergie auf der Erde ein Maximum erreicht hat, haben sie die Aufgabe, ihr die ursprüngliche Freiheit wiederzugeben. Wenn sie durch die – vorübergehende – Schwäche der menschlichen Einsicht verraten werden, so wird ihnen zumindest die Wut der Sonne nicht fehlen: niemals führte eine gestellte Aufgabe sicherer zu einem Resultat, im – erstrebten – Ruhm oder im – erlittenen – Schrecken.

# Bibliographischer Hinweis

Die Texte dieses Buches entstammen folgenden Quellen:

*La notion de dépense (Der Begriff der Verausgabung):* La Critique Sociale, n° 7, Januar 1933. Neudruck Paris 1967 (zusammen mit *La part maudite*). Auch in : Œuvres complètes I, Paris 1970.

*La part maudite (Der verfemte Teil):* Erstveröffentlichung Paris: Minuit 1949, in der von Bataille herausgegebenen Collection ›L'Usage des Richesses‹. Neudruck Paris 1967 (und mehrere Nachauflagen). Auch in: Œuvres complètes VII, Paris 1976.

*Le communisme et le stalinisme (Kommunismus und Stalinismus):* Critique n° 72, Mai 1953, S. 415–428; n° 73, Juni 1953, S. 514–535.

*L'économie à la mesure de l'univers (Die Ökonomie im Rahmen des Universums):* Constellation, La France libre, n° 65, Juli 1946. Wiederabgedruckt in: Œuvres complètes VII, Paris 1976.

# Inhaltsverzeichnis

## Der Begriff der Verausgabung

1. Die Unzulänglichkeit des klassischen Nützlichkeitsprinzips . . . . . . . . . . . . . . . . . . . . 9
2. Das Prinzip des Verlusts . . . . . . . . . . . . 12
3. Produktion, Tausch und unproduktive Verausgabung . . . . . . . . . . . . . . . . . . . . . . 16
4. Die funktionelle Verausgabung der reichen Klassen 20
5. Der Klassenkampf . . . . . . . . . . . . . . . 24
6. Christentum und Revolution . . . . . . . . . . 27
7. Die Insubordination der materiellen Tatsachen . . 30

## Der verfemte Teil

Vorwort . . . . . . . . . . . . . . . . . . . . . 35

### Erster Teil. Theoretische Einführung

I. Die Bedeutung der allgemeinen Ökonomie . . . . 42
　1. Die Abhängigkeit der Ökonomie vom Energieumlauf auf dem Erdball . . . . . . . . . . . . . 42
　2. Die Notwendigkeit, den Energieüberschuß, der nicht dem Wachstum eines Systems zugeführt werden kann, ohne Gewinn zu verlieren . . . . . . . . 44
　3. Die Armut der Organismen oder begrenzten Komplexe und der exzessive Reichtum der lebendigen Natur . . . . . . . . . . . . . . . . . . . . . 45
　4. Der Krieg als katastrophische Verausgabung der überschüssigen Energie . . . . . . . . . . . . 48

II. Gesetze der allgemeinen Ökonomie . . . . . . . 52
　1. Der Überfluß der biochemischen Energie und das Wachstum . . . . . . . . . . . . . . . . . . . 52
　2. Die Grenze des Wachstums . . . . . . . . . . . 53
　3. Der Druck des Lebens . . . . . . . . . . . . . 55
　4. Die erste Wirkung des Drucks: Die Ausdehnung . . 57
　5. Die zweite Wirkung des Drucks: Die Verschwendung oder der Luxus . . . . . . . . . . . . . . 58
　6. Die drei Arten des Luxus in der Natur: Das gegen-

## Inhaltsverzeichnis

    seitige Sichauffressen, der Tod und die geschlechtliche Fortpflanzung . . . . . . . . . . . . . . . 59
7. Die Ausdehnung durch Arbeit und Technik und der Luxus des Menschen . . . . . . . . . . . . . 62
8. Der verfemte Teil . . . . . . . . . . . . . . . 64
9. Der Gegensatz zwischen dem allgemeinen und dem partikularen Gesichtspunkt . . . . . . . . . . . 65
10. Die Lösungen der allgemeinen Ökonomie und das Selbstbewußtsein . . . . . . . . . . . . . . . . 68

ZWEITER TEIL. DIE HISTORISCHEN GEGEBENHEITEN I
Die sich verzehrende Gesellschaft

I. Opfer und Kriege der Azteken . . . . . . . . . . 72
  1. Die sich verzehrende und die unternehmende Gesellschaft . . . . . . . . . . . . . . . . . . . . . 72
  2. Die Verzehrung im Weltbild der Azteken . . . . 73
  3. Die mexikanischen Menschenopfer . . . . . . . 78
  4. Intimität von Peinigern und Opfern . . . . . . . 80
  5. Der religiöse Charakter der Kriege . . . . . . . 82
  6. Vom Primat der Religion zum Primat militärischer Wirksamkeit . . . . . . . . . . . . . . . . . . 84
  7. Die Opferung oder Verzehrung . . . . . . . . 85
  8. Das verfemte und geheiligte Opfer . . . . . . . 90

II. Das Rivalitätsgeschenk (Der Potlatsch) . . . . . 93
  1. Allgemeine Bedeutung der ostentativen Schenkungen in der mexikanischen Gesellschaft . . . . . . 93
  2. Die Reichen und die rituelle Freigebigkeit . . . . 94
  3. Der Potlatsch der Indianer Nordwestamerikas . . 97
  4. Theorie des Potlatsch I: Das Paradox der Reduktion des Geschenks auf den Erwerb einer Macht . . . 99
  5. Theorie des Potlatsch II: Die offensichtliche Unsinnigkeit der Geschenke . . . . . . . . . . . . . 101
  6. Theorie des Potlatsch III: Der Erwerb des Rangs . 102
  7. Theorie des Potlatsch IV: Erste grundlegende Gesetze . . . . . . . . . . . . . . . . . . . . . . 104
  8. Theorie des Potlatsch V: Ambiguität und Widerspruch . . . . . . . . . . . . . . . . . . . . . 105
  9. Theorie des Potlatsch VI: Luxus und Elend . . . 107

DRITTER TEIL. DIE HISTORISCHEN GEGEBENHEITEN II
Die militärische Gesellschaft und die religiöse
Gesellschaft

I. Die erobernde Gesellschaft: Der Islam . . . . . . 112
   1. Die Schwierigkeit, in der muselmanischen Religion
      einen Sinn zu entdecken . . . . . . . . . . . . 112
   2. Die sich verzehrenden Gesellschaften der Araber vor
      der Hedschra . . . . . . . . . . . . . . . . . 116
   3. Die Entstehung des Islam oder die Reduktion der
      Gesellschaft auf das militärische Unternehmen . . 118
   4. Der späte Islam oder die Rückkehr zur Stabilität . 123

II. Die waffenlose Gesellschaft: Der Lamaismus . . . 125
    1. Die friedlichen Gesellschaften . . . . . . . . . 125
    2. Das moderne Tibet und sein englischer Chronist . 127
    3. Die rein religiöse Macht des Dalai-Lama . . . . . 128
    4. Ohnmacht und Revolte des 13. Dalai-Lama . . . 131
    5. Die Revolte der Mönche gegen den Versuch einer
       militärischen Organisation . . . . . . . . . . . 136
    6. Die Verzehrung des gesamten Überschusses durch
       die Lamas . . . . . . . . . . . . . . . . . . . 138
    7. Ökonomische Erklärung des Lamaismus . . . . . 140

VIERTER TEIL. DIE HISTORISCHEN GEGEBENHEITEN III
Die Industriegesellschaft

I. Die Ursprünge des Kapitalismus und die
Reformation . . . . . . . . . . . . . . . . . . . . 148
   1. Die protestantische Ethik und der Geist des Kapi-
      talismus . . . . . . . . . . . . . . . . . . . . 148
   2. Die Ökonomie in Theorie und Praxis des Mittel-
      alters . . . . . . . . . . . . . . . . . . . . . 149
   3. Die moralische Position Luthers . . . . . . . . . 155
   4. Der Calvinismus . . . . . . . . . . . . . . . . 157
   5. Die Spätwirkung der Reformation: Die Autonomie
      der Welt der Produktion . . . . . . . . . . . . 159

II. Die bürgerliche Welt . . . . . . . . . . . . . . 164
    1. Der Grundwiderspruch des Strebens nach Intimität
       in den Werken . . . . . . . . . . . . . . . . . 164
    2. Die Verwandtschaft von Reformation und Marxis-
       mus . . . . . . . . . . . . . . . . . . . . . . 166

## Inhaltsverzeichnis

3. Die Welt der modernen Industrie oder die bürgerliche Welt ................ 172
4. Die Lösung der materiellen Schwierigkeiten und der Radikalismus von Marx ............ 175
5. Die Überreste von Feudalismus und Religion ... 176
6. Der Kommunismus und die Adäquation des Menschen mit der Nützlichkeit der Dinge ...... 178

FÜNFTER TEIL. DIE GEGENWÄRTIGE SITUATION

I. Die sowjetische Industrialisierung ........ 182
   1. Die Misere der nichtkommunistischen Menschheit .. 182
   2. Die intellektuellen Positionen gegenüber dem Kommunismus ................ 183
   3. Die Arbeiterbewegung als Gegensatz zur Akkumulation .................. 189
   4. Die Unfähigkeit der Zaren zur Akkumulation und die kommunistische Akkumulation ....... 191
   5. Die Kollektivierung der Landwirtschaft ..... 198
   6. Die Schwächen der Kritik an den Härten der Industrialisierung ................ 200
   7. Der Gegensatz zwischen dem Weltproblem und dem russischen Problem ........... 205

II. Der Marshallplan ................ 208
   1. Die Kriegsdrohung ............... 208
   2. Die Möglichkeit eines nichtmilitärischen Wettbewerbs zwischen den Produktionsmethoden .... 210
   3. Der Marshallplan ............... 213
   4. Der Gegensatz der allgemeinen Verfahren zur klassischen Ökonomie .............. 215
   5. Vom allgemeinen Interesse nach François Perroux zum Gesichtspunkt der allgemeinen Ökonomie .. 219
   6. Der sowjetische Druck und der Marshallplan ... 224
   7. Oder die Kriegsdrohung bleibt das einzige Mittel, die Welt zu verändern ............ 226
   8. Der dynamische Frieden ............ 228
   9. Die Lösung der Probleme der Menschheit ist gebunden an die der Probleme der amerikanischen Wirtschaft .................. 230
   10. Das Bewußtsein vom Endzweck der Reichtümer und das Selbstbewußtsein ............ 231

Anhang: Kommunismus und Stalinismus ...... 237

Die Ökonomie im Rahmen des Universums . . . . . . 289
Abhängigkeit der Energieüberschüsse von der Tätigkeit der 289
Sonne . . . . . . . . . . . . . . . . . . . . . .
Individuelle Verwendung der Überschüsse . . . . . . . . 291
Verwendung der Überschüsse bei der Ausdehnung der
Lebenswelt und Grenzen dieser Verwendung . . . . . . . 292
Verwendung der Überschüsse vor dem Auftauchen des Menschen . . . . . . . . . . . . . . . . . . . . . . 293
Bedeutung und Schwierigkeit des Problems der Verausgabung . . . . . . . . . . . . . . . . . . . . . 294
Der Mensch als Antwort auf das Problem der Ausdehnung . . 296
Der Mensch als Antwort auf das Problem der Verausgabung . 297

Bibliographischer Hinweis . . . . . . . . . . . . . 299

Batterien 22

# Georges Bataille
# Das theoretische Werk in Einzelbänden

Herausgegeben von Gerd Bergfleth